淮南师范学院学术专著出版基金资助

自发性群众体育组织的构建与发展

李元 著

新 华 出 版 社

图书在版编目（CIP）数据

自发性群众体育组织的构建与发展 / 李元著 .
北京 : 新华出版社 , 2024. 6. -- ISBN 978-7-5166
-7429-1

Ⅰ . G812.4
中国国家版本馆 CIP 数据核字第 2024JM2377 号

自发性群众体育组织的构建与发展

著　　者：李　元
出版发行：新华出版社有限责任公司
　　　　　（北京市石景山区京原路 8 号　邮编：100040）
印刷：河北万卷印刷有限公司

成品尺寸：170mm×240mm　1/16　　印张：16　　　字数：213 千字
版次：2024 年 6 月第 1 版　　　　　印次：2024 年 6 月第 1 次印刷
书号：ISBN 978-7-5166-7429-1　　　定价：88.00 元

微店

视频小号店

抖店

京东旗舰店

微信公众号

喜马拉雅

小红书

淘宝旗舰店

扫码添加专属客服

前　言

随着时代的发展和社会的进步，广大人民群众的生活水平不断提高。然而，当人们的基本需求得到满足后，便将目光转向了更高层次的需求，现如今，越来越多的人开始把自己的时间和精力投入到群众体育活动。从体育管理和体育服务的角度分析，党和政府一直十分重视群众的身体健康，无论是 1995 年颁布的《全民健身计划纲要》，还是 2021 年印发的《全民健身计划（2021—2025）》，都可以体现这一点。

基于个人的需要和国家的支持，我国人民群众开展体育运动的热情日益高涨。群众体育活动的开展，还需要一定的组织做保障。自发性群众体育组织的出现很好地解决了这一问题。自发性群众体育组织作为民间组织的一部分，是体育领域促进中国特色社会主义现代化建设的重要体现。自发性群众体育组织已经发展成为广大人民群众，尤其是中老年人群首要的健身组织、娱乐组织。为了巩固和提升自发性群众体育组织在促进群众体育健身事业发展中的价值，笔者特撰写了《自发性群众体育组织的构建与发展》一书。

本书以自发性群众体育组织与自发性群众体育活动为主要研究对象，共分为七章。第一章是开篇，介绍了自发性群众体育组织的一些基础性知识，包括自发性群众体育组织的概念界定、发展历程、分类特点以及构建意义；第二章从构成要素角度分析了自发性群众体育组织的参与动机、活动内容和组织方式；第三章从活动指导、规章制度、经费来源、组织人才四个方面出发，论述了自发性群众体育组织的构建支持；第四章重点介绍了自发性群众体育组织的健身项目，包括社区体育活动、球类体育活动、户外体育活动等；第五章从意义和特点、类型与方法、发动与实施几个角度出发，介绍了自发性群众体育竞赛活动的相关内容；第六章阐述了在自发性群众体育活动中可能会出现的侵权行为及主要处理办法；最后一章介绍了国外群众体育组织的发展经验，并对我国自发性群众体育组织的发展进行了展望。

笔者在阐释和论述的过程中力求语言表达简洁，行文通顺合理。但由于笔者能力水平有限，本书还存在诸多不足之处，有待进一步完善，恳请广大读者批评指正。

目 录

第一章　自发性群众体育组织概述

第一节　自发性群众体育组织的概念界定

一、群众体育的概念

在对自发性群众体育概念进行界定之前，要先理解这一概念的上级概念——群众体育。群众体育是一个与竞技体育相对应的概念，包含的范围较为广泛。通常情况下，参与群众体育的对象包括全体社会成员，群众体育的目的是增强人民体质，提高人民的身体健康状况，使人民群众的业余生活得到丰富，进而达到调节社会情感的目的。并且，群众体育的活动形式是多种多样的。

有关群众体育的概念名称，在我国不止有一种，其中，群众体育、社会体育是两种比较常见的说法。与群众体育、社会体育的概念相比，群众体育与群众体育的概念属于同一个层次，区别不大；而社会体育的概念范畴则小于群众体育。具体来讲，我国的群众体育是相对于竞技体育形成的一个特殊概念，它包含了学校体育等所有非竞技体育内容。

从某种意义上讲，群众体育是一个抽象的概念，它主要包含群众体育活动以及群众体育工作两个概念。所谓的群众体育活动其实就是群众选择适合自己的锻炼方式，以增强自身体质为目的所进行的体育活动，属于锻炼身体方法领域。这一概念中涉及的身体锻炼是我国特有的、能反映现阶段我国体育发展特点的概念，是对我国十数亿群众通过体育方式强身健体、陶冶情操的一种社会实践方式的概括描述。而群众体育工作指的是管理群众体育活动的工作，如组织、发动、宣传体育活动，属于管理学领域。

群众体育概念的主要内容如下：

第一，群众体育的参与人员包括社会全体人员，如农民、职员、教师、自由职业者等。

第二，群众体育的参与方式属于个人自愿参与、主动参与，不强制要求参与。

第三，开展群众体育活动的目的是增强人民体质、丰富人民业余生活、促进人们之间的沟通交流、增进人们之间的感情。

第四，群众体育的活动内容是形式多样、功能不同、各有特色的集体性体育活动。

第五，群众体育的性质是公益性的，群众体育属于大众文化的范畴，和国家的教育事业、医疗卫生事业有着密切的联系。

第六，群众体育活动想要顺利开展，必须坚持科学理论的指导，以专业的运动理论和健身理论作为指导思想，同时，开展群众体育活动也离不开社会体育指导员的组织和规划。

二、组织及其他相关概念

人们掌握了群众体育的概念之后，需要适当了解一些与其有关的重要概念，如组织的相关内容，具体有正式组织和非正式组织、营利组织和非营利组织、社团组织和社会群体。

（一）组织

从广义角度分析，组织就是由诸多要素根据一定的方式相互联系起来的系统；从狭义角度分析，组织其实就是一个特殊的团体或集团，是人们为了实现某一个共同的目标创建的团体或集团，如党团组织、工会组织、街道组织、产业组织等。狭义角度的组织专指人类群体，在这个层面上的组织有以下三点基本特征：

第一，组织成员在组织内能高效率地实现自己的发展目标；

第二，组织内设有领导者，领导者具有管理和安排组织内成员活动的权力；

第三，组织内的成员不是固定不变的，而是有常规的人员变动。

（二）正式组织与非正式组织

根据组织是否正规、完善，可将其可分两种，一种是正式组织，这种组织在开展任何活动时都必须遵循严格的规章制度，遵守纪律，如活动章程、相关法律法规、活动口号和命令、完成目标的方法步骤和达成目标的计划、时间等；另一种是非正式组织，这种组织是人们在日常生活和工作中出于共同的兴趣和爱好，在追求共同利益或具有相同需求的基础上自发组建的团体。非正式组织本身并不是特别稳固的，但非正式组织带来的人与人之间的交流、对话、相互作用，能深刻影响一个人的经验积累、情感体验、感情变化，使成员的心理状态和行为方式呈现出组织化、体系化的特征。

（三）营利组织与非营利组织

根据组织是否以谋求利润为目的，可以将组织分为营利组织和非营利组织。显然，营利组织是以组织的利益为目标的社会组织，讲究资本的投入产出和利润的回报，如各类企业和公司。非营利组织与营利组织刚好相反，利益不是该组织的第一追求点，组织也不需要分红。除此之外，人们在定义和理解非营利组织的时候，还可以从以下六个方面入手：

第一，非营利组织虽然不以利益为最终目标，但也并不是几个人临时搭伙创建的组织，它是有实体的，而且组织架构、组织边界十分明确，还会按照计划持续开展组织活动；

第二，非营利组织不是说一点儿收入也没有，相反，很多非营利组织都是盈利的、有收入的，但它不会将这部分利润进行分配，所有利润只会回到组织本身，用于组织的建设或其他事宜，而不会单独分配给组织成员；

第三，非营利性组织与任何政府部门都没有从属关系，它是独立于政府部门之外的，不具有任何的政府特权；

第四，非营利组织作为一个完善的组织，需要具备完整的自我管理能力，要能够主导自己的行为；

第五，非营利组织不能利用法律或血缘关系强制要求任何人加入组织，也不能强制要求所有成员参与组织活动；

第六，非营利组织主要包含两类，第一类是公益型组织，这类组织数量不多，第二类是互惠型组织。

（四）社团组织与社会群体

1. 社团组织

社团组织是指不同于政府和企业组织以外的、不以营利为目的的、在民间形成的、具有一定自治能力的、集公益性和志愿性于一体的组织的统称。由此可知，社团组织其实是自发性群众体育组织的上位概念，社团组织中与体育有关的组织和自发性群众体育组织存在一定差异，其中显著的一点是我国的体育社团组织基本都是遵照政府管理需求创建的，属于体育管理机构，并不属于"自发性"，也不符合国际社团的主要理念。

2. 社会群体

社会群体是由两个或多个人根据相同的爱好或认知，团结在一起形成的一种特殊社会结构，它对群体中的成员有一种确定的期望，通过规范成员的行为产生特殊价值和意义，并形成了一种特殊的群体文化。社会群体将这些规范和意义共享给所有成员，使其认可自己的身份，并使之与非群体之人有明确区分。所以，当许多人聚集在一起时，是否形成群体结构是分辨此人群聚集体是单纯的人聚集还是社会群体的关键。一个自发性群众体育组织必然具有相应的群体结构，如约定在某时某刻集合，遵照相应的活动流程和纪律举办某种活动，实现活动目标。

三、自发性群众体育组织的概念

在厘清群众体育和组织的相关概念后，可以细致分析自发性群众体育组织的具体含义。如果参照组织的分类将体育组织分为两种，即一种是正式组织，一种是非正式组织的话，国内学者孟凡强认为，自发性群众体育组织等就属于非正式体育组织，体育社团、俱乐部等就属于正式体育组织。[①]

自发性群众体育组织和体育社团、俱乐部的差异在于其组织结构方式的不同。自发性群众体育组织的结构更加灵活多样，体育社团和俱乐部的组织结构则呈现出更多的系统性，即体育社团和俱乐部的组织结构层次更加分明、秩序更加合理、逻辑关系更加清晰。但不可否认的是，自发性群众体育组织可能不会一直保持非正式组织的状态，如果自发性群众体育组织能够进一步扩大组织规模，完善组织制度，那么它就有可能发展成正式的体育组织。因此，本书认为研究自发性群众体育组织的关键点应该是该组织的建立是否经过了所有组织成员的同意，是否符合他们共同的发展意向，而不是强调其组织模式是否正式。

我国体育学界的学者从不同的研究视角和层次，对群众体育组织的概念进行了界定。孟凡强认为，自发性群众体育组织是基于人们的共同爱好、利益、感情与友谊，在体育实践的基础上，在不受任何外界"建制"部门的因素影响和制约的情况下自发形成的，并自主管理的非正式的、结构松散的，利用公共场所进行的以健身、娱乐、交际、休闲为目

---

① 孟凡强．对自发性群众体育组织概念的认识 [J].体育成人教育学刊，2006(1): 29-31.

的的体育活动组织。^①韩军认为，自发性群众体育组织的形成是群众追求自身体育需求的结果，是不断增长的群众体育需求与市场或政府供给不足的矛盾产物。^②刘建中认为，社区自发性群众体育组织是指在社区范围内，由具有共同体育兴趣爱好的社区居民自发形成的，并自主管理的非正式的群众体育活动组织。社区自发性群众体育组织不隶属于某个单位或团体，不受外力驱使，是开放的系统，其成员具有相同的体育兴趣、爱好和需求，它的形成是处于离散状态的潜在体育人口和体育人口在核心成员组织下从无序走向有序的自组织过程。^③

如今，许多自发性群众体育组织也被归属于社会体育的组织形式之一，其特点如下：

第一，具有相对固定数量的组织成员；

第二，具有核心的组织或领导人员管理和运营组织的日常活动；

第三，具有经过组织成员的不断试验和磨合而确立的组织规则；

第四，具有十分明确的组织活动内容和活动目的；

第五，具有相应的运动器械、运动设备和活动场地等开展活动的保障。

综合以上的研究内容，并结合实际情况进行分析，笔者对自发性群众体育组织的概念界定为：自发性群众体育组织是建立在组织成员具有共同体育运动爱好和健身追求的基础上，依托地区联系、业缘关系等人际关系自发组建的，有明确组织架构、具有自主管理能力的，不受外界强制要求和束缚的体育休闲娱乐组织。自发性群众体育组织作为当代社

---

① 孟凡强．自发性群众体育组织成因的理论探讨：兼论后继实证研究面临的主要课题[J]．体育学刊，2006(2)：58-61．

② 韩军．我国自发性群众体育组织发展对策研究[J]．吉林体育学院学报，2009, 25(4)：139-141．

③ 刘建中．协同学与社区自发性群众体育组织形成与发展机制[J]．体育学刊，2009, 16(8)：40-43．

会的重要组成部分，已成为体育领域在我国公民社会中的缩影，它具有群众基础，发展潜力也较为突出。

第二节　自发性群众体育组织的发展历程

群众体育这个名词出现较晚，中华人民共和国成立之后才广泛使用。到二十世纪七十年代，随着中国国家政治、经济制度的不断改革与发展，中国的社会经济体制逐渐向社会主义市场经济转变，极大地释放了社会生产力，中国的经济发展水平迅速提高，人们除基本的生活需求以外，便出现了更高的生活追求。于是，我国出现了人民群众自发组织起来的群众体育组织——自发性群众体育组织，其在形成和发展过程中受到了政治、经济等多种因素的影响，具体分析如下：

一、自发性群众体育组织的形成

（一）自发性群众体育组织形成的社会背景

1. 社会经济的持续发展

自1978年开始，我国走上了改革开放的全新道路。自此以后，我国的社会经济呈现出显著的变化，这些变化对我国各方面的发展都产生了深远影响，其中，对我国体育事业的重要影响之一就是为自发性群众体育组织的形成奠定了良好的物质经济基础。

自我国全面实施改革开放后，我国经济实现腾飞。随着经济的飞速发展，人们的生活水平自然也在不断提高，人们的消费结构发生了明显的变化，人民群众对精神产品和娱乐产品的需求不断增加，尤其愿意在体育锻炼方面增加消费支出，为身体的健康投资。随着改革开放的推进，人民群众的思想观念也在时刻更新，在体育运动参与方面，民众的体育健身观念得以增强，人民群众开始更加注重身体健康和体育锻炼，愿意通过参加各类体育健身活动增强个人体质、丰富业余生活。

综上所述，依托社会经济的持续发展，人们的生活水平和文化水平不断提升，人们的健身意识和健康观念变得更加开放和科学，人们开始把更多的注意力放在维持身体健康上，并且有了追求健康生活、高品质生活的信心和决心。

人民群众乐于参与并主动参与体育锻炼活动，为自发性群众体育组织的创建打下了坚实的群众基础。在那一时期，群众有了参加体育活动的想法，愿意为了保持身体健康、丰富业余生活而组建团体，组织和开展体育活动。但是，当时发展经济、提高人民的生活水平仍然是社会生产发展的主要任务，而组建正式的群众体育组织，发动群众参与体育活动显然不现实。面对这种情况，部分群体自发地创建了体育组织，即自发性群众体育组织，这个组织的成立基本满足了人们参与体育活动的实际需求，因此，这类组织便很快开始形成并发展起来。

2.政策法规鼓励支持

我国全面实施改革开放后，经济的快速发展使国家积累了一定的财富，这些财富可以用于我国体育事业的建设，如建设大量的体育基础设施，修建体育活动场所等，这些都为人民群众全面开展体育活动奠定了基础。二十世纪八十年代以后，我国先后制定、颁布了多项与体育事业发展有关的法律法规和政策，促使群众体育活动的全面、有序、健康发展。例如，国务院在1983年批转了中华人民共和国体育运动委员会（现已更名为国家体育总局）的《关于进一步开创体育新局面的请示》；1984年，中共中央发表《关于进一步发展体育运动的通知》；1989年，政府重新制定了社会团体登记管理条例等。

国家制定、颁布、完善相关的法律法规和制度政策为人们自发创建体育组织提供了法律支持。一方面，体育相关政策法规进一步加强了可能对群众体育造成威胁的违法活动的惩罚力度，使这些违法活动的发生率和危害性持续降低；另一方面，人们参加体育活动的权利得到了有效保障，群众体育活动的开展将更加顺利、更加合理。

3. 共同追求促进交流

群众体育活动的开展有助于发展个人的兴趣爱好、实现人们的健康追求、调整群众的人际关系，增强群众的情感交流。人是社会性的动物，向往群居生活，与外界开展定期的对话交流是人类获得生存与发展的必然条件，当许多人对于某种事物有相同的兴趣和追求时，人们会自发地举办一些与之相关的群体性活动，自发性群众体育组织正是在这种背景下创建的。

人们拥有共同的体育爱好或健身追求是自发性群众体育组织形成的必要因素和关键因素。正因为无数的群众都在追求身体健康及良好的精神面貌，再加上这些人具有共同的运动爱好，所以，人们才能借助"体育锻炼"这一媒介进行交流和沟通，也正是这样，自发性群众体育组织才能发挥自身交往平台的作用，各行各业、各个年龄阶段的朋友才能在此找到志同道合、有着共同爱好的伙伴。

（二）自发性群众体育组织形成的组织条件

1. 组织核心人物

任何社会活动的开展都需要人的参与，群体性社会活动的开展更是如此，活动的组织、进行、管理必须由一个或若干个有能力、有责任心的人来负责。在自发性群众体育组织中，虽然说活动都是民众自愿参与的，但在活动的过程中必须有核心人物或领导人物的存在，各个组织成员将在他的指挥和安排下明确自己的活动职责，完成自己的活动任务。核心人物的号召力和社交能力一般都比较强，在组织成员中比较有威信，能支撑组织活动的顺利、持续开展。

通常情况下，在自发性群众体育组织开展活动的过程中，组织开展活动的频率和组织的凝聚力、团结性也取决于组织负责人的号召力，尤其是负责人在活动中投入的时间和精力。有时，核心人物的去留甚至会影响组织的存亡，由此可见，核心人物对自发性群众体育组织的重要性。

2. 共同的体育目标

情感方面的认同是一个群体存在的基础，但只有情感没有方向也是不行的。一个群体的形成往往以情感为纽带，以共同的目标为基础，只有这样，一个群体才能形成并持续地发展下去。

自发性群众体育组织的构成人员来自各行各业，他们从事着不同的工作，具有不同的社会身份和社会地位，如学生、教师、公务员、商人、工人、企业家、自由职业者等。无论性别如何，年龄如何，这些人都有机会参与到任何一个自己感兴趣的群众体育健身活动中，锻炼身体、愉悦心情是他们参加自发性群众体育组织的重要原因。自发性群众体育组织为广大体育运动爱好者提供了一个寻找情感寄托的平台，广大体育运动爱好者在这个组织中不仅能改善自己的身体素质、提高自己的运动技能，还能学到新的运动知识。

3. 场地设施环境与条件

场地设施环境是自发性群众体育组织形成与发展的必要条件，当前，我国自发性群众体育活动的场地多为大型公园、广场、室内体育馆等。

近几年来，我国大力发展体育事业，为加快"健康中国"的发展和建设，政府相关部门不断增加对自发性群众体育组织的资金投入与政策支持，取得了令人瞩目的成绩。现阶段，社会体育设施的安装和应用还在有序进行中，很多大中型城市都建有能体现地区特色的标志性体育建筑，群众体育健身场所、休闲体育公园等社会体育设施具有高水平、大规模、安全性强的特点，可用来开展各种体育竞赛、提供专业化体育服务等。很多社区和小城镇的体育运动基础设施具有价格适宜、操作便利、功能多样、开放程度高的特点，为区域性、群众性的体育组织开展各项体育活动提供了良好的设施和场地基础。

二、自发性群众体育组织的发展

（一）自发性群众体育组织的发展环境

1.政治环境

在我国社会主义现代化社会的构建过程中很重要的一点，就是实现了由全能政府向有限政府的转变，有限政府的构建也是促进自发性群众体育组织发展的有效措施。伴随市场经济的发展和社会环境的变化，我国国家与社会的二元分化愈加明显，全能政府逐渐向有限政府过渡，政府在群众体育领域的管理模式也进入了改革阶段，由中央集权制发展为向地方、向社会、向民众分权的制度。政府允许社会组织和民众更多地参与群众体育组织的建设和管理，分担更多的体育公共事务，这既能够保证群众体育工作的有序开展，又能够实现权力的逐步下放。

在过去，我国的群众体育事业基本都是靠政府扶持和管理的，即政府组织群众开展体育活动，保证群众的身体健康。后来，随着时代的发展，我国开始规划政府部门职能，部分政府部门开始转型，再加上人民生活水平不断提高，自治意识不断觉醒，自治能力不断提高，原本由政府负责管理的体育事业被群众接管，社会组织和人民群众的体育热情增强，办事效率提高，群众体育组织也呈现出多元化发展的趋势。现如今，群众体育健身活动的研究视角逐渐从政府管理的角度转变为群众需求的角度，群众体育组织的发展更符合人民群众的切身要求，政府对群众体育组织的政策性扶持措施也体现了这一点，如表1-1所示：

表1-1　政府对于自发性群众体育组织的政策性扶持措施

时间	文件	部分内容
1995 年	《全民健身计划纲要》	加强群众体育的法治建设，认真执行现有体育法规，有计划地制定并实施社会体育督导、群众体育工作、体育社团、场地设施管理等方面的法规制度 充分发挥各群众组织和社会团体在开展群众性体育活动中的重要作用，建立健全行业、系统体育协会和其他群众体育组织，逐步形成社会化的全民健身组织网络
2009 年	《全民健身条例》	国家推动基层文化体育组织建设，鼓励体育类社会团体、体育类民办非企业单位等群众性体育组织开展全民健身活动 鼓励全民健身活动站点、体育俱乐部等群众性体育组织开展全民健身活动，宣传科学健身知识 县级以上人民政府体育主管部门和其他有关部门应当给予支持
2011 年	《全民健身计划（2011—2015 年）》	全民健身组织网络更加健全 市（地）、县（区）普遍建有体育总会、单项体育协会、行业体育协会及老年人、残疾人、少数民族、农民、学生等体育协会 社区体育俱乐部、青少年体育俱乐部、妇女健身站（点）有较大发展。
2016 年	《全民健身计划（2016—2020 年）》	积极发挥全国性体育社会组织在开展全民健身活动、提供专业指导服务等方面的龙头示范作用 加强各级体育总会作为枢纽型体育社会组织的建设，带动各级各类单项、行业和人群体育组织开展全民健身活动
2021 年	《全民健身计划（2021—2025 年）》	激发体育社会组织活力 完善以各级体育总会为枢纽，各级各类单项、行业和人群体育协会为支撑，基层体育组织为主体的全民健身组织网络 重点加强基层体育组织建设，鼓励体育总会向乡镇（街道）延伸、各类体育社会组织下沉行政村（社区） 加大政府购买体育社会组织服务力度，引导体育社会组织参与承接政府购买全民健身公共服务

2. 组织环境

传统社会体制下，存在于国家和个人之间的中介组织没有良好的发展前途，尤其是为人民提供服务的组织也无法找到合理的运营模式，这对于配置市场资源是不利的。随着社会经济的飞速发展，经济体制不断变化，个体更乐意追求利益，实现自身发展，由产业经济发展催生出了从前没有或很少的职业角色。原来毫不相关的社会利益主体之间通过社会契约的形式建立了互利共赢的关系，各类组织，特别是各类群众性自治组织，不仅有效强化了社会权力，还增强了社会力量，既保障了个人的权益，又促进了社会的和谐稳定，这些组织包括经济组织、权益组织、民间组织等。

二十世纪九十年代以来，我国始终把促进基层群众健身活动的开展，以及构建系统的全民健身组织体系作为提高群众身体素质、促进群众体育发展的重要方式方法。这种做法代表政府已经认识到我国体育健身事业想要发展，离不开自发性群众体育组织的帮助，同时，政府还要大力扶持这些组织，推动其发展，使群众体育组织具有更高的活力。当前，我国的群众体育组织主要分为三种，分别是政府组织型、社会公益型以及企业营利型，这三种类型的组织在全民健身网络中具有不同的优势，发挥着不同的作用，互为补充，相互促进，共同发展。

我国当前的全民健身组织体系主要由分布广泛的全民健身网络连接而来。如今，我国的社会体育产业经过多年发展已经颇具规模，形成了一个相对完善的、社会化的群众体育组织网络，该网络的关键点为基层体育组织，主线为社会体育团体，通过点、线结合的方式，大大增加了覆盖范围。在整个全民健身组织体系当中，基层的文化体育组织、村民以及城乡街道委员会等负责组织基层群众开展各类体育活动。改革开放四十多年以来，我国群众体育的政府组织结构如图 1-1 所示：

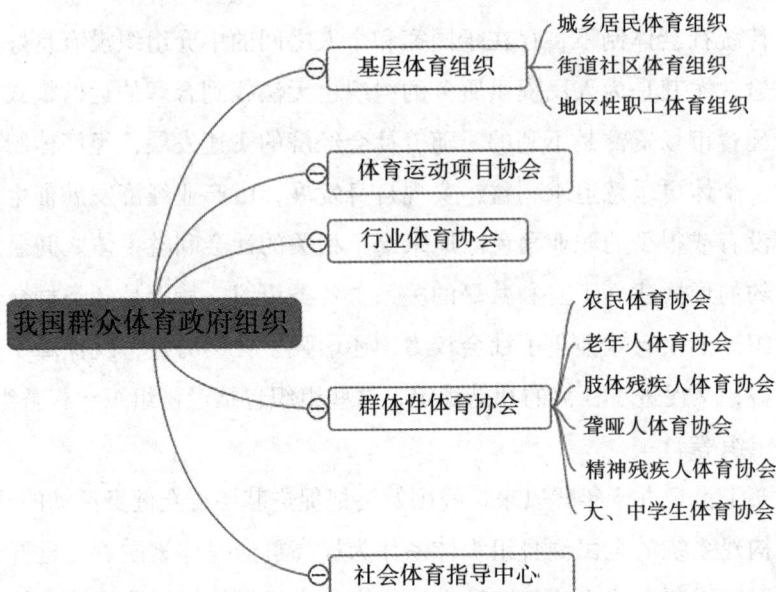

图1-1　我国群众体育政府组织

　　纵观我国全民健身网络的中上层组织，大多缺少实际的内容结构框架，政府举办的也都是大型的群众体育活动，深入基层的、老百姓身边的实在工作做得还不够多。自发性群众体育组织虽然数量多，且身处整个组织体系的最底层，但它与人民群众的距离是最近的，是人们在生活中接触最多的体育健身组织。所以，与体育健身有关的上层部分不仅对其特别重视，还决定给予群众性体育俱乐部，尤其是青少年体育俱乐部更多的支持。同时，加快各种体育站点和体育组织的建设进程，全面发挥社会群众组织的重要作用，引导并管理群众参加体育项目，保证全民健身活动有序、平稳推行。我国的国情和社会体育的发展程度也决定了当前的群众体育组织体系是由政府引导建设的。我国的经济发展水平还有待提升，社会体育的自我发展能力还比较薄弱，自我调节机制也不够完善，因此，还不能完全脱离政府的管理和帮助。所以国家在群众体育组织体系的场馆设施建设、法规制定、全局管控等方面发挥着不可替代的作用，政府有必要对社会体育的发展进行指导、调节和保障，这不仅仅是政府的重要职能之一，也是保障我国社会体育新体制顺利运行的关键。

当然，我国如今的群众体育组织体系还存在很多问题，其中最重要的一个问题是群众体育建设需求的差异性。每个人都有自己的体育健身需求，身份不同、地域不同，健身需求也不相同，面对这种情况，创建多元化的发展模式是一个恰当的发展路径。自发性群众体育组织作为与群众接触较多的、直接的组织，不但能满足群众积极参与体育活动的需求，还能通过自身复杂多变的模式，根据参与者的自身特点提供服务，将被动锻炼转变为主动健身。

3.科技环境

计算机技术、网络技术以及其他现代信息技术的发展已经深刻影响到了现代社会生活的方方面面。网络技术作为一种先进技术，不但能让人快速获得自身所需要的信息和知识，还能创建一种全新的人际互动模式，这一点至关重要。人们越来越习惯使用语音或视频通话开展互动、交流，这在一定程度上减少了时间和空间对人际交往的阻碍，为人与人之间的交往创造了一个虚拟的空间，扩大了人们的视野，丰富了人际交流的形态和模式。

自发性群众体育组织在发展过程中离不开应用网络信息技术，尤其是未来以青少年为主体的自发性群众体育组织必将利用这种模式参与体育锻炼，实现健身理想。从个人发展来看，个体可以通过网络平台寻找适合自己的体育健身组织，以更好地实现锻炼身体、发展兴趣爱好的目的。将其应用在公共领域当中，一些普通的"草根"体育组织可以实现普及化、公开化，大大增强其社会影响力。我国的自发性群众体育组织主要有三种类型，分别由城乡社区、学校和互联网群体联合组成，这三种类型的群体之间并不是毫无联系的，其中有相互交织的部分。当代青少年最喜欢的自发性群众体育组织是建立在各种网络交流平台上的组织，如以快手、抖音、微博、QQ、微信等网络平台为基础创建的自发性群众体育组织，其主要原因如下：

首先，在信息化时代，人们的生活节奏和工作节奏都逐渐加快，无论做什么都要讲究时间，提高效率，因此，在体育健身活动的选择上也更加效率化。网络多媒体等现代信息技术的应用有助于人们了解更多的体育健身活动，进而高效快捷地选择适合自己的群众体育组织。

其次，从自发性群众体育组织本身的发展来看，身处信息化时代，自发性群众体育组织想要实现其社会价值、达成发展目标，如何在响应政府号召的前提下合理利用当前有限的资源是重中之重，换言之，就是要通过低成本、高效率的现代化方式为组织发展获取更多资源，促使组织实现进一步发展。互联网信息广泛传播和容易获取的特点为组织的进一步发展带来了动力和压力。动力就是网络信息的畅通无阻为组织的运营创建了一个公开、透明的环境，在这种环境氛围中，组织成员的责任心和凝聚力得以提升，在公众的监督下，他们会严格要求自己，为组织的发展出谋划策、贡献力量、获取支持；压力就是网络信息技术的发展为人们选择适合自己的体育健身组织和体育活动方式提供了更多的机会，面对风格迥异、技艺超群的各类组织，人们通过再三比较才能确认自己的选择，这就要求这些自发性群众体育组织不断地提升自己、完善自己，以更好的组织状态应对人们的审视，吸引更多人的参与。

（二）自发性群众体育组织发展的过程

二十世纪九十年代，我国经济迎来发展的春天，人们的生活水平得到显著改善，自主意识迅速增强，自我锻炼意识越发强烈，开始出现自发性群众体育组织，组织类型五花八门，但基本都是围绕一个相同的兴趣爱好——体育运动产生的。自发性群众体育组织成员人数较少，活动规模较小，活动内容比较单一，开展活动所用的设施大多是居住区域内的体育活动设施，活动空间也是位于人们住所附近的广场或公园等较为宽阔的空间。这些新创建的、非营利性的群众体育组织和其他营利性的群众体育组织共同组成了我国基层群众进行日常体育锻炼活动的基础。

从组织的角度分析我国群众体育工作的发展，可将其分为以下四个阶段：

第一阶段：这个阶段属于我国群众体育工作发展的初级阶段，负责组织体育活动的群众体育组织基本都是政府机构，如全国性质的体育总会、行业体育协会、街道体育文化站点等，一些企事业单位也可以举办相关的体育活动。

第二阶段：1978 年，我国实施改革开放，我国的经济体制从原来的计划经济模式逐渐转变为市场经济模式。1984 年，我国许多城市的政府单位开始改革部门职能，使得单位具有的服务职能发生了转移，由群众自发组织的体育活动数量开始增加。当单位制彻底解体后，人民群众开展体育活动基本都是以社区或家庭为主要单元，自发性群众体育组织的数量越来越多。

第三阶段：1995 年之后，我国人民群众组织开展群体健身的模式和运行机制发生了重大的变化，原来较为封闭的，以学校、单位、企业为单元建立的群众体育组织，逐渐演变为开放的、不受地域范围限制的集体性体育组织。不同性别、年龄、区域、行业的人为了同一个兴趣爱好组织了各式各样的体育活动。此时，群众体育健身活动开始从传统的政府负责转变为由协会、社团负责，社会各界都可以参与到组织的建设中来，一种受众广泛、互惠互利的群众体育健身组织模式逐渐形成。

第四阶段：2000 年以后，随着改革开放的进一步深入，人民群众接触到了更多的体育健身项目和体育健身模式，人们开始注重通过各种灵活多样的组织模式开展群众体育活动、加强身体锻炼。政府改变了以往对群众体育组织建设的管理方式，开始更加注重制定指导群众体育事业发展的相关政策，为组织群众开展体育健身活动做好宣传工作，营造健身氛围，修建体育场馆，为人民群众开展体育锻炼提供相应的资源。这些举措为自发性群众体育组织的建立和发展提供了政策导向，体现了我国群众体育健身活动多元化的管理特征，符合时代发展的需要。

综上所述，我国群众体育组织的形成与发展经历了这样一个过程：先是国家机关、事业单位负责组织员工开展体育活动，随后是以家庭和社区为单元开展集体性的体育锻炼，再然后是自发性群众体育组织的出现。自发性群众体育组织产生于二十世纪七十年代，八十年代逐步增加，九十年代迅速发展。21世纪以来，政府对群众体育工作的开展进行了全方位的调整与改革，群众体育工作的发展模式由政府支持转变为社会组织管理，人民群众在这一过程中形成的公民意识成为自发性群众体育组织发展的有力支撑。

第三节　自发性群众体育组织的分类与特点

一、自发性群众体育组织的分类

自发性群众体育组织的分类方法有很多，此处仅介绍其中的两种。

（一）按照组织方式分类

我国的自发性群众体育组织按照组织方式可以分为五种类型，各种类型的组织之间并不是毫无关联的，可能会存在重合的地方。也就是说，一个自发性群众体育组织可以同时属于两种及两种以上的组织类型，如图1-2所示：

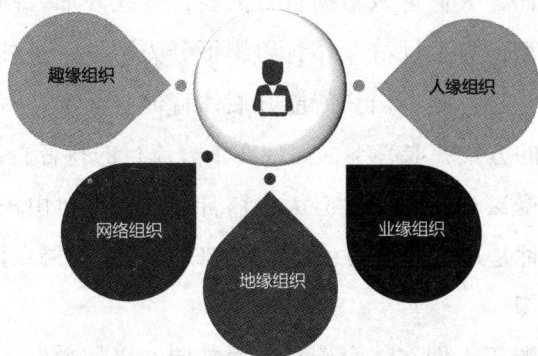

图 1-2 自发性群众体育组织的组织分类方式

1. 人缘组织

自发性群众体育组织中的人缘组织一般是由家庭成员、亲属成员、学校同学或关系密切的朋友组成的，这一类组织通常具备比较稳定的结构，组织内的成员不会轻易更换。这种组织与其他四种类型的自发性群众体育组织相比，存活的时间会更长，因为组织成员之间的关系长期稳定。

2. 业缘组织

业缘组织是由同一工作单位的员工自发组建的健身组织，这一类健身组织开展的体育健身活动是单位体育的重要组成部分。由业缘组织成员组织开展的健身活动能有效提高成员的身体素质，并培养成员之间的团队合作精神，提高单位的生产效率。

3. 地缘组织

地缘组织由生活在同一地域的人群自发组织建成，这是最常见的组织模式之一。组织内的成员由于生活在同一个地方而结识，由于共同的体育兴趣爱好构成团体，他们能寻找并利用生活区域内的体育活动场地以及相关设施组织开展体育健身活动，如社区体育健身组织。

4. 网络组织

当今互联网世界的信息不仅种类齐全、内容丰富，而且更新及时、传播迅速，因而，人们可以根据自身需要，寻找并加入网络式群众体育组织。这种新型的自发性群众体育组织可分为两种：一种是组织内成员只是通过网络沟通，足不出户就能开展体育健身活动，有什么问题可以通过在线提问的方式获取答案，如现在十分流行的抖音直播间健身组织，直播间的活动受渠道平台和社会大众监督，在保证自由民主的同时兼具合法性；另一种是通过网络联系，然后在线下集结的群众体育组织。

5. 趣缘组织

趣缘组织源于人们在体育健身方面共同的兴趣爱好，是为了满足人们的精神生活而建立的现实组织，也是结群形式的高级发展阶段。自发性群众体育组织中的趣缘组织不仅能帮助人们强身健体，还能促进人们之间的交往，有利于社会的和谐发展。趣缘组织既是社会发展的产物，也是人们在物质生活水平到达一定阶段后追求精神生活的体现。趣缘组织内部的成员因为对体育活动的喜爱聚集在一起，形成结构稳定的小团体并定期组织开展体育健身娱乐活动。

（二）按照组织活动项目分类

从群众体育组织活动项目的不同类型入手，可以将自发性群众体育组织分为四种类型，这四种类型的群众体育组织之间相互交叉，如图1-3所示：

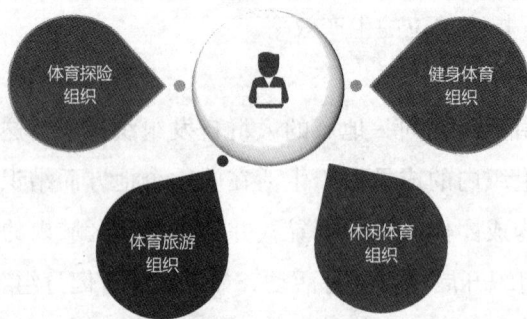

图1-3　自发性群众体育组织的活动项目分类

1. 健身体育组织

健身体育组织的主要包括健身美体、娱乐健身、增强体质的身体锻炼活动等。

2. 休闲体育组织

休闲体育组织的主要活动内容是为了放松身心开展的体育锻炼活动，包括健身休闲活动、娱乐休闲活动等。

3. 体育旅游组织

体育旅游组织的主要活动内容包括外出旅行、游览风景名胜等。

4. 体育探险组织

体育探险组织的主要活动内容是野外探险、挑战身体极限、寻求运动刺激。

二、自发性群众体育组织的特点

如图 1-4 所示，自发性群众体育组织具有以下六个方面的显著特点：

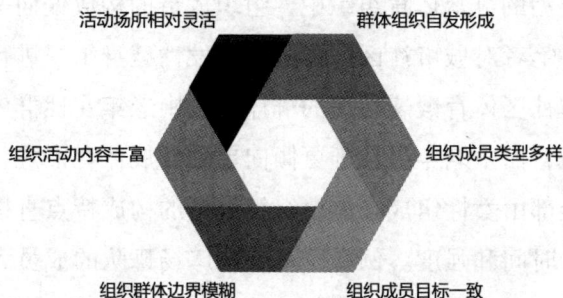

图 1-4 自发性群众体育组织的特点

（一）群体组织自发形成

随意性是形成自发性群众体育组织环节最显著的特性，即形成组织的过程既不需要特定的条件，也不需要刻意安排和约定，自然而然、顺其自然。自发性群众体育组织中地缘组织就是由生活在同一区域的居民聚在一起，进行有规律的体育锻炼活动，并伴随吸纳更多个体加入活动的思想和行为而逐渐形成的。这种随意性也意味着组织在开展体育活动时不会受到外部因素的影响，这一点正是自发性群众体育组织的基本特点。

（二）组织成员类型多样

自发性群众体育组织具有很强的包容性，可以吸收来自不同年龄阶段、不同职业背景、不同地域环境、不同身份地位的人群参与体育锻炼活动。该组织的参与门槛较低，组织成员囊括了大部分的社会成员类别。在组织成员内部开展体育活动，可以不用过多地考虑对方的身份地位以及社会背景，可以最大程度保留竞争意识。例如，企业开展体育活动，普通职员和公司领导都能参与；以家庭为单位开展体育活动，父母和子女都能参与。由此可知，自发性群众体育组织具有极强的接纳性和包容性，不仅受众十分广泛，还深受群众喜爱。

在不同类型的群众体育组织中，组织成员的构成偏向呈现出不同的特征。例如，笔者对城市社区内居民的自发性健身组织进行调查研究后发现，在参与社区体育锻炼组织的群体中，中老年女性群体占组织成员的很大一部分，而中老年男性则更倾向单独开展体育锻炼，甚至很多社区健身组织全部由女性组成。体育组织成员的构成特点直接影响了组织活动的内容、时间和强度。例如，某小区广场舞队的成员大多是离职或退休的中老年女性群体，她们下午需要完成做饭、接孩子放学等家务，只有上午和晚上有时间锻炼，因此，她们的活动时间也只能选择上午或者晚上；又如，某小区的健身组织由生活在小区里的中青年群体组成，他们白天需要上班，因此只能在下午下班后参加晚上的体育活动。

（三）组织成员目标一致

同一个自发性群众体育组织中的所有成员追求的目标基本相同或相似，如习得体育技能、提升身体灵敏度、提高身体协调性、保证身体健康、增强自身体质等。有数据表明，当自发性群众体育组织成员有一致的目标追求时，该组织才能更好地开展体育活动，才能更好地成长和发展起来。此外，组织成员集体参与体育竞赛既能积攒经验、提升技能，还能通过成员间的竞争和互帮互助增强组织的团结，实现组织目标。

（四）组织群体边界模糊

早期的群体互动理论包含了两个新概念，一个是内群体，即一个人经常性地生活或工作的群体，群体内部成员彼此熟悉，相互了解，人际关系密切，群体成员经内群体获得自己所需的利益和感情，群体成员用"我们"来称呼这个群体；另一个是外群体，它是相对于内群体而言的，是由"我们"以外的其他人组成的群体。内群体成员通常对外群体成员的思想行为持冷漠甚至怀疑态度，在自发性群众体育组织中，群体之间的界限并不明显，这意味着组织中的任意成员可能随时退出当前组织，并加入另一个组织。这里需注意，有一种情况是例外，即该组织以团队的身份参与某项体育比赛时，群体界限就会变得特别显著。

高校学生中，自发性群众体育组织的人员变化十分规律。在每个学年的开学季，也就是9月份，很多新生入学，社团组织开始抓住机会招新人，组织成员人数迅速增多，达到顶峰；之后，随着时间的推移和各种因素的影响，高校学生社团的成员人数逐渐减少，在每个学年结束前，即6月份人数最少。同时，受学期考试因素影响，此阶段参加社团活动的人数明显减少。高校学生社团发展存在的问题主要是学生参与活动缺乏持久性，参与社团活动后能坚持下来的人少。例如，武术社团对大一新生有较强的吸引力，但参加武术社团要每天早起参加训练，并且刚开始训练的基础项目比较枯燥，此时就会有学生因为早上起不来或者感觉训练太辛苦而中途放弃。这也与高校学生在学校学习生活的时间有关，这一类型体育活动组织的负责人和组织成员都有较强的流动性，往往一个社团的团长任期只有两年，团员能参加活动的期限也不超过三年，甚至更短。社区内自发性群众体育组织的数量会随着季节的变化、温度的上升或下降而产生变化。

（五）组织活动内容丰富

自发性群众体育组织由各类具有不同体育运动爱好的成员构成，他们钟爱不同的体育运动项目。这些体育运动项目一般可分为三类。其中，竞技体育项目包括田径运动、球类运动、游泳、骑行等，占组织活动内容的很大一部分；一些时尚的体育运动项目如毽子操、健身操、飞盘运动等也是组织活动的重要组成部分；传统的民俗体育运动也是某些部分群众体育组织的重要活动内容。在自发性群众体育组织中，人民群众可以充分发挥自己的想象力和创造力，利用外界的活动设施，结合自身的身体素质条件，开展适合组织成员的、能提高成员体育锻炼水平的体育运动，可以兼具创新性和具有健身效果的体育健身活动，并且可以通过自发性群众体育组织进行推广和传播。

（六）活动场所相对灵活

大多数较为正式的体育活动组织需要具备相对固定的场地和一定数量的设备才能开展体育活动训练。但对比这些正式的体育活动组织，自发性群众体育组织开展活动时往往没有十分固定的运动场所，有些甚至不需要运动设备。这些体育活动组织的活动场所十分灵活，小区里的一块儿空地，附近公园的篮球场、全民健身中心或附近学校里的体育馆都是他们开展活动的场所。大部分的组织活动需要根据活动场所的变化及时采取应对措施，如平时在户外打羽毛球的群众体育组织遇上下雨天气，就要寻找室内可以练习羽毛球技术的合适场地。学校内部的师生虽然可以使用学校建造的体育馆这一有利场所，但不同的体育项目所需要的场地条件、器材设备，特别是用于保护成员锻炼不受伤害的设备一般是不相同的。例如，跆拳道运动的技术动作难度升级之后，就要有相应的保护器材，来保障学生在练习和表演时免受伤害，而这些器材是跆拳道活动场地所特有的，普通的运动场地不提供这些器材设备。因此，学校对于学生群体自发性体育组织的发展，不仅要制定相应的鼓励制度，还要加强硬件设备方面的支持。

第四节　自发性群众体育组织构建的重要意义

群众体育是国际体育发展的大势所趋，很多西方国家也在开展群众体育活动，只不过不同国家负责组织开展群众体育活动的实施机构不同。例如，德国群众体育活动的最高管理机构为德国奥林匹克体育联合会，这是一个非官方的管理机构，在民间下设多个俱乐部，人们以组建俱乐部的形式开展群众体育活动，来满足自身的锻炼需求。我国的自发性群众体育组织是开展群众体育活动的组织依托，是能够有效增强群众体质、提高群众运动技能的组织形式，是人们参加体育锻炼较为自由、便捷的一种选择。如图 1-5 所示，自发性群众体育组织构建的重要意义体现在以下几个方面：

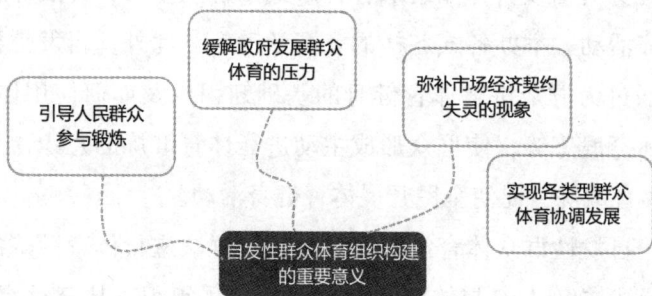

图 1-5　自发性群众体育组织构建的重要意义

一、引导人民群众参与锻炼

21 世纪以来，我国人民群众的生活逐渐步入小康，随着机械化、自动化和智能化程度的提升，现代交通工具的普及以及网络信息技术的发展，人们从事体力劳动和外出活动的时间大大减少；家务劳动社会化和家用电器的升级应用，导致很多家务劳动可以不用人们亲自动手；生活节奏加快和工作压力增加伴随不规律、不健康的饮食习惯、作息习惯，使人们的精神和身体都处于紧张状态……以上种种情况，使得很多人的身体处于亚健康状态。很多人因为身体的健康问题饱受病痛的折磨，甚至因为看病吃药花了不少积蓄，导致生活水平下降，幸福感降低。大量的科学研究和社会实践表明，参加体育锻炼能有效提高身体的免疫力，增强个人体质，帮助人们提高身体机能，预防身体疾病发生，而自发性群众体育组织是人民群众参与体育锻炼的"助推器"，能有效引导人民群众参加体育锻炼，使他们在组织的领导下有序开展锻炼活动。

加入自发性群众体育组织的门槛一般较低，不论阶层、年龄、性别、职业，组织成员之间人人平等，没有高低贵贱之分，每个人因为共同的兴趣爱好走到一起，参加体育锻炼活动。因此，自发性群众体育组织可以通过贯彻《全民健身条例》等国家方针政策，因地制宜地组织和开展各类群众健身活动项目，如组织各种形式的运动项目、开展体育健身的展示和推广活动、举办各式各样的竞赛活动等。此外，自发性群众体育组织还能通过为群众讲解体育健身的基础知识以及如何使用体育设备、如何开始体育锻炼等，使群众形成主动进行体育锻炼的意识，从而引导人们参与体育锻炼，促使全民开展体育健身活动。

如今，自发性群众体育组织已经是基层群众进行体育锻炼的主要组织，特别是中老年人参与体育活动首选的娱乐组织。从某种意义上讲，自发性群众体育组织的出现和发展不仅满足了人民群众对体育锻炼越发重视的实际需求，还为群众体育活动的开展提供了保障。与此同时，自发性群众体育组织的构建还帮助人们充实了自己的休闲时光，使他们增加了参与社会交往的机会，提高了生活质量。在节假日、双休日，自发性群众体育组织越来越体现出其具有的重要意义，如丰富人民生活、舒缓身心、强身健体等。

二、缓解政府发展群众体育的压力

我国如今的体育主要分为三大类，分别是竞技体育、群众体育以及学校体育。其中，竞技体育的发展最为成功，显著的一点就是中国体育代表团代表中国在各类世界级的体育赛事上收获了多个荣誉，这意味着中国的竞技体育可以称得上水平极高了。

在我国三大体育类型，即学校体育、群众体育和竞技体育的发展过程中，竞技体育的发展无疑是成功的。在各届世界级体育赛事上，中国体育代表团所取得的辉煌成就标志着中国的竞技体育已经达到了很高的水平；学校体育也取得了相应的进步与发展，这主要体现在学校体育课程的设置、体育场地的修缮和体育健身设备的安排上。对比之下，我国的群众体育发展稍显落后。

我国的自发性群众体育组织是人民群众参与体育健身活动的重要媒介，在整个体育活动过程中所起的作用是至关重要的。随着时代的进步，我国社会经济不断发展，人们在各方面的需求都出现了较为显著的提升，包括物质、文化、生活等，再加上自身体育锻炼意识的不断增强，自然会对组织提供的体育服务产生更高的要求。传统的政府部门无法为人们提供多元化的体育服务，无法满足群众体育对经费、设备以及场所的需求，而且那些官方协会、官方组织、营利性社团、俱乐部以及其他的正规组织也无法为群众体育事业贡献力量。面对这种严峻的形势，自发性群众体育组织的出现可谓是柳暗花明，其具有的组织活动能力、灵活变通能力、自我管理能力不仅能满足人民群众对体育服务的多元化要求，还大大缓解了群众参与体育健身活动产生的沉重压力，缓解了政府开展全面体育建设的困难局面，为我国群众体育事业的发展奠定了坚实的基础。

三、弥补市场经济契约失灵的现象

1978 年，我国开始实施改革开放政策，政府通过宏观调控，使市场资源得到了合理分配，促使我国经济飞速发展。从本质上讲，市场经济其实就是契约经济，是买卖双方按照一定的规矩和约定，完成商品交换的过程，具体的规矩有自由、平等、公正等。市场经济本身其实存在一定的局限性，生产者和消费者掌握的信息量是不对等的，生产者手中的信息量通常多于消费者。在这种情况下，很多营利性的组织为了获取利益，隐瞒了自己掌握的信息量，将不符合契约精神的服务或产品售卖给消费者，这种情况下形成的契约是无效的。自发性群众体育组织无论是创建还是运营，其目的都不是营利，重要的是组织的资金是由所有组织成员共同筹集的，无论是否营利都不会分红，这样不仅能避免出现无效的契约，还能保证服务质量。此外，自发性群众体育组织具有的非营利性和自主性，使得它们在市场上无利可图。群众需要的体育公共服务商家不会提供，政府因为其职能有限没有能力提供，只有自发性群众体育组织能提供，且能满足其多元化需求，同时按照自身发展规划合理分配资源，开展全民健身活动。

四、实现各类型群众体育协调发展

不同群体、不同地域之间的体育发展和体育行为存在一定差别。根据国家国民体质监测中心发布的《2020 年全民健身活动状况调查公报》可知，我国的青少年和儿童比中老年人更喜欢参与体育锻炼，经常参加体育锻炼的青少年和儿童人数占青少年和儿童总人数的 55.9%，经常参加体育锻炼的成年人人数为成年人总人数的 30.3%。其中，年龄在 40～49 岁之间的人数占比高达 31.7%，是所有成年人中参与人数最多的；经常参与体育锻炼的老年人占老年人总人数的 26.1%。由此可知，经常参加体育锻炼的人数与年龄之间存在一定的反比关系，除特殊情况外，年龄越大，经常参与锻炼的人数就越少。出现这种情况的原因与不同年龄阶段的群众对体育运动的认可程度和获得体育健身指导服务的途径相关。关于对体育运动的认可程度，绝大多数的儿童及青少年、大部分的成年人和半数以上的老年人认为体育活动具有积极作用，其不仅能强身健体，还能帮助人们保持良好的情绪，为人们创造有利的社交环境。关于获得体育健身指导服务的途径，无论是经同事、朋友指导，还是查看体育健身指导资料，或是向专业人士寻求帮助，成年人的人数比例均高于老年人。无论在哪个年龄阶段，体育锻炼都很重要；无论哪个年龄阶段的人，都需要专业的健身活动指导。自发性群众体育组织的构建有助于群众体育锻炼活动的协调、有序发展。

此外，城镇中每周参与一次或多次体育锻炼的居民人数比农村人多。换言之，我国城镇居民经常参与体育锻炼的人数比例比农村经常参与体育锻炼的人数比例高；东部地区经常参与体育锻炼的人数比中部和西部多，中部又比西部人数更多，这意味着经济越发达、生活水平越高的地区，人们更喜欢参与体育锻炼，并且能结合自己的收入和喜好选择更适合自己的体育活动，如报名健身课程、购买锻炼设备等；在经济水平欠发达的地区，由于体育设施不够完善，再加上个人收入有限，因而不能像经济水平发达地区的居民那样在体育锻炼方面进行消费，只能选择成本不高的锻炼方式。自发性群众体育组织的出现不但满足了我国不同地区发展群众体育事业的实际需求，还缩小了我国不同地区之间体育事业发展的差距。

第二章　自发性群众体育组织构成要素

第一节　多层次的组织参与动机

社会中的群体可分为两种基本类型：初级群体和次级群体。初级群体的群体规模较小，群体成员之间关系密切，群体成员具有强烈的群体认同感。初级群体可以满足群体成员的一些工具性需要，帮助成员完成个人难以完成的工作。虽然个人目标的达成不一定以群体成果的方式呈现，但加入群体的确能够更快速地达成个人目标。例如，有健身目标的人虽然可以通过自己的行动计划达成，但是肯定会需要较长的时间，中途遇到困难也需要自己解决；如果加入群众体育组织，那么组织就会发挥自身监督、管理和帮助成员进行健身的作用，成员就能够更加规范地、更加顺利地进行锻炼。此外，群众体育组织还能够满足成员参加体育锻炼的情感需求，帮助组织成员参与人际交往，结交新朋友。

具体了解人们加入自发性群众体育组织开展体育锻炼的动机，可以从个体和社会两个角度展开分析。

一、个体角度

从个体角度出发，分析人们加入自发性群众体育组织开展体育锻炼的动机，主要包括以下六个方面的内容，如图2-1所示：

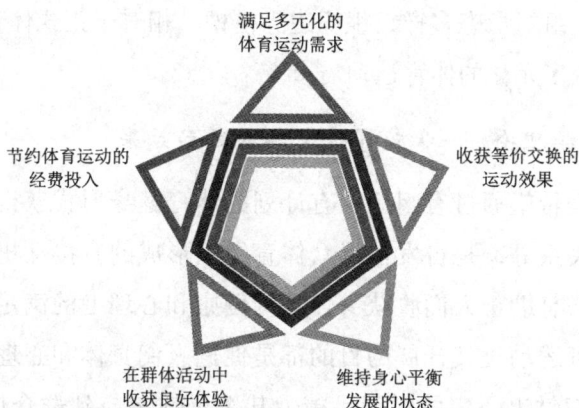

图 2-1　自发性群众体育组织的参与动机——个体角度

从这一角度来说，可以结合社会心理学的一些研究理论，如需要层次理论、交换理论、平衡理论和从众理论对人们加入自发性群众体育组织的个体动机进行分析。

（一）需要层次理论——满足多元化的体育运动需求

人民群众对体育锻炼活动的需求以及参加体育锻炼的多种目的是自发性群众体育组织形成的内部动因。参加群众性体育组织是人民群众作为社会个体参加体育锻炼活动的重要途径，群众性体育组织具有较强的包容性，不论个人的年龄、性别、职业、社会地位如何，不论个人的运动技能是否出色、身体素质是否突出，都可以加入适合自身发展的体育组织。自发性群众体育组织因为其具有的灵活性和多样性特征，在活动内容的选择和设置上可以涵盖多种类型的体育运动项目，如社区流行的广场舞、健步走或户外的体育探险类运动，以及传统的民俗体育活动舞龙、舞狮等。这些丰富多彩的体育运动项目构成了群众体育组织活动的主要内容，满足了不同个体不同的体育需求。由于体育健身活动的模式越来越丰富，活动组织者需要采用与之相适应的、灵活多变的组织模式开展活动。从组织学的角度分析，自发性群众体育组织的组织模式结构化程度较低，组织形态多样，组织边界模糊，相对于正式体育组织而言，更能满足群众多元化的体育运动需求。

（二）交换理论——收获等价交换的运动效果

人民群众希望通过有组织、有计划的体育健身形式获得良好的锻炼效果与人际关系等，是自发性群众体育组织形成的直接动机。有组织的体育健身形式有助于人们收获身体上的健康和心理上的满足。无论是哪种形式的体育运动，其开展的目的都是促进人们身体和心理的健康与和谐发展。人们付出一定的时间、精力甚至金钱参与到群众体育活动中，为的就是强身健体、进行社会交往、丰富闲暇时光、获得良好的情绪体验，这本身就是一种自愿开展的、等价交换的过程。个体通过参加组织举办的体育运动，如果收获了良好的运动体验，就更容易产生成就感和对组织的归属感，有助于个体增加参与体育运动的次数，养成定期进行体育锻炼的习惯，也有助于提高我国的体育人口比例。

（三）平衡理论——维持身心平衡发展的状态

共同的体育兴趣爱好和对体育运动的认同心理将人们连接在一起，构建了自发性群众体育组织。组织通过开展成员都感兴趣的运动项目将组织成员凝聚在一起。组织成员不仅在一起参加体育训练，还在一起交流运动技术和运动方法、观看体育比赛。这不仅满足了群众通过锻炼强身健体的愿望，更促进了个体之间的沟通与交流，缓解了人们在紧张忙碌的工作、生活状态下产生的压力和不适，最终成为维系组织内成员之间感情纽带的有效方式，组织成员的心理因此可以保持平衡状态，组织的发展也会愈加稳定。这种组织模式与大部分正式的群众体育组织相比，一开始就建立在成员自觉自愿的基础上，成员之间关系亲密、相处起来没有压力和负担。因此，组织内更容易形成和谐融洽的活动氛围，个体也能更好地享受体育锻炼的乐趣。

当今时代，随着网络信息技术的发展，人与人之间的交往突破了传统社会依靠人缘、地缘和业缘才能产生联系的模式，人们足不出户就能跨越各种障碍，找到与自己志同道合的个体乃至群体组织。具有相同体育运动爱好的人们通过互联网聚集在一起，在某种程度上丰富了个体参与社会交往的途径，有效地扩大了个体参与社会交往的范畴，能够帮助个体建立平衡发展的状态。组织成员通过在线下参加共同喜爱的体育活动，逐步实现了从虚拟到现实的转化。此外，群众体育组织设有规范个体行为活动的规章制度，能约束个体按照组织规定进行运动、参加比赛，这对组织成员来说是一种很好的约束与教化。

例如，山东济南鲁能领秀城的极光篮球队体育组织，该组织的成员都是该小区内部的居民，由于该小区的户型和配套设施是针对济南工薪阶层设计的，因此，该小区的居民大部分是刚参加工作没多久的年轻人。由于这些居民年龄相仿、生活经历相似，再加上共同的对篮球运动的喜爱，使得该组织具有旺盛的生命力。由组织开展的、每周一天的球队活动是属于全体组织成员的、宝贵的闲暇时光，通过参加球队活动，组织成员的身体素质得以提高。同时，成员也认识了一些新的朋友，新的朋友圈和交际活动丰富了他们的生活。

（四）从众理论——在群体活动中收获良好体验

从众心理是组织形成的心理特征。人们生活在社会上，无论是学习、工作还是生活，都离不开社会群体这个大家庭，任何一个个体都不能脱离社会而存在。因此，社会中的个体具有很强烈的从众心理，人们希望通过他人的帮助来实现自己无法实现的目标。群众体育的实质在于通过群体的力量为所有想参加体育锻炼的人提供能享受体育运动的条件，使人们无论何时何地都能参与体育活动，享受锻炼身体带来的乐趣。

群众性体育组织会开展丰富多样的体育活动，帮助组织成员体验不同运动项目的乐趣。群众性体育组织安排开展的体育活动相比较个体独自进行的体育活动会有更强的参与性和互动性，可以有效提升组织成员参加活动的责任感和积极性。通过有组织的群体性体育活动，能否获得良好的情感体验和运动体验往往是个体决定是否继续参加此类活动的主要影响因素之一，因为不是所有人都适合参加群体性体育锻炼活动的。据不完全统计，在大多数社区自发性群众体育组织中，女性成员的人数要高于男性，这表明女性的从众心理比男性更强，她们更愿意参加群体性的体育运动。此外，高校学生与工薪阶层的公司员工相比，更乐意参加群体性的体育运动组织，这不仅与年轻人活力四射、精力旺盛、愿意参加社会交际的个性特征相关，也与他们平常的食宿、学习、生活都在校园开展有关。

与单独进行体育健身活动相比，参加有组织的健身活动既有优势也有劣势。参加有组织的体育健身活动有三个方面的优势：第一，科学，组织成员加入组织后能学到更多科学的锻炼方法和健身方式，对自身进行体育锻炼有很好的引导和辅助作用；第二，正规，体育健身组织在举办项目活动或项目比赛时要求成员遵循活动的规则，这就使得个体的运动过程更接近运动的本质，也会使体育活动变得更正规；第三，轻松，组织内的成员互相熟悉，关系密切，相处时身心更加放松，有利于身心健康。当然，加入群体性体育组织也有一些不足之处，那就是一群人在一起开展体育活动时间长了，如果活动的形式和内容总是没有变化，难免会缺乏一些新鲜感。

除了可以根据社会心理学的研究理论推测人们加入自发性群众体育组织的动机，还可以从节约运动经费投入的视角分析人们的动机。

（五）其他视角——节约体育运动的经费投入

受经济水平、消费水平和消费习惯的影响，人们会为了节约体育运动的经费投入而去参加自发性群众体育组织。因为通常情况下，如果个体独自参加需要投入较多经费的体育运动项目，那么个体就要承担所有的经费支出；如果参加组织举办的项目活动，个体的经费投入就会相对减少。这一特征比较明显地体现在那些对运动场地、器材等装备要求较高的体育项目上，如游泳、射箭、马术等。大多数收费的运动场馆都会出售包含多次入馆机会的门票，称为多次卡门票，群众体育组织一次性购买一定数量的多次卡门票，然后分发给组织成员使用，可以减少成员单人单票的费用，从而降低他们参加体育运动项目的资金成本，吸引他们加入组织发起的活动中来。

二、社会角度

从社会视角来看，社会只有通过组织才能影响个人的发展，而个人通过组织则可以更好地实现个人价值。因此，自发性群众体育组织是一种辅助开展公共体育事项管理的有效途径。自发性群众体育组织不仅满足了人民群众参加体育锻炼的需求，其也为人与人之间的沟通与交流搭建了桥梁，具有缓解社会矛盾、减轻生活压力、促进社会稳定发展的作用。具有相对开放、宽敞的运动场所以及安全、专业的运动器材是自发性群众体育组织开展体育活动的前提条件，社会相关部门出资为自发性群众体育组织建设了活动场地、购置了活动器械，相应地，自发性群众体育组织应该承担起组织社会公民开展体育健身活动、提高社会公民身体素质的重要任务。也就是说，自发性群众体育组织作为基层体育活动组织，在一定程度上能帮助国家组织和管理公共体育事务，其承担了促进群众体育工作健康有序开展的重要职责。

自发性群众体育组织可以开展丰富多彩的群体活动，人们希望通过构建自发性群众体育组织发挥组织群体活动的多重作用。例如，帮助组织成员开展科学的体育锻炼活动，提高成员的身体素质，丰富成员的业余生活。又如，学校创建的群众性体育组织开展的群众体育活动，既能够丰富学生的业余文化生活，又是学生第二课堂学习以及社会实习活动的重要组成部分。由社区居民组织开展的自发性群众体育活动，能够有效促进社区内部居民的和谐相处和社区的稳定发展。

组织的功能通常体现在为组织成员提供某种实现目标的机制，这种机制是单个成员在独立状态下无法获得的。对社会的发展来说，组织的存在有利于提高社会群体的发展效率，但大规模的群众组织对个人和社会的发展来说并不是只有好处没有坏处，组织化程度过高会使组织成员产生对抗情绪，届时就会不利于个人的长期发展和社会的正常运行。从这个角度分析，自发性群众体育组织的组织化程度较低，组织边界模糊，组织成员之间较为民主。因而，该组织一般不会使成员之间产生敌对情绪，有利于发挥体育组织积极层面的社会价值。

第二节　多样化的组织活动内容

一切体育运动都可以成为自发性群众体育组织的活动内容，也就是说，自发性群众体育组织的活动内容是多样化的。根据组织成员的年龄阶段、性别特征、社会阶层等，可以将自发性群众体育组织的活动内容进行简单分类：年轻人更喜欢竞技类体育运动，中老年群体爱好广场舞、双人舞以及民间健身运动，社会精英人士喜爱高尔夫、马术、保龄球等体育运动，普通民众更偏向大众健身项目，如篮球、羽毛球、乒乓球等。通过互联网组建的自发性群众体育组织是当今社会十分流行的自发性群众体育组织之一，这种体育组织具有组织方式新颖、组建效率高、组织成员偏年轻化且文化水平较高的特征。由于组织在创建过程中缺少相应的监管和培训保障，导致组织开展的活动具有一定的安全风险，很容易出现安全问题，如一些"驴友"组织的户外活动经常遭遇需要救援的紧急事故。

据相关调查研究结果表明，社区内受中老年群众体育组织喜爱的活动内容包括游泳、广场舞、交谊舞、彩带舞、踢毽子、太极拳、太极扇、太极剑、气功、抖空竹、扭秧歌、打陀螺、耍鞭子等，其中涉及很多民族类的传统体育健身项目。在组织开展这些健身活动的同时，老年群众体育组织还会穿插开展唱歌、乐器演奏等文艺活动，将艺术表演和体育锻炼有机结合在一起，使组织内容更加符合群众开展健身活动的要求和期望；社区内受青少年群众体育组织欢迎的活动内容包括跑步、游泳、跳舞、轮滑、跳绳、健身操、健美操、武术、篮球、乒乓球、羽毛球等，其中涉及更多现代化的体育健身项目，符合青少年群体热爱竞技体育的心理。

　　网络自发性群众体育组织的活动内容和形式都非常丰富，大多数的体育运动项目在互联网上都建有相应的活动论坛，这些活动论坛有些规模较小，是区域性的，有些规模较大，是全国性的；每一位论坛成员都可以根据自己的实际情况选择合适的论坛活动。以许多游泳论坛为例，既设有全国性的总论坛，又设有各省市下的分论坛，每个分论坛都会根据本地的气候条件、场地条件、设备条件等现实组织和游泳相关或关系不大的体育活动。"与游泳相关"指的不仅仅是游泳活动，还包括与游泳相关的其他活动；"与游泳关系不大"指的是游泳组织举办的活动不局限于游泳活动，可能还包括跑步、骑行等群体性体育活动。论坛组织这些活动的目的在于丰富活动内容、提高成员的活动兴趣、培养成员之间的友好感情。现挑选几个有特色的论坛活动进行介绍。

　　一、与游泳直接相关的活动——南京自由风雨花体育中心游泳馆游泳活动

　　（一）活动时间

2023 年 8 月 3 日 18 点 40 分至 20 点

　　（二）活动地点

雨花体育中心游泳馆内的恒温游泳池（有免费淋浴房间和设备）

（三）活动费用

俱乐部成员每人 20 元，非俱乐部成员每人 22 元；活动迟到者自己购票进馆，门票每人 30 元。

（四）活动流程

18 点 30 分集合，18 点 40 分进入游泳池浅水区，由经验丰富、水平较高的成员讲解游泳动作和注意事项，全程约 10 分钟，随后开始自由活动。

（五）活动装备

活动成员需自带洗浴用品、拖鞋、泳衣、泳帽、泳镜、游泳圈（根据自身情况选择带或者不带）、浮板（根据自身情况选择带或者不带）等装备。

（六）报名方式

在论坛内跟帖报名或用手机发短信报名，注明参加活动的具体人数和联系方式，如报名后有特殊情况无法到场，请提前告知组织者；未报名者不能参加活动。

二、与游泳间接相关的活动

（一）石家庄冬泳组织打扫泳池活动

1.活动时间

2023 年 9 月 24 日早 8 点到 10 点

2.活动安排

早上 8 点集合后，商议安排每人负责的打扫区域，随后开始打扫，预计 10 点前完成打扫；打扫完毕后统一前往附近公园修整，11 点半去酒店聚餐。

3. 活动工具

自带打扫工具，如抹布、拖布、清洁剂、消毒剂等。

4. 活动费用

聚餐费用 AA 制，每人 50 元以内。

（二）山西新天乐迎新春趣味游泳赛

1. 活动时间

2018 年 2 月 6 号到 7 号。

2. 活动地点

五龙口街 123 号恒山游泳馆。

3. 活动项目（比赛项目）

水中寻宝、水中拔河、水中接力运球、4×35 米接力竞速等水上趣味活动。

4. 活动要求

每个参赛队伍的人数保持在 20 人左右，男女比例不限，每人参加的活动项目种类不限，同一人不能代表两个队伍参赛。

5. 活动奖品

所有参赛队伍和选手都会获得举办方提供的精美礼品，另外，各个单项比赛的前三名队伍将获得额外奖励（奖杯和现金奖励）。

6. 活动联系人

太原华祥游泳馆张三，联系电话：×××××××××××

7. 报名截止日期

2018 年 2 月 2 号

8. 活动备注

此次参加活动的新天乐代表队将由新天乐游泳总教练亲自带队参加，队员包括游泳网新天乐版主"汾河飞鱼"等游泳健儿。新天乐摄影俱乐部的摄影爱好者届时也会以啦啦队的形式参加活动，为各活动成员加油助威、拍摄照片。

三、与游泳关系不大的活动

（一）太原汾河冬泳组织的钓鱼比赛

1.活动时间

2018 年 4 月 22 日。

2.活动内容

早上 6 点集合，出发去南阳沟钓鱼，不用泳技而是用钓竿分出胜负。

3.活动费用

南阳沟景区负责人大力支持此次活动，门票、钓鱼票均免费提供。参与活动者只需自带一些食物，景区为大家提供野餐用的煤气灶、锅具和桶装水。

4.活动奖励

钓鱼比赛的冠军将获得奖状，每位参赛者将获得景区赞助的纪念品一份。

5.活动备注

此次活动举办的时间接近五一劳动节，太原电视台某栏目组想要记录并传播此次活动给劳动者群体带来的快乐，届时会派记者随行采访。

（二）沈阳威尼斯游泳俱乐部的骑行活动

1.活动时间

2018 年 5 月 27 日。

2.集合时间及地点

早上 7 点半在长青桥集合。

3.活动路程

从长青桥到中华寺的往返路程，约 80 千米。

4.活动要求

由于路程较长，请骑友提前检修车辆，保证车辆安全，自带饮用水。

（三）哈尔滨游泳论坛网友、泳友的滑雪活动

1.活动时间

2018 年 2 月 20 日（早上 6 点半集合）。

2.集合地点

哈尔滨火车站出口左侧第二候车室一楼大厅（铁路职工通勤口）。

3.活动内容

坐火车去凤山滑雪场滑雪。

4.费用结算

包括往返火车费、滑雪费、订餐费用，每人 52 元，儿童每人 42 元。

第三节　多类型的群众组织方式

集合行为是在相对自发、不可预料、无组织，以及不稳定的情况下对某一共同影响或刺激产生反应的行为，而组织行为则是由已确立的规则和程序控制的群体内部行为。因此，集合行为缺乏事先确定的组织程序和制度规范，是一种动态的、不断变化的行为。自发性群众体育组织是一种介于集合行为和组织行为之间的类型，该组织在产生之初往往是一种未经事先预料且无组织的自发性群体集合行为，但是经过一段时间的磨合，往往会出现一系列约定俗成的规则和程序，并通过这些规则程序对组织内成员的行为进行规范。这也往往与该组织的规模大小有密切关系，当组织规模逐步变大的时候，就更容易从一种单纯的集合行为转变为组织行为。如果把社会行为看作一系列从有组织到无组织的连续系谱，则可以看到自发性群众体育组织随着规模化和制度化，其在此系谱中的位置也在不断变化。

据不完全统计，我国基层社会的自发性群众体育组织中，年龄在 50 岁至 60 岁阶段的成员占活动成员的 30% 以上，他们是自发性群众体育组织中的主力，他们之中的大多数已经退休或者即将退休，因而愿意把时间和精力投入强身健体和参与社会交往中去。除中老年群体外，中青年群体所占的比重也不小，其中，30 岁至 40 岁阶段的成员约占所有成员的十分之一；30 岁以下年龄阶段的成员所占比例比 30 岁至 40 岁阶段的成员高。中青年群体与以往相比，参与锻炼的人数比例有所提高，更多的中青年开始意识到参加体育锻炼的重要性，愿意在工作之余投入更多的时间进行健身运动，并通过自由选择喜欢的运动项目和群体组织来规范自己的锻炼活动。

我国自发性群众体育组织的组织方式一般包括以下五种类型：地缘组织、业缘组织、人缘组织、趣缘组织和互联网组织。对于以上组织方式的调查研究结果表明，由地缘模式构成的活动组织是我国最基本、数量最庞大的自发性群众体育组织，地缘组织的活动成员多为生活在同一社区的街坊邻居。各街坊邻居对彼此的家庭状况、工作情况、性格特点、个人爱好等情况都比较熟悉，相互之间也比较信任，因此很容易因为共同的运动爱好聚集在一起，并开展体育锻炼。而互联网组织作为当今时代流行的社团组织，其发展潜力也是很大的。接下来就对互联网自发性群众体育组织的定义、形成、优势及劣势进行分析。

通过互联网形成的自发性群众体育组织是一种新型的群众体育组织模式，即具有相同或相似体育爱好的人民群众使用虚拟的身份通过互联网这一平台结识各路网友，继而开展对某种体育运动的重要比赛、运动技术技能等相关内容的探讨和交流，并从虚拟网络走向现实生活，共同组织和参与相关的体育运动。这种组织不仅符合网络社会的发展现状，也有助于促进我国群众体育的发展。这种组织模式是伴随我国互联网的出现而产生的，更多的年轻人喜欢通过网络集结具有相同兴趣爱好的人在一起开展活动，包括生活中的各个方面，体育运动也成为其中重要的一个组成部分。人们通过网络论坛社区、QQ 群、微信群、抖音、快手、微博等各种形式对共同感兴趣的体育运动进行技术技能的交流以及体育活动的组织，这种自发性群众体育组织已经成为年轻人群体中的一种时尚活动。

要分析该类组织形成的原因，可以看到，互联网是不可缺少的条件，互联网为该类群众体育组织的构建提供了必要条件。互联网世界中的网民成员可以自由、自愿地组成团体，还可以为不同虚拟团体或组织之间的来往创造条件。随着互联网信息技术在人民群众中的普及，上网浏览信息、与人在线沟通已经成为现代人的一种生活方式，这种生活方式正在深刻地影响着人们的日常生活。在互联网团体中，人们可以自由地与其他成员或者团体交换信息、分享知识，已经存在的组织成员之间可以通过互联网加强联系、巩固感情，个体也可以通过筛选加入新的组织，开启新的征程。

此外，如今的公民社会以积极参与为核心，互联网的价值观同样如此，这种存在于两者核心价值中的共通之处对互联网公民社会组织的形成和发展起决定性作用。人民群众在互联网中进行互动时，地位是平等的，而体育运动具有独特的包容性，其推动了互联网自发性群众体育组织的兴起和发展。人民群众只要具备互联网设备和互联网就能参与互联网体育活动。在参与体育组织活动的过程中，个体可以利用多种网络平台获得体育活动信息，参加线下组织的体育活动，具有更强的灵活自主性。

互联网自发性群众体育组织同其他类型自发性群众体育组织相比，有很多不同之处。首先，其产生和发展是建立在互联网技术等现代信息技术之上的，互联网的广泛应用以及网络信息技术的广泛普及促使其快速发展。互联网自发性群众体育组织属于一个全新的组织类型，拥有无限的发展前景。其次，互联网自发性群众体育组织的包容性更强，参与条件更低，限制更少，但也不是说对参与者的活动毫无约束。相反，该类组织通常会制定明确的活动细则来规范参与者的行为活动,以确保活动的成功。个体参与互联网自发性群众体育组织的活动,可以根据个人情况自由选择活动的时间、内容以及模式。由于个体大多使用的是虚拟名称和虚拟身份,所以个体的隐私不会泄露。但互联网的虚拟性特征也不是只有好处没有坏处,最直观的缺点就是管理工作比较困难。在当代人的日常生活当中,互联网是一种特别重要的介质,互联网自发性群众体育组织的组织者可以通过它精准地掌握人们的心理特征,知晓不同阶层、不同群体、不同年级的人对体育运动的喜好程度,为人们的交流互动提供最恰当的服务,拓宽人们的交际面,实现人们的自我价值。

研究自发性群众体育组织的组织模式可以以公民社会当中的组织建设理论为参照。当今社会,互联网信息技术的发展可以有效弥补原社会群体无法及时联系的缺陷。由此可知,以互联网技术为基础形成的自发性群众体育组织模式与传统的自发性群众体育组织模式有明显差异,不仅内容更丰富、操作更简单,参与门槛也变低了,受益群体也变广了,更符合社会大众的需求。笔者对北京某游泳俱乐部组织的活动进行深入研究,希望从中得出新型自发性群众体育组织的重要内涵。首先,笔者使用互联网搜索功能,以"北京,游泳,论坛"为关键词,找到北京某游泳俱乐部的官方网站,点进去后发现,其属于一个论坛交流平台,隶属于中国游泳网。中国游泳网包含了多个分论坛,如淘宝游泳装备店、游泳俱乐部、游泳论坛等,整个网站规模宏大,注册用户数量较多,被人称为"中国第一游泳门户网站"。论坛中包含多个版块,如游泳技术专区、休闲一刻、游泳天与地、特别策划等,既有内容介绍,也有休闲娱乐。整个论坛还按照地理位置集合成多个地域版块,如西北、华中、西南、东北、华北、华东、华南等。而北京某游泳俱乐部作为中国游泳网旗下的子论坛,主要覆盖北京地区,其内容也多为北京地区游泳爱好者组织游泳活动或交流游泳技术。

在该论坛中有这些帖子:游泳技术交流,如在游泳过程中需注意哪些事项；咨询某地附近的游泳场馆情况，如东直门附近哪个游泳馆比较好；游泳卡拼卡征集，如一个游泳爱好者在北京某体育中心的游泳馆办了游泳卡，但次数太多自己一个人用不完，遂向附近地区的游泳爱好者发起征集活动，一起拼卡消费等。

当个体想要参与论坛中发布的某项活动时，需要先与该活动的主要负责人联系，明确告诉对方自己是从论坛上看到的帖子，询问具体的参与条件以及活动的整体安排；在确定自己有权参加后，根据活动要求准备物品，准时到地参加活动；在参与活动过程中必须服从组织者的安排，活动结束后可将自己参与活动的过程和感受发表在论坛上。

综上所述，互联网自发性群众体育组织具有以下特征：

第一，参与活动人员的身份和姓名是保密的。所有参与活动的人员可以使用互联网中的虚拟名字，也可以主动向其他成员展示自己的真实身份和姓名。当然，如果某个成员使用自己的虚拟名称，其他成员也不能强制要求其使用真实姓名，这样既保护了成员的个人隐私，还能有效地提升成员参与组织活动的积极性。

第二，某一特定体育项目群众体育组织内的成员通常对该特定体育项目具有较高的忠诚度。身处互联网虚拟世界当中的无数个体，会通过自己对某个体育项目是否有浓厚的兴趣进行筛选和区分，有共同爱好的个体会进行深入交流，甚至约定一起在现实世界中参与该体育运动。通过观察论坛发帖也能发现，群内成员讨论和关心的内容都是与此项体育项目息息相关的话题，如该项目的运动技巧、运动装备、运动场馆、运动赛事、明星运动员、活动的组织与策划等。

第三，进入组织的门槛较低。通常情况下，由于互联网平台具有虚拟性，所有互联网自发性群众体育组织都对加入组织的成员要求不高，只要是具备基本运动能技能的人都可以参与，但此类组织成立的目标是为共同喜爱某一体育运动项目的群体提供沟通与交流的平台，并不是对某一体育运动技能的教学与培训。因此，这类组织对特定体育项目完全不熟悉的人来说并不合适，而对于那些运动技能水平较高的人会比较友好。

第四，组织的稳定程度较差，管理机制和监督机制不完善。互联网自发性群众体育组织是以互联网为基础创建的，所有成员的身份都是虚拟的、未知的，没有必须承担的组织责任和义务。所以，任意成员可以随时退出组织，成员流动性大、自由度高。又由于组织充分尊重成员的选择，对成员是否参与活动没有硬性要求，因此也就没有监督和管理组织成员的义务。

第五，可以节约一部分体育消费资金。人们通过论坛参与游泳活动最主要的原因是在游泳馆举办团体活动，优惠力度更大一些，如降低门票价格或出售多次卡，而个人难以在现实生活中集结这么多游泳爱好者去参加优惠活动。在这种情况下，个体参加论坛组织的活动既能享受团购的票价，减少在这方面的支出，又能享受团体活动的愉快氛围，可谓一箭双雕。

第六，组织、参与者多为 20 ～ 40 岁的中青年群体。这一特征与我国会使用互联网参与论坛讨论、搜集信息的群众的年龄符合度极高。在我国，具备这种能力的人大多数是青年和中年，但随着时代的发展，这个年龄范围也会不断扩大。

第三章 自发性群众体育组织构建支持

第一节 科学专业的活动指导

一、自发性群众体育组织活动指导发展情况分析

政府向人民群众提供公共体育服务，推动群众体育组织发展的主要方式就是向群众体育组织提供专业指导以及技能培训。事实证明，无论是哪种类型的自发性群众体育组织，组织成员基本上都希望接受专业的体育运动技能培训和活动指导，因为组织者本身大多缺少传授体育运动知识和技能的经验，以及组织活动的经验，单纯依靠组织者对组织成员开展运动技能的培训是远远不够的。

（一）校园自发性群众体育组织活动指导发展情况

淮南师范学院的一名普通学生在高中时期接受过相对专业的篮球运动训练，所以他在入学后主动加入学校的篮球社团，担任过篮球社社长，现在已经卸任。他曾觉得自己本身只是比其他社团成员多了些实际经验，水平稍高一些，但对于如何将自己掌握的篮球技术和作战经验较好地传授给其他成员也没有好的解决办法。由此可知，篮球社的所有成员想要提升自身能力，必须接受专业篮球教练的指导和培训。一般情况下，教练只需每周指导一次，就能让所有成员的篮球水平有显著提升。

同属于淮南师范学院的健身气功社团因为要参加淮南市运动会和全

民健身运动会闭幕式表演，许多学生为了赢得这个表演机会纷纷加入该社团。然而，由于健身气功对学生的动作技术水平和感悟能力要求较高，如果没有专业的老师进行指导教学，就不能实现团体动作的一致性、和谐性，从而大大影响表演的效果。事实证明，这项运动需要专业的指导、排练以及成员之间长时间的练习和磨合，短短两个月的学习和训练不能达到预期的表演效果。因此，赛事主办方在讨论后决定取消该社团参与闭幕式表演的计划。自此之后，该社团的成员越来越少，从最开始的四十几人变成现如今的十几人，但是剩下的这部分成员都是十分热爱这项运动的学生，他们的健身气功水平较高，后来又受到了专业气功老师的指导，获得了在学校内部晚会表演的机会。由此可见，校园自发性群众体育组织的发展不仅需要组织成员对体育运动有极高的热情和学习的毅力，还需要高水平的指导和长时间的训练，而这些离不开学校的政策支持和资金投入。学校可以组织成员进行高水准的、专业化的培训活动，提升学生综合水平；学校还可以鼓励、督促学生参加培训，搭建平台展示学生的练习成果。

由此可知，学校中几乎所有的自发性群众体育组织很少得到专业教师的指导，体育院校也不例外，关键原因是为体育组织服务的教师人手有限。校园内缺少指导自发性群众体育组织发展的制度环境和服务保障，对自发性群众体育组织的指导多出自教师的自愿行为，因此很难形成常规性的指导机制。

（二）社会自发性群众体育组织活动指导发展情况

在群众体育工作中，发挥重要作用的是社会体育指导员，他们既是自发性群众体育组织中的专门负责指导工作的核心人员或领导，也是整个群众体育工作的基层指导人员。所谓社会体育指导员，指的是不以收取报酬为目的，向公众传授健身技能、组织健身活动、宣传科学健身知识等全民健身服务，并获得技术等级称号的人员。

《全民健身计划纲要》对社会体育指导员提出了各种要求，安徽省体育局坚决贯彻和执行，大规模开展社会体育指导员培训活动。同时，加大对社会体育指导员的管理力度，采用科学、规范的方法建设社会体育指导员队伍，力求他们能在全民健身活动中充分发挥其指导作用，满足人民群众的健身需求，更好地为人民群众服务。一个合格的社会体育指导员首先要接受多方面的培训，如社会体育知识培训、社会体育技能培训等，然后通过学习、观摩、实践及专家教授的指导，提高自己的专业知识和指导水平，在群众体育组织开展体育活动时发挥指导作用，使组织者充分掌握如今群众体育的发展方向、未来发展趋势以及相关的法律法规，使他们能够理解和掌握开展体育团体运动的所有工作，如比赛规则内容、参赛组织要求、比赛相关要求、参赛人员安排、比赛评判方式以及比赛结果颁布等，提高人民群众的体育健身技能，推广社会体育项目。

社会体育指导员的成员来源有以下几种：省、市、县、乡群众体育工作管理部门的人员；各级学校的体育教师；各地区群众体育组织中的核心人员；热爱体育健身活动的民间高手。这些成员中既有毕业没多久的大学生，也有从业多年的体育教师，还有身怀绝技的民间武术大师。他们的知识水平和擅长领域各不相同，但他们有一个共同的特点，就是愿意为了区域群众体育活动的开展贡献自己的力量。虽然他们的工作基本都是没有报酬的，在工作过程中还会出现一些不理解的声音，但他们却十分珍惜这份工作为他们带来的成就和满足感。在参加社会体育指导员培训班时，他们愿意认真学习开展群众体育工作的相关知识，也迫切地想要提升自身的体育技能素质。

二、自发性群众体育组织活动的指导方法

指导自发性群众体育组织内的成员开展体育健身活动，需要使用正确的指导方法，只有这样，才能达到事半功倍的效果。在各项体育健身

活动的指导过程中，每一种指导方法都不是独立存在的，它们是相互联系的，并且有一定的适用范围。指导员在选择指导方法时，要明确地知道各种方法的作用，要在实践过程中不断验证、改进自己的指导方法，并遵循"法无定法，贵在得法"的原则，只有这样，才能有效提高指导的质量。

（一）讲解法

在组织者指导自发性群众体育组织成员开展体育健身活动时，最常使用的方法就是讲解法。所谓讲解法，指的是社会体育指导员用简洁、精准的语言向所有参与活动的成员讲解体育活动具体内容的方法，主要包括活动目标、活动方式、健身动作、动作要领、动作作用，以及如何掌握该动作技能。如图 3-1 所示，指导员在使用讲解法指导群众开展体育活动时需注意以下几点：

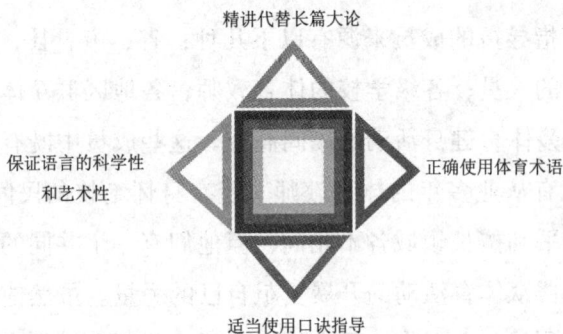

精讲代替长篇大论

保证语言的科学性和艺术性

正确使用体育术语

适当使用口诀指导

图 3-1 使用讲解法指导群众开展体育活动的注意事项

1. 精讲代替长篇大论

开展体育锻炼活动的有效途径是加强身体的实际操练，一个人无论掌握了多少有关体育锻炼的理论知识，如果不投入实际的操练过程中，根本无法达到预期的锻炼效果。所以，为了确保组织的所有成员都能取得好的锻炼效果，指导员在指导过程中应尽量使用简练的语言，而非长篇大论，只求用最短的时间讲明白自己想要表达的内容。要做到这一点，指导员要充分结合自己掌握的体育理论知识和动作技能，全方位地的了解、把握锻炼动作，知晓其重难点，在讲解时尽量用简洁的、生动的语言讲述出来。

2. 正确使用体育术语

体育术语是从体育运动中提炼出来的专门性术语，体育术语是指使用概括性的名词来说明某一动作的名称、结构、规范以及技术特点。从某种意义上讲，体育术语是人们在无数次体育运动实践过程中得出的形象的语言，科学性极强。指导员在对群众体育组织开展的体育活动做指导时，应尽量使用准确的体育术语，这样既能让人们了解体育知识，也能提升人们的综合素质，还能帮助群众更好地理解体育动作规范。但指导员也应注意遵循循序渐进的原则，不要一次性讲解过多的体育术语，这样只会增加群众的记忆负担，打击他们的活动积极性。

3. 适当使用口诀指导

体育锻炼全套动作中总会包含一些相对复杂的技术动作，而人们无法在短时间内快速掌握这些动作，因此，这就需要指导员在指导群众锻炼时花费更多的时间着重描述动作要领。但这并不利于组织成员的理解，还会占用他们宝贵的练习时间。此时，指导员就可以将动作过程的核心要领概括成几句话甚至几个字，这就是"口诀式"指导法。"口诀式"指导法不仅有助于组织成员更好地理解某项运动的知识原理，更重要的是有助于指导员的"精讲"。指导员在注意使用语言精练技巧的同时，还要注意在语调、语速和语气上的使用，所有这些技巧都有助于调节指导气氛、完成讲解目标。

4. 保证语言的科学性和艺术性

指导员在指导群众体育组织成员开展体育锻炼的过程中尽量使用科学的、艺术的语言。指导语言的科学性主要体现在以下几方面：第一，科学的语言能够反映客观事物的现象和本质；第二，科学的语言能够阐述事物发展的内在规律；第三，指导员在借鉴其他行业领域的知识解释体育运动时，不能曲解其原意。指导员对每一个技术动作都要进行认真的思考和分析，设计好每一句话，确保每一句话都能找到理论依据、都是准确的。指导语言的艺术性主要表现在指导员所用语言更生动、更新鲜、趣味性更浓。但是，这种艺术性是建立在科学性的基础之上的，如果不科学，语言就不正确。想要达到这一点，指导员需要具有丰富的专业知识和思想文化。

（二）示范法

正确的动作示范是开展体育指导的重要方法，这一方法也是对直观性指导原则的落实。讲解与示范构成了体育指导中基本、常见，也是较为有效的指导方法。示范就是要把讲解的动作内容直观地展示出来，指导员要以精准的动作示范帮助组织成员切身感受正确动作的构成和施展，使他们加深对动作的印象，从而更好地理解和掌握动作，形成正确动作的概念，获得更好的练习效果。此外，指导员在进行示范时要适当配合语言讲解，用简练、易懂的语言分析、示范动作，二者相互补充，能帮助指导员实现指导的目标。如图 3-2 所示，示范法需注意以下几点：

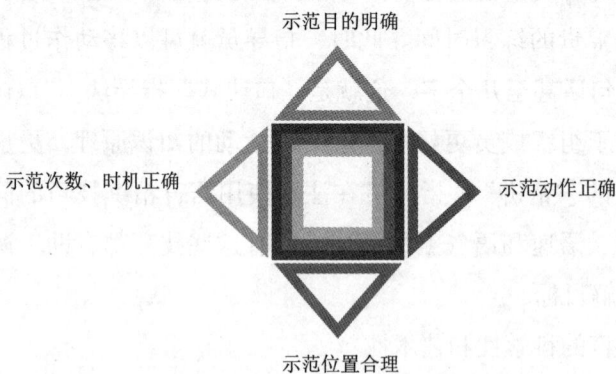

图 3-2　使用示范法指导群众开展体育活动时的注意事项

1.示范目的明确

指导员进行动作示范的目的是使组织成员明确动作重点，有时是为了让组织成员了解一个动作形象，有时是为了让成员清楚动作的连贯之处，归根结底都是为了让组织成员清楚动作的每个步骤，如做某个动作时身体和手臂之间是如何衔接的。对此，指导员需主动引导组织成员将观察的视角对准自己想要让他们观察的区域，如在某一部位粘贴一个明显的标记。指导员切忌沉浸在自己的世界中盲目地示范动作而不注意观察组织成员的表情和反应。

2.示范动作正确

示范的动作要正确，主要是指指导员做出的示范动作要科学、准确、合理，要能帮助组织成员初步建立正确的动作概念。示范的动作正确还有另外一层含义，那就是指导员要根据组织成员的运动能力和理解能力示范恰当的动作，且绝对不能演示成花式表演。若指导员示范的动作让成员难以理解，组织成员可能会产生退缩心理，认为自己不可能完成，这不仅会让成员内心产生畏惧，还可能从此丧失信心。

3.示范位置合理

每一个自发性群众体育组织的人数都是不一样的，有的十几人，有的几十人。为确保每一位组织成员都能看到相应的动作，指导员在进行指导时，应尽量选择恰当的示范位置以及示范面。一般情况下，示范位置与组织队形、体育设备器材摆放，以及示范动作方向有关，而示范面主要与个体在运动过程中各个运动器官形成的基本三轴方向和平面有关。

4.示范次数、时机正确

对于组织成员从来没有尝试过的动作内容，指导员应该先进行动作演示，再描述动作名称、讲解动作细节；对于某些组织成员学过的动作行为，为了提高或改进，指导员可以先请一位成员展示动作后再点评、解释；对于更复杂和困难的动作，指导员可以多次演示。讲解与示范在指导过程中紧密相连，且都是常用的、重要的体育指导方法。为了让所有组织成员掌握某个动作，指导员不仅要作示范，还要向所有成员讲解如何练习该动作，如果只解释不演示，组织成员脑中只有该动作的抽象概念；如果只示范而缺乏必要的解释，组织成员也不能真正理解动作是怎样做出来的。所以，解释与示范是互补的，是双方进程的统一。具体以哪种方法为主，需要根据活动参与者运动动作掌握的程度、指导要求和指导内容来选择。在学习动作的初期，指导者要精讲多练；随着学习者动作掌握的程度提高，指导方法可以变为少练多讲。有些内容适合以讲解为主，示范为辅；有些内容适合以演示为主，解释为辅。二者的结合形式有：先讲解后示范，先示范后讲解，边讲解边示范等。

（三）纠正法

组织成员在学习体育运动技能的过程中，在很多情况下不能一次性把所有的动作做到位，出现错误的行为是常有的事。相关理论表明，人体在学习运动动作的初期，大脑皮层的抑制能力没有建立，此时，大脑皮层的兴奋容易扩散，而大脑皮层出现兴奋的扩散现象，就会导致错误动作和多余动作的出现。这些错误的动作或多余的动作如果不能得到及时的纠正，不仅会使组织成员养成不科学、不合理的运动习惯，而且还可能对他们的身体造成不同程度的伤害，如肌肉拉伤、扭伤等。因此，预防和纠正错误的运动动作是指导组织成员形成和掌握正确的运动动作、有效开展群众体育运动的重要途径，是改正错误动作的主要方法。预防能尽量避免组织成员在运动过程中出现各种错误动作，防患于未然。而且，预防起效果的话，就可以减少纠正的负担，这是指导工作的良性循环。如何选择恰当的方法开展预防工作？如何保证预防工作有效？其中的关键就在于找出成员做出错误动作的原因。

1.产生错误动作的原因

（1）指导员安排的动作内容或选择的指导方法有可能无法被所有成员理解和接受，导致许多成员做出错误动作。所以，指导员必须结合组织成员的实际情况，选择恰当的动作内容和指导方式，先从简单动作开始指导，然后再逐渐增加难度，并根据组织成员的具体表现随时调整指导目标和指导方法，这样才能预防错误动作的发生。

（2）组织成员在学习一个新的动作之前，会出现原有错误技能的迁移。因此，指导员在指导前应深入了解组织成员有关情况，如动作习惯、动作标准程度等，然后在指导成员练习过程中遵循正确的规律，用特殊的方式阻止组织成员的错误技能发生迁移。

（3）指导员本身就对运动动作不熟练、理解不透彻，在向组织成员讲解和示范的过程中无法抓住重点和难点，或者直接传授给成员错误的概念，最终导致组织成员不能正确地理解动作要领，也是组织成员出现错误动作的重要原因。如果多数组织成员都出现了动作错误，那么就很有可能是这方面的原因。所以，为了保证讲解和示范的准确性，指导员必须仔细研究、认真备课，主动提升自己对专业运动技能的理解能力、掌握能力以及指导能力，尤其是讲解和示范的能力，确保自己能够在指导中帮助组织成员了解正确的动作概念、掌握正确的运动技能。

（4）组织成员本身学习态度不端正、不积极，学习目标不明确，或者组织成员一看到学习动作就感觉动作太难，自己肯定学不会，产生挫败感或不自信的情绪。以上这些心理因素、情绪因素有可能导致组织成员做出错误的动作。要克服这一困难，指导员应该使用具有针对性的方法激发组织成员的学习积极性，使组织成员对学习动作技能产生兴趣，克服所有不良心理因素、情绪因素，最终达到预防错误动作的目的。

2. 纠正错误动作的注意事项

（1）指导员在纠正错误动作时，一定要根据做出错误动作的最终人数来确定纠正形式。如果发生错误的人数很多，可以公开、集体纠正；如果只有极个别的人发生错误，则可以单独辅导。当然，指导员无论选择哪种纠正方式，都必须保持足够的耐心，同时对成员报以殷切的期望，这样既能让成员感受到自己被重视，从内心萌发改正错误的勇气和信心，也能使他们重新激发斗志，继续接下来的练习。

（2）指导员在纠正组织成员错误动作的过程中要找准关键，先解决主要问题，后解决次要问题，即先抓动作的主要环节，待组织成员将动作的主要环节掌握后，再强调动作的细节。成员在练习过程中可能会出现多个错误动作，如果指导员全部纠正，可能会使运动者产生挫败感，认为自己什么都做不好，没有学习运动项目的天赋，甚至失去纠正错误的信心。此外，组织成员的错误行为有时是受其他不可控因素的影响产生的，如果指导员不分主次，就不能抓住错误的症结所在，当然也就不能纠正错误。因此，当组织成员的错误动作较多时，指导员应分清主次，先纠正其主要错误，然后再逐个纠正其他次要的错误。

第二节　不拘一格的规章制度

自发性群众体育组织中的规章制度，往往以一种不成文的口头默许的方式存在，缺少更多硬性的书面规定。新加入的组织成员需要通过咨询老成员和观察组织运行情况，才能清楚组织内运行的各种规则。通常情况下，一个组织的规章制度想要实现制度化，必然要经历很长的时间，需要所有组织成员在现有制度的基础上进行深入的、持续的探索，并适应组织的发展和变化，最终才会形成。整个过程包含修改或完善组织现有规则制度、调节组织运行模式、增强组织成员的熟悉度以及逐步适应新的规则制度等。制度化的出现对实现组织目标有一定的推动作用，能尽可能地保护组织成员的合法权益。但是，如果组织最终形成的制度过于苛刻、死板，必然会对组织的灵活性产生影响。因此，自发性群众体育组织的发展要充满活力，就要避免过度的制度化发展，创建出一种恰到好处的、不拘一格的、对实现组织发展以及达成组织目标有帮助的制度。此外，组织领导者要尽量发挥组织制度化的积极作用，避免出现反作用。

例如，在活动时间的安排上，组织领导者应该选择大多数组织成员可以接受的时间安排，并与没有时间参加活动的成员进行及时沟通，说明情况。假如组织领导者只考虑自己，忽视其他成员，他可能会丧失领导地位，被集体罢免，更有甚者，整个组织都会分崩离析。自发性群众体育组织本身组织结构就不严密，组织成员较为自由，作为组织的领导者，更应该联合组织成员制定不拘一格的组织制度，并且及时根据组织成员的需求变化进行调整。从某种意义上讲，一个成功组织的规章制度既要能对组织成员产生约束，也要能满足组织成员的实际需求，这样的组织才能够吸引更多人加入，才能促进该组织的可持续发展。也就是说，组织指定的活动规章、成员守则等一方面要对组织成员进行约束，实现组织的繁荣发展，另一方面又要避免损害组织成员的基本权益，以此来获得更多的社会资源。

第三节　灵活多样的经费来源

自发性群众体育组织开展体育活动需要一定的经费，其经费来源有限，大多数都是依靠组织成员的缴纳，也有少量组织可以从社会团体或政府相关部门获得资金支持。

一、不同类型组织的活动经费来源

（一）互联网自发性群众体育组织

由成员 AA 制分摊活动经费的做法，在互联网自发性群众体育组织中更为常见。一般情况下，群众体育组织的组织者或领导者会在开展体育活动前计算出活动所需的总费用，如活动费、保险费、餐费、路费、器材设备费等，然后将其通过互联网平台发送给所有成员，由大家一起商议缴纳经费的方式。缴纳经费的方式主要分为两种，一种是按次缴纳，即参加一次活动缴纳一次经费；另一种是按时间缴纳。互联网自发性群众体育组织因为成员分散，通常选择按次缴纳。

（二）社区自发性群众体育组织

1. 来自社会团体或政府相关部门

社区自发性群众体育组织会从社会和政府相关部门获得一定的资金支持，这种资金支持通常会用在以下两个方面：第一，购买和维护群众体育组织活动器材设备；第二，培训体育指导人员。国家体育总局以及各个地市级的体育管理部门每年都会按照一定的比例从体育彩票公益金中抽出一部分资金，专门用于采买群众体育活动设备以及培训体育指导人员；社区居委会也会在合理范围内为社区自发性群众体育组织提供帮助，如为参加活动的中老年人提供热水和马扎、为健身操以及广场舞等需要音乐的活动提供播放设备、为健身场地提供照明设备等。很多城市社区自发性群众体育组织中的成员，特别是中老年群体，十分感谢社区提供的活动支持和帮助，如居委会想要在社区内举办一场秧歌表演，只要为所有参演者准备一身表演服装，就能吸引很多群众前来参与和支持。因此，政府可以将应用在全民健身领域的资金投入基层群众体育工作，这样不仅能激发群众体育组织开展体育活动的积极性，还能吸引更多的群众参与体育锻炼。

有的群众体育组织主要是由同一个工厂的工友或同一个小区的居民组成的，如安徽省淮南市洞泉街道居委会院内的群众健身组织就是由原淮南矿业集团96处的退休职工组成的，当然也吸引了一些非淮南矿业集团的职工参加，所以原淮南矿业集团会为该组织提供一定的支持，包括经费以及场地等，所有属于该健身组织的成员都可以在花费少量费用的情况下，到原淮南矿业集团96处内部的职工健身活动中心进行锻炼。当然，有的群众体育组织由于没有厂家提供经费或场地，其成员想要参加体育锻炼需要缴纳一定的费用。

2. 来自组织成员个人

2005 年成立的合肥市某篮球俱乐部，面向中老年篮球爱好者群体开放，其组织活动经费包括篮球场租赁费用、购买服装和器材的费用等，这些费用全部由组织成员 AA 制分担，球队也找过一些与篮球运动相关的企业寻求赞助，但并未成功，政府相关部门也没有提供过额外资金。笔者在对篮球队领队采访时，其领队表示只要政府或爱心企业愿意为组织活动花费金钱，球队成员就能使用更好的设备，在更好的场地练习，受伤的可能性会小很多，参加比赛赢球的概率也会大很多，活动的各相关方也可以获得一定收益。该篮球队的成员基本都是当地的工薪族，有一定的收入，喜爱打篮球，也愿意为发展自己的兴趣爱好投入一部分资金。而且，球队的成员都希望能够得到更专业的篮球教练的指导和训练，但由于专业篮球教练的聘请费用过高，球队目前还无法实现。因此，他们将目光投向了同样专业但不收取费用的社会体育指导员，无论是队长还是队员，都认为如果球队每周可以获得一到两次的免费指导，那么球队的专业水平也会迅速提升。

（三）校园自发性群众体育组织

校园自发性群众体育组织以高校的学生社团为主，它们的经费主要来源于社团通过开展活动向企业拉赞助、社团到校外表演获得的收入以及社团成员入会时缴纳的会费。而且这些社团进行练习、开展活动的场地多在校园内部的体育馆、广场、操场等公共场所，指导教师多是本校的体育教师或者高年级的学长、学姐，因此，社团不需要在租赁活动场地和聘请指导教师方面花费资金。由于部分院校明确要求学生社团不能向成员收费，因此这些院校的学生社团失去了一项重要的经费来源，在举办体育活动时可能就会出现资金不足的问题。某些高校不允许学校的篮球社团向成员收取费用，且社团想要开展练习或组织竞赛活动的时候只能借学校的篮球，这自然会对社团的进一步发展有一定影响。其他情况也有，如社团没有足够的资金购买篮球队的队服、不能随时借用篮球开展练习、在和其他球队开展友谊赛的时候没有资金购买运动饮料等。

某高校跆拳道协会在新学期开始时人数超过了一百人，但一个学期结束后只剩不到四十人，每周都能参与组织活动的人更是只有十几个。出现这种现象的原因有以下几点：第一，临近期末，学生需要积极准备期末考试，不能参加体育活动；第二，毕业生需要完成个人规划、找工作，没时间参加体育活动；第三，冬季天气寒冷，学生不愿出门等。为了降低这些因素对体育活动的影响，协会成员需在入会时缴纳 20 元会费，收取会费的目标并不是营利，而是希望可以借此来约束学生参与体育活动，保证活动正常开展，而且这些经费只会用于采购开展活动所需的设备。

二、群众体育发展基金会的赞助

（一）国家级的体育基金会

中华全国体育基金会是我国的一个公募基金会，由国家体育总局负责管理，该基金会成立的主要目的是弘扬中华体育精神，增强民众身体素质，提升民众竞技水平，推动中国体育事业稳步前进。该基金会主要包含以下九种业务：

（1）接受境内外社团、企业、商社及个人的捐赠和赞助；

（2）根据实际需要及捐赠者的意愿设立专项体育基金；

（3）接受国际及外国体育组织的捐赠和赞助；

（4）办理基金储蓄、投资；

（5）与各单项运动协会举办公益性体育比赛或表演；

（6）支持体育场地设施的建设和公关体育设备的购置；

（7）在体育运动发展过程中，如果个人或单位做出了巨大的贡献，可以通过国家级体育基金会对其进行奖励；

（8）提供资金，支持具有重要意义的重大体育科技项目进行公关，促进体育事业的发展；

（9）设立专项资金，用于培养各类体育人才以及体育人才的进修。

前4点内容说明了该基金会的资金来源和对部分资金的处理办法。其中，办理基金储蓄、投资是为了获取更多的利息收益，保证能有充足的资金用于开展各类体育活动。

由上述内容可知，该基金的资金主要充当体育事业的辅助，如举办比赛、购买设备、鼓励奉献、深入研究以及培养进修等。此外，该基金也会向社会中举办的各类群众性质的体育活动进行投资，保证活动的顺利开展和推行。例如，资助建设各类社会体育场所、购买社会体育健身设备、奖励推动体育事业发展的单位和个人等。该基金会还会直接举办群众体育活动，如"创业杯"横波鞋业健康走大会、"舒华公益健康跑"公益活动等。从总体上看，该基金并没有制订长时间资助群众体育活动的计划，更没有制订对自发性群众体育组织提供资金支持的计划。

（二）市地级的体育基金会

1.北京市的相关体育基金会

在现实生活中，体育社团在服务社会方面具有重要的功能，充分发挥了体育社团的作用，更好地促进了社区群众性体育活动的开展，提高了人民群众的健身意识，丰富了人民群众的体育生活。2011年6月23日，北京市体育基金会的理事长李炳华倡议，按照《全民健身计划（2011—2015）》的要求，设立"北京市群众体育专项基金"，并以西城区为试点建立"西城区群众体育专项基金"。6月23日这一天也是北京市的全民健身日，可以说是非常有纪念意义的一天。这一天，李炳华与西城区多家参与捐赠的企业的代表分别签署了捐赠协议，成立了一个专门用于西城区人民群众开展体育活动的专项基金，并获得了90万元的捐款。

北京西城区体育局在发展群众体育、开展全民健身运动的过程中充分发扬了北京市人民群众的志愿服务精神，组织成立了全市第一支"体育志愿服务队"。随着北京市群众体育专项基金的建立，体育志愿服务队的志愿者身体力行，不畏艰辛，克服重重困难，深入基层单位和社区街道为群众组织体育活动的开展提供咨询和指导服务，这一系列举措都是西城区体育组织为顺利开展群众体育运动、促进全民健身事业发展做出的努力。北京市体育基金会还召集市区大型企业和单位的职工开展了丰富多彩的群众体育比赛活动，如"金融街杯"乒乓球大赛暨领导干部联谊赛、迎奥运"庆丰杯"乒乓球赛等。

2.上海市体育发展基金会

20世纪80年代中后期，上海市振兴体育事业基金会成立，该基金会于2007年4月更名为"上海市体育发展基金会"。上海市体育发展基金会实施的资助行为主要有以下几方面：

（1）资助体育俱乐部和体育协会；

（2）资助运动员的创业培训活动；

（3）资助重大体育赛事，包括乒乓球、羽毛球、游泳等奥运竞技项目，棋类等非奥运项目，以及一系列群众性体育赛事；

（4）资助伤残运动员的身体恢复和医疗休养、资助退役运动员的后续工作、生活。

在该基金会的公益资助项目中，和群众体育活动相关的有（列举部分）：

（1）2017年，上海体育发展基金会筹办了上海市青少年足球成长公益计划、上海市第三届城市自行车定向赛、上海市鲁迅文化跑等众多全民健身活动，促进了人民群众之间的体育文化交流；

（2）2018年，上海体育发展基金会协同上海市体育局、上海国际旅游度假区管委会等单位举办了上海国际群众体育节，这次活动举办的目的就是发动更多的人民群众参与体育活动，真正实现体育的生活化、常态化，同时让上海的群众体育走向国际化。

（3）2020年，在上海市体育发展基金会的大力支持下，上海市第三届市民运动会元旦公益骑行活动在长宁生态绿道举行，来自社会各界的1000多名骑行爱好者在生态绿道内完成了骑行活动。人们在享受优美生态环境的同时，也锻炼了身体，放松了心情，营造了全民健身的良好氛围。

3. 企业成立的体育发展基金会

企业成立的体育发展基金会如广西李宁基金会。该基金会是由李宁先生及其家族成员共同发起，李宁公司大力赞助并于2006年7月在广西壮族自治区民政厅登记成立的。广西李宁基金会坚持不懈、不遗余力地开展慈善公益事业，为促进广西地区体育事业的发展、共建和谐社会作贡献。2021年6月，广西李宁基金会携手广西壮族自治区政协、党委编办以及南宁市体育局等单位，举办了"六一"儿童节走访慰问献爱心活动，共向5个行政村的4所村小学捐赠了价值70万元的体育器材设备，为孩子送去了节日的祝福，为青少年群体更好地开展体育活动提供了支持。

广西李宁基金会还在全国范围内捐资建设了多个不以营利为目的的公益性体育公园。以南宁市李宁体育园为例，公园建立的目的在于促进广西体育运动的建设，推动全民健身运动事业的发展，挖掘并培养青少年体育人才，传播优秀体育文化。公园分为五个功能区，分别是标准游泳训练区、室外运动区、后勤办公区、休闲娱乐区和自然生态区，人们在公园内不仅能从事体育技能训练，还能欣赏自然风光、开展休闲娱乐活动。其中，室外运动区为人们提供了篮球场、足球场、攀岩滑板运动场地和轮滑运动场地等，满足了人们不同的体育健身需求；休闲娱乐区则有专门供儿童、老人放松、游玩的场地设施，并提供饮料、美食贩卖设施，让市民在锻炼身体之余还能放慢脚步、享受与家人团聚的美好时光；而自然生态区内则精心培育了各类花草树木，建造了各种体育文化雕塑，不仅呈现了优美的生态景观，还传播了优秀的体育文化和体育精神。

由上述内容可知，在我国，无论是全国性质的体育基金会还是城市性质的体育基金会，都接受国内外的个人捐赠和组织捐赠，在接受捐赠后，各基金会会以资助相关体育项目的方式为我国的体育保障事业和公益事业建设注入资金。这些基金会帮助更多的弱势群体解决了以往由于场地、设施不足或专业程度不够而不能参加体育运动的问题，尤其是资助青少年群体和老年群体开展体育活动，安抚或资助伤残运动员的退役生活和工作。除此之外，这些基金会还协同其他单位、企业组织了一些广受人民群众欢迎的体育活动和比赛，如跑步活动、骑行活动、乒乓球比赛、篮球比赛等。因此，我国的体育基金会已经成为推动群众体育事业发展的关键。但是，详细分析体育基金会的资助项目可知，基金会主要资助实际的群众体育活动，资助群众体育活动组织发展的力度并不大。国外许多国家为了发展公民社会，第三类社会组织发挥了重要作用，其掌握的公共权力也逐步增长，如法国布雷斯特市体育基金就成立了专门资助社会体育组织发展的基金，我国的体育基金会可以借鉴此经验。

第四节　素质全面的组织人才

群体要想发展，必然离不开领导，所谓领导，就是整个群体当中拥有一定地位，且向其他人行使相应权力的人。群体领导根据分工不同可分为两大类，第一类是工具型领导，即负责引导组织成员更好完成任务的人；第二类是表意型领导，即负责维护组织团结、推动组织和谐发展的人。自发性群众体育组织的领导一般都属于表意型领导，而且，这些领导基本都是从组织内部筛选出的具备较高专业技能或组织能力的成员。事实证明，组织活动的开展与组织成员之间是否具有凝聚力，不仅取决于组织体育项目的普适度，更取决于组织领导者和组织成员对组织投入的时间和精力，这直接决定了组织能否发展壮大和繁荣。

许多由群众自发组成的体育组织在发展到一定规模后无法继续发展，会主动向政府相关部门申请帮助，政府相关部门会通过派遣专业人员到组织担任名誉顾问或主要领导、让组织挂靠到政府名下等方式推动民间体育组织的发展，这些方式也是我国民间体育组织获得更多社会资源的主要形式。以我国某省 2017 年国家级社会体育指导员培训班的构成人员为例，参加整个培训班的指导员超过百位，但几乎五分之一都是政府相关部门的领导，如县、市体育局的局长、体育管理中心主任等，这代表我国政府部门的体育管理者开始主动加入群众组织，指导群众组织开展工作。

人们想要对自发性群众体育组织开展深入研究，首先要做的就是打破传统体育管理体制的固有理论和研究方法，从实际出发，结合我国发展实际以及民间组织的运营能力进行深入研究。培养自发性群众体育组织中的骨干分子需要从多个方面着手，如对所有骨干分子进行短期的技能培训和管理培训，邀请专业人士指导骨干分子开展工作、提升自我，让骨干分子到成功组织学习经验等。但这些措施的实施需要较大的外力辅助，此处主要指资金方面的辅助，因为自发性群众体育组织的骨干成员无论是参加培训还是外出学习，都需要自费，我国体育彩票公益金只能为国家正式的社会体育指导员提供培训经费。

自发性群众体育组织是由人民群众自发组建、创立的，因此，在组织领导者的产生方面，也更多的是遵从组织成员的意见，由大家一起推选。一名合格的自发性群众体育组织的领导者，往往是具有较高威信力的组织成员，大家都相信他的人品和能力，愿意在他的领导下开展体育活动。在组织开展的日常体育健身活动中，活动的频率与成员的凝聚力往往取决于负责人的号召力、服务力、沟通能力和管理能力。

以佛山街佛山苑小广场活动点为例，这个活动点的人基本都是中老年人，年纪普遍都在五十岁以上，大多生活在附近的小区，如佛山苑小区。此活动点一般在周二和周四的上午举办活动，每次活动的总时长在一个半小时左右，这样做既能保证准时接送孩子，还不耽误做家务。秦大妈是活动的主要组织者，她原本就有一定的体育特长和文艺特长，且为人热情，在活动点很受欢迎，组织活动的时间也超过十年了。

秦大妈声音洪亮，性格开朗，愿意组织大家一起开展文艺体育活动。参与活动的人很多，其中有几位老太太更是超过了 80 岁，属于绝对高龄，她们虽然不能亲自参与体育锻炼，但能观看人们舞蹈，在集体大合唱时也能一起放声歌唱。秦大妈经常组织人们参加活动，与组织内的所有成员都很熟悉，再加上参与者都是小区的邻居，一般情况下，只要秦大妈一召集，很多人都会到小广场参加活动。即便有的人因为身体不便不能参加体育锻炼，但只要能看着大家开展活动，跟大家一起聊聊家常，也会觉得很开心。由此可见，一个好的活动组织者不仅要能促进组织的成立与发展，还要能感染周围人的情绪，促进社区的和谐发展。

天涯论坛中有一个户外运动版块，有很多热爱户外旅游的"驴友"在上面发言，其中一名"驴友"就将旅游活动组织者和旅游活动参加者的权利和义务进行了总结，并将其发表在版块当中。"驴友"是对自主、自助参加户外运动、户外旅行爱好者的称呼，因为驴子能背能驮，吃苦耐劳，而自助开展户外旅行活动的人通常要自己背很多旅行用品。关于"头驴"资格、权利、义务的要求如下所示：

一、"头驴"的资格

（1）"头驴"指的是整个"驴友"组织活动的领导者，负责带队和探路，且没有任何报酬。

（2）"头驴"必须具有奉献精神，要能够牺牲自己的精力和时间为所有成员安排合适的路线、购买必要装备、注意天气变化、保证人员安全，为了这一切，"头驴"要牺牲自己享受风景的时间，甚至要随时向队员解释行动的原因。

（3）"头驴"必须具有丰富的经验，假如"头驴"想要带队 15 人，必须带领过 10 人以下的队伍出游，以及参加过多次 15 人以上的出行活动。在带队出行的过程中，"头驴"要先确定安全的线路，走过最好，如果没走过，必须具有走挑战级线路的经验。

二、"头驴"的权利

（1）有权利安排出行线路、出发时间和具体的行程；

（2）有权利根据活动计划安排参加活动的人数；

（3）有权利出于安全原因控制参加活动的男女性别比例；

（4）有权利出于安全原因劝阻不适合的人员参加该次活动；

（5）有权利要求参加活动的人员自己准备装备；

（6）有权利在活动中根据天气、队员状态修改活动计划；

（7）有权利要求队员在活动过程中听从安排；

（8）有权利在活动前要求大家预付活动中有可能支付的费用；

（9）有权利安排为参加活动的人员统一购买适当的保险。

三、"头驴"的义务

（1）有义务保障每一个参加活动人员的安全；

（2）有义务根据活动难度级别在出行前对线路和时间做充分的准备以保障活动安全；

（3）有义务根据报名先后接纳参加活动的人员（不适合活动的除外）；

（4）有义务在召集活动人员时说明活动的难度级别，便于意向人员选择；

（5）有义务在活动召集时说明活动的时间、线路安排、装备要求等信息；

（6）有义务在活动过程中提醒大家注意环保；

（7）有义务保密因活动需要而搜集的个人信息（真实姓名、性别、通信方式、身份证号码等），所有信息仅用于该次活动；

（8）有义务依据费用 AA 制的原则召集活动；

（9）有义务在活动结束后公开账务。

根据以上内容可知，带队出游的"头驴"需要具备多方面的素质能力：强大的户外观念、独立思考的能力、组织能力、领导能力、沟通能力、观察和计算能力等，这样的人才并不常见。除此之外，网络自发性群众体育组织存在的问题很明显，由于活动需要组织者提前规划活动所需经费并收取相关费用，因此，难免会出现组织领导者利益化的情况。也就是说，有些组织领导者会为满足个人的经济利益而组织活动，这种情况在一些户外运动旅游组织中并不少见，一些不明情况的组织成员可能会受到欺骗。

受各种主观和客观因素的影响，近年来，我国的"驴友"组织遇险事件频发。很多人在不熟悉的野外环境下遇到了未知的危险，这不仅是对自身生命财产的威胁，也为活动当地的救援组织带来了困难。因此，对于这些非正式的自发性体育组织，尤其是"驴友"组织，必须有完善且高效的培训和监督制度，有关部门要从严审核组织者以及组织机构的资格，并对组织的所有成员进行危机处理培训。

第四章　自发性群众体育健身活动

第一节　社区体育活动

社区体育活动在所有的体育锻炼活动中占有重要地位，开展社区体育活动的目的是让体育走进民众、促进民众健康，是丰富民众生活的有效途径之一。除此之外，参加社区体育活动也是人民群众的权利之一，充分的社区体育活动，使民众能够有尊严地享受日常生活，并且使他们有条件创造更美好的生活和未来，能够进一步提升自身的生存质量，从而去创造新的生活文化，使我国的社会更加和谐和美好。社区体育活动是社区文化中的重要组成部分，具有提高群众参与度、协调群众关系的整合功能，通过开展体育活动对人力资源、体育资源的投资，能推动区域经济的快速发展。同时，城市体育文化、社区体育内容也极大地体现出了自身的先进性和实用性。笔者通过对相关社区的体育活动开展情况进行调查，总结与分析出了社区体育活动开展的主要形式、内容，以及社区体育活动开展时的组织情况。

一、社区开展体育活动的主要组成内容

社区开展的体育活动，其主要内容分为两部分，即社区健身活动和社区竞技比赛。

（一）社区健身活动

首先，社区健身活动形式多样，我国传统的民族体育健身项目，如太极拳、太极扇、太极剑、象棋、围棋、武术、踢毽子、气功、健步走等，都是当前社区体育活动的主要内容，尤其受到中老年居民的欢迎。各种球类运动，如羽毛球、篮球、乒乓球、台球、网球等，也是社区体育活动的重要组成部分，各个年龄阶段的社区居民都是这些运动的爱好者。此外，滑板、轮滑等新兴健身形式也受到了年轻人的欢迎。由于篇幅有限，笔者将在本章的其他小节介绍有关社区体育的一些活动，如广场舞、篮球运动等，此处着重介绍健步走活动。

1. 健步走的概念

健步走是一项在我国开展较为广泛的健身运动。其运动技术难度较低，易于掌握。与平常步行相比较，健步走更讲究运动姿势，需要达到一定的速度和持续时间的步行运动，其行走过程中的速度和运动量是要高于散步的，但相对于竞走运动的速度和运动量要低。因此，健步走这项运动是一项能够对心肺功能产生一定刺激的有氧运动，长期的健步走能够有效促进人体身心健康的发展。

2. 健步走的特点

（1）健步走的方法容易学习、掌握，与其他高难度、高强度运动相比，不易出现身体伤害事故。

（2）健步走的运动限制因素较少，任何年龄的人都可以在自己选择的适当时间内进行运动，并且，该项运动对场地的要求较低，任何场地都可以进行健步走运动。同时，不同类型的人群可以随时随地根据自己的需要进行锻炼。

（3）健步走运动不需要复杂、昂贵的运动装备，只需一双舒适合脚的运动鞋。

3. 健步走的好处

（1）健步走能增强心脏功能，经常进行健步走能使人的心脏跳动缓慢而有力。

（2）健步走能增强血管弹性，使血管不容易破裂；可以降低血液的黏稠度，提升血管中的血流速度和进入骨骼肌等组织器官的血流量；能够有效防止血液在动脉内壁上形成栓塞，也能预防多种心脑血管疾病的发生，如脑血栓、心肌梗死等。

（3）在健步走过程中，人们需要不断以一定的强度进行腿和手臂的支持与摆动，这对身体的骨骼肌能够产生有效的刺激，提高骨骼肌的有氧耐力，尤其是对于腰部和腿部肌肉的耐力具有较好的刺激和锻炼作用。长期健步走能够提高人体的新陈代谢水平，增强腰腿部的肌肉功能，从而起到强身健体、提高人体筋骨质量的作用，促使人体各部位活动关节灵活性和稳定性的发展，维持关节的良好功能。同时，长期的健步走活动还能够有效促进人体内的血液循环。

（4）长期的健步走能够对消化腺产生有效的刺激，增强其分泌功能。同时，人们在健步走过程中，还能够促进胃和肠的蠕动，提高的胃和小肠的消化、吸收功能。并且，健步走除具有增加食欲功能以外，还可以通过健步走运动增加糖等能源物质的消耗，增强大肠的蠕动功能，从而有效防止糖尿病、肥胖症、便秘等疾病的发生。

（5）在户外新鲜的空气和优美的环境中健步走，人体的感官会变得清晰、灵敏。在时间较长的健步走过程中，人体的大脑能够得到充分的休息，保持大脑的安静，进而使人的大脑思维变得更加集中和灵活。因此，健步走运动能够消除脑力疲劳，使大脑神经细胞得到有效的恢复，间接提高个体学习和工作的效率。

（6）健步走这种健身运动方式，具有强度不大、动静结合的特征。健步走是一种任何年龄段、任何身体状况（部分肢体功能障碍情况除外）都能够承受的运动，个体运动过程中可以缓解中枢神经、肌肉等方面的紧张，舒缓自身的不良情绪。根据相关测试和数据表明，人在处于烦躁和焦虑情绪时，进行适度的健步走运动，就能够使烦躁、焦虑的情绪得到有效的缓解。

（7）坚持长期的健步走运动，能够促进心脏功能的改善，消除心肌缺血的症状，使人体呼吸顺畅、压力降低，甚至不再经常出现心慌、心悸的现象。

（8）健步走能减少人体腹部脂肪的积聚，锻炼背部、腿部肌肉线条，保持人的形体美。

（9）长期坚持健步走能促进人体骨骼和关节的健康。健步走可以刺激骨骼，增加钙质含量，增加人的骨密度，增强关节结构，提高承受运动和力量的能力，还能够通过增加韧带、肌腱承受的力量，促进韧带和肌腱结构的发展和功能的提高，从而防止骨骼、关节、肌肉等方面的损伤。除此之外，长期的健步走运动，还能够有效防止骨钙流失，降低骨质疏松疾病的发生概率。

（10）健步走能减少人体内一部分种类激素的分泌，如肾上腺素、去甲肾上腺素等。在健步走选择时机不对的情况下，分泌过多的上述激素会导致运动过程中血液中血糖代谢的平衡和内脏器官的血液灌流，从而产生心血管疾病。

（11）选择健步走作为自己的出行或锻炼方式是一种环保、节能的做法，这种做法能有效减少汽车尾气的排放，从而减少大气污染，对生态环境能够起到较好的保护作用。并且，对于增强人体的健康程度，提高人体的免疫力，以及增强人体抵抗疾病的能力都能够起到积极的作用。

4.健步走的正确方法

健步走的基本方法是：先迈大步，再提速度，双臂摆动，抬头挺胸，配合有节奏的呼吸。除此之外，不同姿势的健步走要注意使用不同的方法。

（1）大步行：在健步走的过程中，支撑腿用力后蹬，对侧髋部向前方旋转，摆动腿大幅度向前摆动。在这个动作中，髋关节运动幅度较大，腿部肌肉能够进行大幅度的收缩与舒张，从而使行走时的步长加大。

（2）飞燕走：在健步走的过程中，抬起两臂，将姿势保持在表针的10点10分位置。飞燕走这个动作在运动中可以对人体颈部的肌肉进行锻炼，能够有效缓解肩颈部位的疼痛。

（3）举手走：举手走也是健步走的一种形式，这种走路的方式是指在正常健步走的基础上，将双臂高举，双手高于头顶，并且，高举的手臂尽量靠近双耳部位。人们在健步走的过程中，多做这个动作，对于肩周炎等疾病具有良好的治疗效果。同时，还能够锻炼神经对肌肉的控制能力，增强人体大脑对肌肉工作和运动动作的能力，从而增强人的平衡能力。

（4）扭着走：在健步走的过程中，加大腰部和胯部的转动，让身体有节奏地扭起来，相当于对胃肠器官进行了良性按摩，可减少腹部胀气、有效防止便秘，对腰肌慢性劳损也有缓解作用。

（5）高抬腿走：在健步走的过程中，腿部采取屈膝高抬的运动动作。在这个行走动作中，人们需要完成屈膝屈髋动作，因而，这个动作能够对人体髋关节周围的髂腰肌、腹股沟筋膜等结构和组织产生良好的刺激，对老年人疝气的发生具有较好的预防作用。

（6）踮脚走：踮脚走是指人们在健步走的过程中，保持脚后跟微抬，前脚趾用力抓住地面。在行走过程中，人们的每一步都要保持十个脚趾全部用力，尤其是大脚趾用力程度更为显著，同时抬头挺胸，腰背挺直。踮脚走不仅能改善人的体态，还可以有效改善脚部疾病，如脚弓塌陷、踝关节不稳等病症。

（7）独木桥走：这是指在健步走的过程中，控制整个身体走成一条线，像走独木桥一样。这个方法不仅能锻炼身体的平衡性，还能够对支配相应骨骼肌运动的神经系统产生刺激，增强中枢神经系统，尤其是大脑皮层组织细胞的稳定性和灵活性，进而提高神经系统的机能，使机体运动的控制能力和支配能力得到显著提高，产生良好的锻炼作用。

（8）倒着走：在健步走的过程中，双手分按腰部两侧，拇指在后，四指向前，掌握好身体重心，保持平衡，一开始匀速后退着走，熟练之后再加快速度。倒着走可以有效防止佝偻或者驼背，强化腰腿肌肉，改善腰椎、膝关节僵化。同时，倒着走比正面行走消耗的能量更多，有利于减肥。在走路过程中，人们需要时刻集中注意力，因而能够预防老年痴呆。

（二）社区竞技比赛

社区竞技比赛根据参赛人员的出处可分为两种：一种是社区居民内部组织举办的，另一种是社区间开展的。社区竞技比赛相较于普通的社区体育活动来说并不常见，但是它在建设社区文化中发挥的作用却是不能忽视的。一方面，社区竞技比赛能够检验社区居民健身锻炼的成果；另一方面，社区竞技比赛还能为地区乃至国家发现和选拔后备人才。最重要的是，通过参加竞技比赛，人们可以认识到自己的优势和劣势，坚定继续进行体育锻炼的决心，激发人们的进取心，增强人们的竞争意识、集体意识，培养人们的社区归属感。

二、社区体育活动的组织原则

组织开展社区体育活动要遵循以下五项原则，如图 4-1 所示：

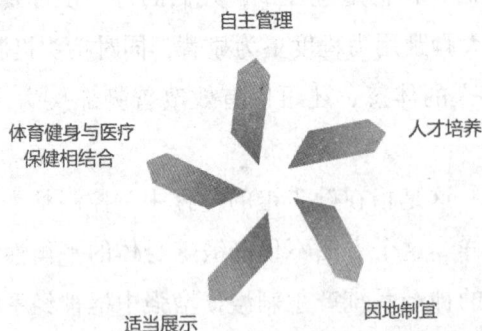

自主管理

体育健身与医疗保健相结合

人才培养

适当展示

因地制宜

图 4-1 社区体育活动的组织原则

（一）自主管理

社区体育活动的组织管理方式以社区成员的自主管理为主。

（二）人才培养

社区体育活动的组织与开展要遵循人才培养的原则，培养体育骨干人才，建设人才管理队伍。

（三）因地制宜

社区体育活动的组织和开展要遵循因地制宜的原则。活动内容的选择与确定应该符合社区的实际情况，考虑社区的体育设施情况、人员构成情况、人们对开展体育运动的想法等情况。同时，要保证个人锻炼与集体活动相结合，满足不同人群的锻炼需求；活动内容要科学、文明并富有特色，活动形式要灵活多样、富于创新。

（四）适当展示

为鼓励社区群众体育活动的组织和开展，社区要为群众的锻炼成果提供展示的平台，如定期举办表演活动以及体育项目竞赛。

（五）体育健身与医疗保健相结合

社区体育活动的组织和开展要遵循体育健身与医疗保健相结合的原则，要始终明确开展体育活动的最终目的是提升人民群众的身体素质，促进人民群众的身体健康。

三、社区体育活动的组织程序

社区体育活动组织的程序，包括以下四个方面的内容：

（一）制定活动的组织方案

拥有详细、合理的组织方案是社区体育活动顺利完成的主要依据和重要保障，其基本内容包括以下五个方面：

1.活动的名称、目的和任务

根据全民健身活动的需求，确定社区体育活动的名称。在符合全民健身相关政策、方针的基础上，明确活动的目的。社区体育活动的任务与要求，要符合社区体育活动的性质及活动的特殊要求。

2. 活动的规模

社区体育活动的组织规模主要根据本次活动的任务确定。同时明确主办单位、参加单位，设定好活动的参加人数，设计符合活动需要的、较为全面的比赛项目和组别，确定活动的时间、地点等。

3.工作机构

社区体育活动的工作机构需要根据实际工作需要确定，包括机构的组成、组织形式、工作人员数量、各部门负责人名单和工作分工情况。

4.经费预算

社区体育活动的经费预算要根据实际需要确定，其具体经费的预算一般包括活动场地、器材的费用，用于活动的宣传、购买奖品的预算，在交通、食宿、招待方面的支出，活动的医疗支持，通信、文本印刷，相关文具购买，活动场地布置，还包括工作人员补贴等费用。

5.工作步骤

社区体育活动的工作步骤需要根据活动方案设定的目标，设计工作的阶段，各阶段工作的特点和活动的目标来确定。工作人员要设定活动的重心和需要完成的主要任务，制定相应的工作方法和保障活动完成的措施。

（二）建立活动的组织机构

一般来说，无论社区体育活动组织的规模大小，开展社区体育活动都是一项较为复杂且细致的工作，必须从组织上给予保证。通常是根据活动（比赛）规模的大小成立相应的组织机构。

（三）制定比赛规程

社区体育活动主要包括两大类：一类是以表演和展现人们精神风貌为主的各种文化娱乐活动，另一类则是竞技体育项目或者是降低了一定难度的竞技体育项目。社区体育活动的规程与体育竞技的规程基本一致。任何体育活动都需要有活动的规则和规程，这是保证体育活动顺利完成的基本条件，也是比赛举行和裁判工作的依据，社区体育活动同样如此。因此，为保证社区体育活动能够顺利而且有序地开展，活动的组织者或组织机构必须根据活动的目的、任务和活动项目的特点，制定出相应的规程，否则，将无章可循、无据可查。其内容包括以下十一点：

1. 社区体育活动的名称、目的和任务

组织社区体育活动，必须有恰当的名称，必须明确的活动目的和合理的任务。例如，活动的目的是丰富社区居民的业余生活，增进社区居民之间的友好往来等。

2. 社区体育活动（比赛）的日期与地点

社区体育活动（比赛）必须明确活动（比赛）的日期与地点，方便活动参加者合理安排自己的行程，做好参加活动的准备。

3. 参加的个人、组织或单位

社区体育活动（比赛）必须明确活动（比赛）参加的个人、组织或单位，做到公平、公正、公开，吸引人们参加活动（比赛）。

4. 社区体育活动（比赛）的组别和项目

社区体育活动（比赛）必须列出各组别的具体项目。一般情况下，组别是按性别或年龄进行分组的。在社区体育活动项目中，不管是健身项目还是娱乐项目，都应该有简洁的、通俗易懂的、具体的规则与要求。如有必要，还可以增加相应的示意图，其形式多样，如绘图、框架图、表格等。

5. 参加办法

社区体育活动（比赛）要具体规定各单位的参加人数、每个项目的参加人数，以及每个人可以参加的项目数。

6. 比赛办法

在社区体育活动（比赛）办法中，要对应说明各活动项目的参赛人数、设定获奖人数，以及场地器材的使用方法，并要突出活动（比赛）的注意事项。如果有特殊情况，也要有明确的规定，如可能会出现参加比赛的人数不足等情况，要有应对特殊情况的具体办法。

7. 计分办法

这个方面涉及的内容较多，因为不同的活动或比赛项目，其计分办法是有区别的。因此，工作人员需要在制定比赛规程时，分别进行详细规定。计分办法主要包括单项和团体的计分办法，以及团体比赛的录取办法。另外，还应该考虑到在单项或团体比赛中，出现成绩相等和总分相等情况时的评定方法。

8. 奖励办法

社区体育活动（比赛）要写明获得单项和团体规定名次的奖励内容，如奖杯、奖状、奖品等。

9. 工作人员、裁判员的选派方法

社区体育活动（比赛）的工作人员多是从社区内招募的、对社区集体活动感兴趣的志愿者。裁判员可以是居住在社区内的专业体育运动员或体育教师，还可以是从社区外请来的有一定资质的专业裁判。

10. 报名、报到的起止时间

参加社区体育活动（比赛）的人员要注意报名单的正确填写方法，以免报名无效，并注意报名的截止日期，以免错过活动。

11. 其他事宜的具体说明

社区体育活动（比赛）还要明确除上述流程内容外的其他注意事项，如社区体育活动（比赛）的工作人员对社区体育活动规程和比赛规则的解释和修改权限。

（四）制订工作计划

社区体育活动（比赛）成立组织机构后，各工作小组要根据工作任务和工作要求在组织领导者的带领下选择工作方法、安排组员分工、制订工作计划、明确工作的重难点，确保按时完成任务。

第二节　球类体育活动

新时期，我国要大力开展"三大球"振兴工程，鼓励地方与高校、俱乐部以及其他社会力量联办共建集体球类项目专业队，支持组建集体球类项目职业俱乐部。其中，"三大球"指的是篮球运动、足球运动和排球运动，这三项球类体育活动都是人民群众喜闻乐见的集体性球类运动，由于篇幅有限，本节以篮球运动和足球运动为例展开介绍。

一、篮球运动

篮球运动是在世界范围内广受欢迎的运动项目之一，它具有对抗激烈、节奏鲜明的特点。在篮球比赛中，人们既要重视个人技能的发挥，又要重视团队的配合。由于开展篮球运动的场地和设备较为简单，社区、公园、学校、体育馆一般都设有篮球运动场，因此，篮球运动成为广大人民群众参与率极高的一项体育运动。

（一）篮球运动的起源与发展

1. 篮球运动的起源

篮球运动起源于美国，马萨诸塞州的青年体育教师詹姆斯·奈史密斯博士是这项运动的发明者。当时的美国遭遇了特大暴风雪的侵袭，恶劣的自然环境和持续的寒冷天气使学生不愿意在室外开展体育活动，而学生也不喜欢当时在室内开展的古典体操课程。基于这种情况，奈史密斯决定发明一种新的适合在室内进行的运动项目，以激发学生对于体育课的热情。后来，他在无意间看到当地工人和儿童在玩一种把球投进桃筐（装桃子的筐，当地盛产桃子，人们家中常备桃筐）的游戏，受到了启发，发明了篮球运动。

詹姆斯·奈史密斯发明篮球的过程并不是一帆风顺的，也不是一蹴而就的，而是参考了多种球类的比赛规则和运动特点创造出来的。在这项运动发明初期，人们使用的运动工具是木制的桃篮和足球，直到1893年，人们才用铁质的球篮代替桃篮，1895年配备了用来固定篮筐的篮板。后来由于每次投篮命中后还要由专人去取篮筐里的球，十分麻烦，人们选择将篮网底部剪开，这就形成了现代的篮板和球篮。篮球刚被发明出来时还没有命名，后来奈史密斯的一名学生建议将这项运动称为篮球，得到了大家的认同，至此，这项运动被正式命名为"篮球"。

2. 篮球运动的发展

篮球运动的发展历程大致可分为以下四个阶段：

（1）初创阶段。初创阶段为1890—1929年左右。在这一时期，篮球运动由学校传入社会，从一个国家传入另一个国家，逐渐盛行于美洲、欧洲和亚洲，成为世界性的体育项目。这一阶段也形成了一些简单的篮球技战术和竞赛规则，如单手低手传球、双手低手传球、双手胸前投篮等。

（2）完善阶段。完善阶段为1930—1940年左右。在这一时期，国际业余篮球联合会在瑞士成立。国际业余篮球联合会成立后，参照美国大学的篮球规则制定了国际篮球比赛的竞赛规则。与此同时，国际业余篮球联合会还致力于组织不同国家的篮球队伍进行友好比赛。不同国家的篮球队伍具有不同的特点，它们之间的交流推动了篮球技战术水平的提高，并且使世界上更多国家和地区的人们了解了篮球运动、喜欢上了篮球运动。在1936年的柏林奥运会上，男子篮球被正式列为比赛项目，这一举动对篮球运动的发展具有重大的意义，标志着现代竞技篮球运动的正式诞生。除此之外，篮球运动的设备在这一阶段也得到了进一步完善。

（3）普及提高阶段。普及提高阶段为1940—1960年左右。在这一阶段，世界各国的篮球队伍形成了各有特点的打法，其中最具有代表性的打法有三种，分别来自世界上的三个地区，即美洲地区、欧洲地区和亚洲地区。美洲地区篮球队的打法结合了高度和技巧两个要素，欧洲地区的篮球队除注重高度之外，还注重使用力量。与以上两个地区不同，亚洲地区的篮球队以行动迅速、技巧灵活、投篮准确为特征。这些打法的形成标志着篮球运动进入普及、提高阶段。在这一阶段，女子篮球运动和少年篮球运动得到了进一步发展，篮球运动的竞赛规则也进行了多次调整。另外，在这一阶段，体型高大的篮球运动员受到欢迎，因为他们在高空争夺过程中具有明显的优势。

（4）全面提高阶段。全面提高阶段为1960—1990年左右。在这一阶段，篮球运动员的技战术全面提高，无论是速度、强度还是配合、变化，都显示出高幅度的提升，展现出篮球运动发展的新趋势。世界各国在训练篮球运动员的过程中，加强了对高大运动员技术性和灵活性的训练，因为大家发现，有些强队，如巴西队，虽然整体身高偏低，但灵活与快速的优势同样能为他们赢得世界冠军。与此同时，篮球运动攻守平衡理论的出现使世界各国篮球队开始重视发展防守的技术和战术，人们开始摒弃"重进攻、轻防守"的篮球思想，开始更加积极地展开防守，在防守的选位上不再将"人"或者"区域"作为主要防守对象，而是将防守的目光盯在篮球上。

（5）迅速攀高阶段。迅速攀高阶段为1990年至今。自1990年开始，随着经济全球化和世界互联网技术的发展，现代篮球运动在世界范围内飞速发展，世界各国各地区组织了名目繁多、类型多样的篮球联赛。这些篮球联赛已经建立起完善的联赛制度和职业化比赛制度，也培养出了许多著名的球队、球星，如美国男子职业篮球联赛旗下的球队，该球队汇集了世界上顶级的球员，在世界范围内拥有众多球迷。

现阶段，我国的职业篮球变得更加商业化、个性化、产业化，并且更具观赏性和人文性，这是由现阶段市场经济发展的规律决定的，体现了社会群体参与竞技体育发展的现状。职业篮球运动员通过为社会提供具有观赏价值的篮球比赛获得自己想要的报酬和人气，他们把篮球当作自己的事业，通过与篮球职业俱乐部合签约参加专业训练，发掘自身潜力，提高自身的技术水平，然后在观众面前进行表演。美国的职业篮球联赛每年都有几千场表演比赛，人们想要观看这些比赛，就要买门票或者在网上花钱看转播。此外，这些篮球比赛还会衍生出系列周边产品供人们消费，如篮球、球衣、球鞋等，具有无限商机。

（二）篮球运动的特点和作用

1.篮球运动的特点

如图4-2所示，篮球运动的特点包括以下三个方面：

图4-2　篮球运动的特点

（1）集体协同作战。篮球运动是一种需要球队成员集体协同作战的运动。篮球运动中技术、战术运动的完成离不开队员的协同配合。运动员的运球、传球、移动、防守等动作都是在战术指导思想的要求下，通过两人以上的协同配合才能发挥其应有的作用。个人的战术动作和集体的战术配合是部分与整体、局部与全局的关系，前者是后者的组成部分，前者的成功离不开后者创造的环境与条件。篮球队成员在场上的每一个动作都应从比赛当前的局势出发，然后通过与其他成员的合作，为本队创造进攻的机会和防守的条件，还要把个人卓越的技术应用到团队的协同配合之中，从而实现团队的意图。因此，大多数情况下，球队在实际比赛时需要按照训练或者赛前既定的技战术进行密切配合，攻破对方的防守。当然，篮球场上的比赛是瞬息万变的，球队不可能完全按照训练中练习到的技战术进行对抗，而是需要根据场上的形势具体问题具体分析。但是队员应该清楚地知道，只有在训练当中打出密切的配合，形成完美的默契，针对各种各样的情况做出反应，才有可能在正式的比赛当中尽可能地发挥出球队的实力。

（2）全方位立体对抗。篮球运动是一种全方位立体对抗的运动。在篮球比赛中，双方队员始终处于制约与反制约的对抗过程中。篮球运动的活动形式是以向悬挂在高处的篮筐投射入篮的多少决定胜负，这反映在实际的比赛中就是争夺控制权、抢占有利位置、开展激烈的地面与空间的立体对抗。这一理念带来了攻防的变化。近年来，篮球运动出现了运动员在空间与地面全场紧贴对手、迫使对手难以施展技术特长、阻碍对手发起进攻的防守技术，这种攻击性防守技术与武术运动中的近身格斗十分相似，极具破坏力与杀伤力。在进攻方面，篮球运动员还发展了贴身强攻技术，强行突破包围、强行投篮，这些都充分体现了篮球运动全方位立体对抗的特点。因此，篮球队的队长和指导员在组建队伍、配备阵容、开展训练、培养比赛风格、进行心理教育方面都应考虑篮球运动激烈的全方位立体对抗特点。

（3）技战术灵活多变。篮球运动的技术呈现出组合运用的形式，战术灵活多变。篮球运动是运动员用手控制球，并围绕投篮得分展开攻守对抗的体育活动形式。因此，篮球运动的技术动作复杂多变，运动员需要经过多次练习、实战和总结才能形成个人的技术风格。这些技术在比赛中的运用均是组合形式的，其活动结构形式较为多元。由于比赛情况瞬息万变、不可预测，因而篮球运动的技术组合呈现随机性、多样性的特点。

篮球运动的内容和结构具有多元性和综合性特征，丰富的内容和独特的结构使它形成了特有的理论体系和技术、战术实践系统。目前，篮球运动已发展成为一门交叉的边缘性学科课程，它要求运动员具有特殊的运动意识、专业的团队精神、良好的身体形态条件、出类拔萃的生理机能和心理品质、掌握专项篮球技术与战术配合方法等等。篮球运动教练员、指导员只有通过科学化的教学、训练和高水平的指挥、管理才能培养出具有现代体育文化、现代体育技能、现代体育精神的、高层次的篮球竞技人才。

2. 篮球运动的作用

如图 4-3 所示，经常参加篮球运动对人民群众的发展具有以下三个方面的作用：

促进人际交往　　　　　　培养团队精神

增进身心健康

图 4-3　篮球运动的作用

（1）培养团队精神。篮球运动是一项集体运动，能培养成员的团队精神和集体荣誉感，增强成员的组织纪律性。这种团队精神既有利于成员个人的全面发展，又能促进整个社会的和谐发展。

（2）增进身心健康。篮球运动是一项全方位的立体对抗运动，对人体的力量、速度、耐力等身体素质要求极高，因而经常参加篮球运动就能不断提高成员的身体素质。篮球运动瞬息万变，节奏很快，运动员必须集中注意力才能赢得进球的机会，因此，篮球运动能提升人的专注力。在篮球场上，成员要充分发挥主观能动性，调动各个身体器官，随时做出反应，这说明篮球运动能提高人们神经系统中枢的灵活性、协调支配各器官能力。参与任何竞技运动都会经历成功与失败，在这个过程中，篮球运动有利于促进运动员良好心理素质、坚强意志品质的形成。

（3）促进人际交往。通过在一起打篮球，球队成员不仅可以相互切磋技艺，也可以互相学习，互相了解。一个团队的成员在一起时间久了，难免会产生矛盾、出现摩擦，这些经历对青少年来说都是宝贵的成长经验，有助于青少年正确认识和处理人与人之间的关系，更好地融入集体、适应社会、形成健康人格。

（三）篮球运动的影响因素

个体在参加篮球体育组织、开展篮球体育训练的过程中，其篮球技术的提高和身体锻炼的效果会受到一定因素或条件的影响。这些影响因素集中体现在以下六个方面：

1. 体力因素

体力因素可谓人们参与任何一种体育运动都需要具备的基本因素，没有体力就无法行动，更不要谈参加更激烈的体育活动。对于个体而言，体力因素不仅包括能走、能跑、能跳跃、能躲闪之类的基本行为能力，还包括力量、速度、耐力等各项身体素质。参加篮球运动对个体的体力有一定的要求，良好的体力是支撑篮球运动员展开激烈对抗的保障。在日常的篮球训练活动中，教练员可以根据队员不同的体力特点为他们制订合适的训练计划。对于篮球爱好者来说，如果想要通过打篮球达到运动健身的效果，也可以通过自身的体力特点进行运动负荷的调整。因为篮球健身负荷只有与练习者的体力相适应，才能获得比较令人满意的健身结果。在日常的工作、生活中，人们的体力会维持在一个比较稳定的水平；但在剧烈运动的过程中，人们的体力水平会发生较大的变化，锻炼者需要及时调整自己的负荷。

2. 心理因素

心理因素对个体参与篮球体育运动有着重要的影响，这种影响既体现在运动锻炼的过程中，也体现在运动锻炼的结果上。在运动锻炼的过程中，如果参与者心情不佳、情绪低落，就会降低肢体的反应能力和速度，并产生疲惫感，不想做过多的动作，因而锻炼效果也不明显；相反，如果参与者情绪高涨、心情愉快、充满信心，那么他的肢体反应能力和速度也会提高，技术技能的发挥会更加到位，最终锻炼的结果也会更令人满意。需要注意的是，在篮球健身运动中，一旦养成固定的锻炼习惯，那么个体就会因为生物钟的作用自觉自愿地参加锻炼，此时的情绪也会比较稳定，心理状态较好；而锻炼习惯的改变可能会导致个体在心理上出现紧张和不适。适度的紧张有益于刺激个体在运动中激发自身的潜能，但过于紧张就会影响大脑思考和肢体动作，不利于开展大量运动。

3. 作息因素

一般人们参加篮球体育运动，都是在学习、生活之余进行，对闲暇时间的充分利用，有利于丰富人们的精神生活和娱乐生活。闲暇时间的多少，对篮球体育活动的开展有着直接的影响。对于闲暇时间较多的个体来说，他们参加篮球体育活动的形式更加自由，并且有足够的练习时间和休整时间；对于闲暇时间不多的个体来说，他们更要珍惜参加篮球运动的机会，并学会提高对有限时间的利用效率，提升自己的锻炼效益。在现代社会，由于生活、工作压力大，时间紧张，很多人没有可以连续用来参加锻炼的时间，此时参与者也不应轻易放弃，因为事实证明，分散锻炼、积少成多的运动方式对人体也是有好处的。参加篮球运动的时间一般不用很久，参与者可以根据自身的身体素质和锻炼需求安排锻炼的时间，在运动后不要立马坐下或躺下休息，可以通过按摩或者慢走缓解肌肉疼痛。

4. 饮食因素

在篮球体育运动中，饮食因素是影响个体运动表现的重要因素，因为饮食因素关乎个体的身体素质和机能表现。篮球运动员尤其要注意自己饮食的营养、均衡和卫生。当个体进食较少时，很有可能会导致营养不足，此时应减少运动量，以减少因为血糖低而引起的不适；当个体进食过多时，可能会导致营养过剩，此时应适当加大运动量，延长运动时间，加快脂肪的消耗。运动员饮食要均衡是指运动员在选择膳食的过程中不可挑食，主食如淀粉、大米、面食等，蔬菜如西兰花、青椒、西红柿等，水果如苹果、火龙果、香蕉等，肉类如鱼肉、鸡肉、牛肉等，都是很好的选择。除此之外，运动员在参加篮球比赛的过程中，为了预防在比赛时出现脱水情况，上场前要补充 100 ~ 200 毫升的水，赛中的补水需遵循少量多次的原则，以保障比赛的顺利进行。

5. 体育素养因素

体育素养是指个体在一生中所受到的体育程度与水平，它包括个体对体育知识、技能的掌握程度，个体的身体素质水平等。由于每个人的体育素养不同，所以他们选择的体育运动项目不同，各自的运动方法和运动习惯也各有差异，从而影响体育健身的过程。

6. 劳动负担因素

劳动和体育活动是人体消耗能量的主要方式，二者主要的区别在于劳动多是人们为了生存或工作展开的体力锻炼，其目的是获取报酬，而体育活动多是人们为了锻炼身体、获得乐趣、发展社交而开展的，人们多在闲暇时间参加体育活动。

随着时代的发展、生产力的提高和社会的进步，人们在生活和工作方式等方面都有了巨大的变化。主要表现为：在生活上，人们的出行方式越来越便捷，之前需要走路或者骑车较长时间才能到的地方，现在骑电车或者开车很快就能到，并且不需要费多大力气；在工作上，很多之前需要人们亲力亲为的事情交给了机器，这导致个体从事体力活动的机会减少，从事脑力劳动的时间大大增加，人们的闲暇时间增多。但在人们的生活变得方便、快捷的同时，人们的身体也出现了各种各样的问题，这主要体现在两个方面：一是人体机能的退化，二是心理健康水平的下降。一方面，由于长期缺乏体力活动，人体内部各个器官以及外部肢体的功能逐渐退化，一些不良的生活习惯也加速了它们的病化和退化，导致现代人出现了越来越多的"文明病"。长期下去，不仅会影响人们的生活质量，还会增加人们的生活负担。另一方面，现代社会的生存竞争激烈，生活压力大，加之有些人缺少一些必要的社会交往，导致人们的负面情绪增多，心理问题变得越来越严重。

在这种时代背景下，人们逐渐发现了体育运动的重要价值。事实证明，让体育在日常生活中发挥它的作用和魅力，吸引人们自愿参与到各种各样的体育运动中去，不仅能锻炼人们的身体、提高人们的身体素质，还能帮助人们分散注意力，缓解人们的紧张情绪，使他们在运动中释放压力、减轻焦虑，使深陷现实生活矛盾的人们产生幸福感和归属感，进而获得继续生活和工作的动力。

综上所述，体育活动和劳动是两种主要消耗人体能量的方式，劳动量的多少和劳动强度的大小影响了人们体育活动的开展。在过去，由于人们的劳动量比较多，劳动强度比较大，劳动时间比较长，人们参加体育运动的目的多是放松和调整身心。现如今，人们的劳动量大幅度减少，主要的劳动方式也由体力劳动转变为脑力劳动，此时人们参加体育运动更多地带有锻炼的因素。因此，可以适当加大运动量和运动强度，尤其是脑力劳动者，要进行全身性的锻炼，以加强肢体的协调能力和反应能力，而篮球运动就是一项全身性的锻炼运动，适合脑力劳动者练习。

（四）篮球运动的技术与战术

1.篮球运动的技术

篮球运动的技术指的是在篮球比赛当中对各种专业动作技术的总称，按照比赛方式可以分为进攻技术和防守技术，如图 4-4 所示。篮球运动的技术主要包括但不限于运球、投篮、传接球、个人防守等。

```
                                              ┌── 运球
                           ┌── 进攻技术 ──────┤── 投篮
                           │                  └── 传接球
        篮球技术 ──────────┤
                           │                  ┌── 个人防守
                           └── 防守技术 ──────┤
                                              └── 其他技术
```

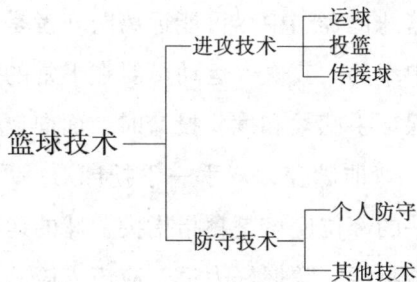

图 4-4　篮球技术

（1）运球。运球指的是持球运动员在原地或者行进过程中用手连续拍球，使之能够随着运行方向借助地板反弹的力量保持在持球人的控制当中。运球过程中需要手、脑、腿等多个技术细节相结合，简言之就是持球人要在不违例（翻腕，二次运球，过肩等违规动作）的前提下保持对球的控制，从而使团队配合流畅，使比赛顺利进行。运球的基本动作主要靠手指、手腕对球的控制和支配。运球时，持球人要以肩膀为轴，大臂带动小臂，掌心空出，用手掌和手指的力量控制球速和运转方向，要尽可能控制好球，不被防守者断球。良好的运球技术具有很强的观赏性和实用性，不仅能够实现人球结合，还能够吸引对手，使之增加防守强度。

（2）投篮。投篮指的是在篮球比赛当中，持球运动员通过一定技术动作将篮球投进篮筐的技术总称，包括但不限于扣篮、勾手投篮、抛投、急停跳投、三步上篮及后撤步投篮等。众所周知，篮球比赛的胜负是通过得分来判断的，因此，尽可能多地通过投篮得分就会有更大的可能获得比赛的胜利。投篮次数的增加是获得更多分数的前提，当然，这也是建立在有稳定高效的投篮命中率之上的。良好和娴熟的投篮动作是可以在平常的训练当中练出来的，那么到底怎么样才能提高投篮命中率，或者说如何才能练就一身娴熟且优质的投篮技术呢？首先，运动员应该知道，一个完整的投篮过程包含准备、投篮和结束。准备当然是需要创造投篮空间，因为在篮球比赛当中尽可能远离防守者是可以保证投篮动作的不变性、提高命中率的。其次，运动员要在平常的训练当中增加对于核心力量的练习，保证手感柔和度。投篮时，面向篮筐，双脚打开，保持与肩同宽的距离，弯曲膝盖，双手一手托球，一手扶球，顶肘压腕，力量从下而上，出手的部位应该是食指指尖，球的运行路线应该是从头顶出发，形成一个抛物线，掌握好力道，应声入筐。协调而娴熟的投篮动作是能够保证命中率的。

（3）传接球。传接球是指在篮球比赛当中，进攻方通过将球从不同的球员传导起来，传接球和跑位是紧密相连的，球动人动，打出让防守者无法预判的战术。因此，传接球的好坏可以直接影响比赛的走势，传球前的技术动作和传球的手法是传球技术的关键。良好的传接球和跑位是创造出好的投篮空间和完成投篮并得分的先决条件。

（4）个人防守。个人防守除了一些先天的身体条件，如身高臂长，手的大小，弹跳高度，奔跑速度等，更多地强调个人的防守积极性、个人在场上的专注度、积极性和预判性，以及防守习惯和经验等，这些在很大程度上是可以改变场上局势的。很多时候，运动员通过个人抢断反击、盖帽、抄截等是可以带动队友的积极性并改变场上胜负走向的，因此，良好的个人防守水平在篮球比赛当中是必不可少的一项内容。

（5）其他技术。此处再介绍除以上技术之外的三种篮球技术，即持球突破、移动和抢篮板球。持球突破是持球队员合理运用脚步动作和运球技术，快速超越防守队员的一项攻击性技术，根据动作结构，持球突破又分为交叉步突破和顺步突破两种；移动是各种攻防技术的基础，包括走、跑、跳、急停、转身、跨步和滑步等；抢篮板球是攻守双方争抢投篮未中的球，分为进攻篮板球和防守篮板球两种，其技术环节包含观察判断、抢占位置、起跳和空中抢球四个。

2.篮球运动的战术

篮球战术是在篮球比赛当中进攻战术和防守战术的总称。良好的战术可以使全队形成一个有机联系整体，使个人的技术和团队的优势尽可能发挥出来。以下介绍几种篮球比赛当中比较常见的几种篮球战术。

（1）区域联防。区域联防指的是在半场阵地防守站位中，每个队员都有自己主要负责的一块区域，当进攻球员进入这个区域时，就近的队员就要迅速补防过来，也就是将单防和联防结合起来，常见的联防有2-3联防，3-2联防，1-3-1联防等。区域联防适用于每个人的能力都比较平均的球队，在运动员比赛体力消耗比较大的时候使用。

（2）三角进攻。这种进攻方式的最好典型还要属菲尔杰克逊所带领的公牛王朝和21世纪初的湖人王朝。这种三角进攻战术简单来说就是由三名球员在任何一侧组成三角形，和另外两名球员手递手掩护，相互变化战术，根据不同防守球员，对应找到场上情况出现的防守漏洞，找到最好的进攻机会。这个三角形主要由一名后卫、一名前锋和一名中锋组成，利用掩护挡拆来打散防守阵容，创造进攻机会。

（3）普林斯顿战术。普林斯顿战术体系对空间、时机、观察、执行等四个环节十分重视。所谓的空间，是指在比赛场上队员之间的占位、相互之间的距离等方面；而时机则是指篮球队员对于传球、场上跑位和反跑时机的把握；观察指场上球员要时刻观察对方球员的防守站位；执行则是指场上球员执行设定的基本战术。在这种战术体系中，重点强调内线指挥，内线传球占据重要地位。普林斯顿战术体系中的中锋称为组织中锋。赛场上的五个人都可以传球，都具备较强的投篮得分能力，也都能够在球场上完成防守和进攻的组织，坚持的是整体篮球的打法体系，这种体系也特别强调团队精神。

普林斯顿进攻体系的特点主要体现在，比赛中球员要根据场上的形式，多跑动、多传球，充分利用挡拆和无球跑动，以及一系列的、精密的配合，在篮下创造出更多的空当和得分机会。

（4）死亡五小。令人闻风丧胆的金州勇士"死亡五小"战术让很多球队叫苦连连。在近几年的小球风暴中，这一战术着实掀起了对篮球的冲击。死亡五小，顾名思义，就是场上五名"小个儿"球员，平均身高不到两米的五个人都可以持球，而且都具有不错的单防能力和投篮能力，每个人都可以持球，其他人则不断反跑空切，使得防守者疲于奔命，最后传导到最佳位置，获得得分良机。

（5）挡拆传切。需要指出的是，挡和拆、传和切是相辅相成、缺一不可的，不能只有挡没有拆，也不能只有传没有切。只有将挡和拆综合运用起来，把握好挡的时机，在考虑拆完是顺下还是等待接球投篮。空切和传球也一样，需要有反跑，溜底线，传球人找准时机，完成传球并得分。需要指出的是，篮球场上局势瞬息万变，各个战术的执行都不是一成不变的，这需要运动员审时度势，在最佳时机做出最合理的战术配合。攻方以完成得分为目标，守方以阻止对方得分为目标，双方都要合理运用挡拆和传切战术。

（五）篮球运动的评价与赏析

二十世纪九十年代之后，现代篮球运动迅速发展，21世纪以后，全球掀起了篮球运动的热潮，技战术体系不断创新，篮球运动进入了飞跃式的发展阶段。篮球运动在世界范围内实现了迅速普及和快速发展，无论是男子篮球还是女子篮球，都受到了人们的欢迎和追捧。篮球运动的创新发展导致其对篮球运动员各方面的条件要求和篮球比赛的规则也逐渐发生了变化。篮球运动员的身体、体能、技战术等运动技能要求进一步向篮球运动本体专项特征靠拢，篮球比赛的规则对运动员攻守对抗的速度、力量、准确性、技巧性等方面的要求越来越高。比赛的竞争越来越激烈，赢得比赛的难度越来越大，这也使篮球竞赛越来越有魅力、越来越吸引人。

由于篮球运动是一项需要瞄准高空区域、向上投篮得分的运动，因此，现代的篮球运动员大多身材高大、臂展较长并且弹跳能力很强，可以说，篮球运动是"巨人群体"的运动。但篮球运动不仅仅对运动员的身高有要求，更要求运动员拥有较高的运动修养、较强的运动天赋、顽强拼搏的精神、积极快速的反应能力和全面准确的判断能力、应急能力。此外，运动员还要能适应不同流派、不同风格的球队打法；能积极主动进攻，不仅会进攻，还会防守；不仅个人技能突出，而且能配合团队得分，从而进一步促进现代篮球运动进入新时期。

与此同时，了解和掌握当今时代篮球运动的最新发展趋势和潮流也有助于人们了解篮球运动的本质规律。要了解当今时代篮球运动的最新发展趋势，可以观看国际上排名靠前的篮球队伍的比赛，如美国男子职业篮球联赛。美国、澳大利亚等国家的篮球队伍之所以能连续几十年处于男篮世界排名的前几位，其根本原因就在于他们掌握了这项运动的基本规律和主要特征。篮球运动的基本规律，也可以说篮球比赛的本质特征，就是在特定的对抗条件下将篮球准确地投进高高的篮筐。因此，必须抓住"高"字，突出"准"字，强调和重视"对抗"两字，并围绕"高""准""对抗"这四个字，深加研究，制定训练指导思想。运动员的身高要高，身体的弹跳能力要好，身体的体能要强，进攻的速度要快，技战术要全面且精深，动作要精准，尽量减少失误。

以上理论和观点是笔者根据自己观看篮球比赛的经验和篮球实战经历总结出来的。具体分析，篮球运动员要想在篮球比赛中取得好成绩，就需要做到以下四点：首先，要充分利用自己的身高和体能带来的制空优势，开展立体作战；其次，要有扎实的基本功，积极参加训练，提高自己的控球能力和投篮命中率；再次，要注意掌握攻守转换的速度和节奏，攻击对手要主动、要坚定，投篮失败也不要灰心，要迅速转换防守角色，变换作战技术；最后，从实际出发，重视团队配合和计谋策略的使用，以不变应万变，在变中应万变，从而打出队伍的真实水平，取得理想的比赛成绩。

总而言之，21世纪的篮球运动，不论是男篮运动还是女篮运动，都将沿着共同的发展方向前进，在这个过程中，不同的流派呈现出不同的运动风格,展现出各自的方法技巧。但事实证明,优秀的运动员和绝妙的技术、战术配合是这项运动取得成功的关键。要成为一名优秀的运动员,不仅要拥有强健的体魄、灵活的应变能力和思考能力,还要掌握精准的篮球技艺和团队配合能力。高智慧、高体能、高速度、高强度、高技巧、高比分将仍是 21 世纪高水平球队的比赛特点,但智在充实,高有新意,快在延伸,特有绝招,巧在技艺,它们的外延和内涵都更加丰富,因而体现出 21 世纪世界篮球运动的新特征。

二、足球运动

足球运动的特点是依靠脚控制球,足球运动是运动员通过脚步不同的动作和击球的角度,实现对球的支配的一项球类活动。随着现代足球运动的推广,足球运动已经成为当今世界上开展最广泛、爱好人群最多、影响最大的一项运动项目,深受多国人民喜爱。由于足球运动具有广泛的影响力,人们将其称为"世界第一运动"或"运动之王"。

在中国,早在战国时期,人们就发明了用脚踢球的游戏,称为"蹴鞠"。据《史记·苏秦列传》记载,当时居住在齐国临淄的人们非常喜欢蹴鞠这项运动;到了两汉三国时期,出现了表演性蹴鞠:表演者在音乐中开展用脚部、膝盖、肩部、头部进行控球的表演;唐宋时期是蹴鞠活动迅速发展的时期,唐朝出现了灌气的球,当时称为"气球",并用球门代替了鞠室;到了明朝,蹴鞠还在广泛流行;发展到清朝,在史籍上有关蹴鞠活动的记载明显减少,清代中叶以后,随着西方现代足球的传入,中国传统的蹴鞠活动基本被取代。

(一)足球运动的作用和意义

足球运动之所以能成为世界第一运动,与这项运动的作用和意义密切相关。如图 4-5 所示,足球运动的作用和意义体现在以下 4 个方面:

有助于锻炼个人
意志，培养优秀品质

有助于促进经济
发展，创造社会财富

有助于促进身体
健康，增强人民体质

有助于振奋民族
精神，扩大国际交往

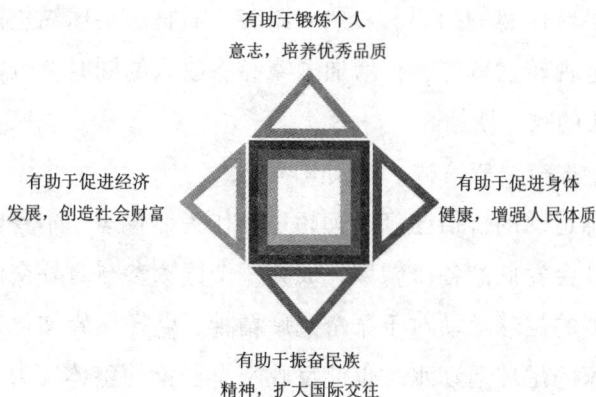

图4-5 足球运动的作用和意义

1.有助于促进身体健康，增强人民体质

据相关研究表明，一名优秀的足球运动员，其有氧耐力水平较高，平均肺活量要比普通人群高出 2000 ～ 3500 毫升，其安静时的心率比正常人低，平均低 15 ～ 22 次 / 分钟。因此，长期从事足球运动可以有效提升人体呼吸系统和心脏器官的功能。除此之外，足球运动还能提高人体的速度、力量、灵敏度和弹跳等身体素质，从而促进人体健康，增强人民体质。

2.有助于锻炼个人意志，培养优秀品质

与其他球类运动相比，足球运动进球并不容易，也正是这种挑战性塑造了足球运动员坚忍不拔、勇敢顽强、不怕困难、勇于拼搏的性格特征。足球运动是一项通过团体配合才能取得胜利的运动，因而还能培养人们团结协作、密切配合的集体主义精神。

3.有助于促进经济发展，创造社会财富

在各种球类运动职业化发展的当今时代，职业化足球同商业、市场经济的关系密不可分。现代足球运动具有较大的商业价值，这主要体现在人们可以利用足球运动的吸引力大力发展足球产业盈利，如出租足球场地、出售足球比赛的门票、彩票、服装、器材、足球周边产品等，收取广告费、电视转播费等，在增加国家经济收入的同时，也能使足球俱乐部和运动员的收入增加。

4.有助于振奋民族精神，扩大国际交往

现代足球运动的价值已经远远超过其作为体育运动本身的价值，它已逐渐渗透社会发展的各个领域，成为一个国家参与对外交流的一种工具。迅速发展的足球运动对于振奋民族精神、弘扬民族文化来讲意义非凡，一个国家的足球运动水平也能反映一个国家的整体实力，因此，我国也大力支持足球运动的发展。

（二）足球运动的主要特点

如图 4-6 所示，足球运动的主要特点体现在以下五个方面：

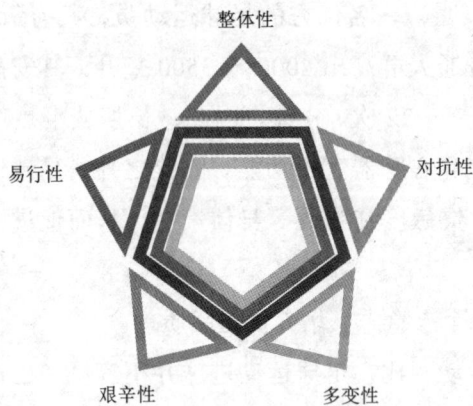

图 4-6　足球运动的主要特点

1.整体性

通常每个足球队都有 25 名队员，比赛时场上会有 11 名，其余在场下候补。11 名参赛队员在比赛过程中必须按照教练的指示统一思想、统一行动，进攻的时候全部向着对方阵营，防守的时候也要统一战线。总而言之，要树立极强的整体参战意识，只有强化攻守的整体性，才可能取得较好的成绩。

2. 对抗性

足球运动是一项典型的对抗运动，比赛双方你争我抢、激烈竞争，毫不吝惜自己的体力和技巧，其最终目的就是抢到足球的控制权，将球攻进对方球门，并阻止对方进球。在比赛双方的罚球区附近，双方的争抢会更加激烈，这种争抢不仅体现在空间上，还体现在时间上。在一场高水平的比赛中，两个足球队的队员会因为激烈的对抗倒地 200 次以上，可见足球比赛的激烈程度。

3. 多变性

足球运动是一项周期性运动，运动技术丰富多变，战术配合精彩绝伦，比赛结果难以预测。比赛中的一方不管是运用个人技术，还是实施团体战术，另一方都会采取各种办法进行干扰。因此，所有在场队员必须时刻集中注意力，灵活运用技术和战术，破解对方的干扰，这个过程就体现了足球运动的多变性。

4. 艰辛性

在足球比赛中，足球运动员要在面积近 8000 平方米的场地上跑动 1个多小时，一场比赛下来至少要跑 6000 米，有些队员的跑动距离甚至超过了 10000 米。在跑动过程中，足球运动员就要控制自己的速度、方向，发挥自己的技术、战术，与对方球员互相对抗。如果一个半小时后双方成绩一样，还要再踢半小时的加时赛，用以决定胜负；如果半小时加时赛后还是没有结果，就要通过踢点球来确定最终结果。所以说，一场比赛下来，足球运动员的身体消耗是非常大的，运动员的体重可能因此下降 2～5 千克，可见这项运动的艰辛程度。

5. 易行性

在足球运动比赛中，没有复杂、难以理解的比赛规则，也不需要很多的器材设备。一般足球比赛对比赛场地、比赛时间、比赛人数和比赛器材方面都没有很严格的要求。拿比赛场地来说，足球比赛既可以在天然草地上开展，也可以在人工草坪上进行，甚至可以在没有植被的泥地上进行，所以开展起来比较方便，这也是足球运动深受群众欢迎的重要原因。

（三）足球运动的技术分析

1.无球技术分析

在足球比赛中，场上球员需要进行大量的无球跑动。竞技水平较高的球队运动员无球跑动时间较多，说明球员的无球跑动时间在整场比赛中所起的作用是不能被忽视的。无球跑动的技术动作主要包括跑、停、起动等方面。

足球运动员的无球技术在足球比赛中极其重要。个人无球技术水平的提高，对足球队的整体技术水平也会产生相当重要的推动作用。在实际的运动训练和比赛中，当教练员对运动员的技术水平缺乏正确认识时，教练员则会把注意力放在运动员的球技和速度上，因为这些内容比较容易看出来。相反，无球技术的优势却不容易显露，因此很多教练也不太注重提高运动员的无球动作质量。事实是，如果一名运动员总是能够轻松地摆脱对手，并且能较好地盯防进攻队员，那么基本可以判定他具有较高的无球技术水平。

足球运动员的无球技术与其身体素质的好坏有密切的联系。无球技术通常表现为技术质量，运动员通过完成动作的正确程度来反映自身技术的优劣；身体素质则具有定量特征，如能跑多快或者能跳多高等。当一名运动员的速度较慢或弹跳能力较差时，可能是因为力量不够，也可能是因为自己的无球技术水平不够。

（1）跑。足球运动中的跑，是指球员在场上的跑动。足球运动要求运动员在跑的过程中，要能够根据场上情况进行瞬间加减速跑或者能够在高速运动中完成急转。从这个角度来讲，田径比赛中的冲刺型跑法在足球比赛中并不适用，这时，正确的跑步姿势就显得格外重要，教练员应设法帮助运动员掌握正确的跑姿，提高运动员的跑动能力。足球式跑法与田径式跑法的不同之处主要体现在两个方面：一方面是田径式跑法的腾空时间长，而足球式跑法的腾空时间短，因为足球运动员必须降低身体重心，使脚接近地面，以便随时转变方向或改变速度；另一方面是足球式跑法中双臂摆动的幅度应该比田径式跑法的幅度要小，这样更有助于保持身体平衡。

（2）停。足球运动中的停通常指的是急停。所谓急停，是指足球运动员在跑动过程中要能根据场上情况在短时间内将身体的运动速度降低到零。因此，根据人体力学和运动学，人体在急停过程中，运动员需要降低重心，保持身体的平衡。除此之外，在练习急停的过程中，运动员可以加入球技的练习，这样能使运动员的场上技能更加全面。常见的急停＋球技练习形式有：跑—急停—踢球或是跑—急停—控球。运动员对身体重心的控制，运动员的稳定能力和平衡能力受腿部、臀部肌力和个人身材特点的影响较大，一般肌力大和个子较低、身材较小的运动员在这方面的能力要强一些。

（3）起动。最费力和低效的起动姿势是静态直立，运动员在足球场上必须绝对避免这一姿势。在静态起动不可避免的状态下，运动员应使脚的站位便于向任何方向蹬出，要屈膝且上体适当前倾，头部保持稳定，身体重量应置于一脚的前部，两脚分开以保持平衡，两臂降低且在肘部成90°弯曲。一般来说，人体在活动中完成起动动作，要比人体处于直立或静态姿势下完成起动动作要容易得多。因此，在比赛过程中，队员应在可能的情况下保持较小强度的慢跑、走或者滑步状态。无论怎样，一旦产生了起动动作，球员要做到以下几点：①头和肩迅速领先身体躯干，保持伸出状态。②迅速产生蹬地动作，并跟随连续的短小步幅。③在前几步动作中，要保持身体的低重心。④加大双臂的摆动幅度和摆动频率。

（4）跳。在足球比赛中，无论是场上奔跑的运动员还是守门员，跳的方法主要有三种。单足跳和双足跳是其中的两种，这两种跳法与"跳高"的动作有些类似，两种跳法都需要正确的技术动作，要求运动员具有较强的腿部爆发力，一般单足跳比双足跳跳得更高。足球比赛中，还有一种跳法，称为跳跃。在足球比赛的跳跃动作中，大多数都是运动员在高速运动时，越过附近的球或球员等障碍物。

2.传球技术

传球技术不仅体现了球员的技术水平，其还是球员之间相互配合和场上默契程度的主要体现，需要球员之间能够及时沟通和联系。当己方球队掌握控球权时，球队成员就要随时准备接传球。接球和传球都是足球比赛中的重要技术。球队成员在接到球之后，有很大的概率会把球传给队友；如果传球不准确，球就会被对方球队劫走，己方球队就会失去进攻的机会。在练习传球技巧的过程中，如果运动员在没有对手阻拦的情况下都不能准确传球，那么就应该先训练他的无对手传球技巧，然后再引入一名或多名对手提高他的传球技巧。除此之外，如果运动员连短距离的地滚球都传不好，那么就不要让他练习长距离的地滚球传球。

（1）脚内侧推传球技术。脚内侧推传球是一种短距离传球技术，用脚的内侧推传球，便于控制击球的部位、力量和角度，传球较为准确，但传球距离较短。在进行脚内侧推传球时，运动员要保持助跑的方向与将要出球的方向一致，其准备动作是：将支撑脚置于足球的一侧，保持支撑脚距离足球大约15厘米左右，支撑脚的脚尖指向需要传球的方向，保证击球过程中摆动腿能够自由而稳定地摆动。与此同时，击球脚在脚内侧触球时，脚应处于外旋位置，保证脚内侧正对足球，并使击球角度与传球方向一致。此时，击球脚的踝关节需要保持紧张、坚硬。击球脚在触球时，运动员的头部在空中一定要保持稳定，眼睛要注视足球；如果要传低平球，那么，击球时的作用力一定要通过球的水平中线位置；在完成触球击打动作后，如果摆动腿的跟随动作能够与需要的传球方向保持一致，就可以保障传球的准确性。所以，运动员要注意触球后的跟随动作，踢球腿摆动的方向一定要和传球方向保持一致，不可向身体一侧摆动。

（2）脚内侧传弧线球技术。脚内侧传弧线球技术与脚内侧推传球技术不同，脚内侧传弧线球技术应用较为广泛，无论是在长传还是在短传中都可以运用。许多运动员在射门时，都会采用这一项击球技术。此外，在直接任意球、角球等进攻环节中，脚内侧传弧线球技术都具有较多的应用。脚内侧传弧线球的助跑方向一般为斜向30度，因为这个角度的助跑可以加大摆动腿的摆动幅度，增加击球时的力量。运动员在运用这项技术时，支撑脚要放在球的侧方稍后位置，脚尖保持前向。运动员在进行脚内侧传弧线球时，由于击球的脚型和部位的关系，球被击打后，会发生旋转，从而在空中产生弧线运动轨迹。如果运动员用右脚踢球，则踢球腿需要自左向右进行摆动，用右脚内侧的前部来击打足球的右侧中部位置，此时，足球的旋转方向为自右向左。运动员在传空中弧线球时，击球脚的触球点要击打在足球的中部偏下位置，因为，如果击打在球的中部，球在空中会低平飞行，产生不了弧线。传弧线球过程中，击球腿的跟随动作与传球方向要具有一定的角度，二者并不完全一致。

脚内侧传弧线球技术的优点是该技术动作会使球在行进过程中产生一定的飞行弧度，因而，球在空中飞行时，不是进行直线运动，从而能够躲避很多前方的障碍，被拦截的概率降低；尤其是在边路传球时，球在飞行中会逐渐远离守门员，避免球直接被守门员截获。该技术的缺点是对于球队同伴而言的，由于传出的球一直在旋转，且飞行轨迹是弧线，因此同伴也很难接到球。

（3）脚外侧传弧线球。与脚内侧传弧线球技术相对应的是脚外侧传弧线球技术，二者动作基本相似，但是，两种击球技术在击球点和助跑方向上是不同的。运动员在运用脚外侧传弧线球技术时，一般都是直线助跑，直线助跑能够保证踢球腿有稳定的、大幅度的外摆动作。支撑脚位于足球的侧后方，并且，脚尖方向与助跑方向保持一致。如果击球脚是右脚，那么摆动腿的摆动方向是自右向左，以脚背外侧击打足球的右侧中部位置，从而形成自左向右旋转的弧线球。触球后，踢球腿会继续向外上方摆动，此时能够看出，摆动腿的摆动方向与出球方向是不一致的。脚外侧传弧线技术的优点体现在运动员可以在高速跑动前行时使用该技术，该技术可以传较远距离的球，并且可以用来射门；该技术的缺点就是难度较大、不易掌握，运动员需要通过勤奋的练习才能熟练运用该技术。

3. 影响传球质量的技巧

如果运动员对自身的实力、对方的实力没有清楚的认识，对比赛的情况缺乏合理的认知，那么他就不能合理地使用传球技术。年轻运动员常犯的错误就是在运球时经常低头盯球，因而不能及时了解场上其他人的走位和变动。归根结底，还是因为他们的控球技术，尤其是传球技术不够高超。为此，教练员在训练过程中，要着重训练他们的传球技术，解放他们的双眼，引导他们学会观察周围的情况。除传球技术之外，还有一些其他影响传球质量的技巧需要运动员掌握。

图 4-7　影响传球质量的技巧

（1）准确。运动员准确传球的能力是指运动员能够用身体的某一部位对某一确定目标进行传球，并保持本队控球权的能力。在足球比赛中，如果传球不准确，就会很容易导致失去控球权，因此，准确传球是足球运动员学习传球技巧的第一重点。

（2）力量。在足球运动中，足球前进和旋转的速度能够反映出运动员传球的力量。青少年运动员通常会因为身体发育程度不足、技巧不够影响传球的力量。当传球力量过小时，足球就可能无法到达指定地点，甚至可能被对方截球；当传球力量过大时，足球又很容易出界或者超越接球队员，增加本队接球的难度。所以运动员在练习这一技巧时，应注意传球的角度和距离，在练习过程中，要设置同伴和对手的角色任务。

（3）时机。时机是指把球传给队友的有利时刻，正确的传球时机应该是当防守者处于最不好防守的位置时。为此，足球运动员应时刻观察周围防守队员的阵形、战术变化。

（4）假动作。运动员在足球比赛中面对防守一方的围追堵截时，进攻一方总是希望对方看不懂自己的进攻方向和进攻招数。在这种情况下，如果不使用假动作，防守球员就很容易预知你的下一步行动，为接下来的进攻设置阻碍。此时，进攻一方的控球者可以借助眼神、声音和身体的假动作来迷惑对手。同时，控球者必须判断谁是最有利的接应者以及接应者可以控制的接应空间。

事实证明，只有掌握好以上四种传球技巧，才能保证传球的质量。当然，同队成员积极地跑位、接应也是十分重要的，因为一个人无法完成有效的配合，只有通过有球队员和无球队员的默契合作，才能创造更多进球的机会。

4.运球技术

如果足球比赛中的运动员能够展现出高超的运球技巧，那么他同样能够为比赛营造令人激动的氛围，并为观众带来巨大的视觉享受。进攻球员高超的运球技巧还能够迅速瓦解防守一方的防守配合。带球跑和运球是两个不一样的概念，带球跑技术是指运动员在无对手积极逼抢情况下带球向前推进的技巧，带球跑时由于没有紧张的防守压力，控球者可以抬头观察前方的情况；运球技术涉及突破对手的防守，需要运动员有出色的控球能力。此外，运动员需要根据周围防守的变化运用多种运球技巧，因此，运球具有即兴发挥的特征，运球技巧高超的运动员通常都具有创造精神和创造能力，他们的运球表演常常令人叹为观止、耳目一新。但运动员绝不能盲目过多地运球。在进攻三区时，运动员应尽量运球突破对手，因为一旦成功，将为进攻创造十分有利的条件；但在防守三区，运球突破的风险太大，价值不高，运动员应该继续保持控球权。接下来介绍几种常见的运球技术：

（1）助跑。助跑是足球运动中常见的一种技术动作，助跑过程中，足球运动员需要在保证充分控球的情况下，直接逼近对手。这样就能够让对方防守队员无法进行准确的判断、站位的调整和战术布置。运动员在运球时还要注意助跑的速度，速度过慢会让防守者稳步向前，变被动为主动；速度过快则会影响自身对球的控制，不利于突然变速、变向。此外，运动员不能只盯着球，应球与对手兼顾。

（2）变向。变向距离要控制好。最佳的变向距离，应该是略大于防守队员的防守范围，如果变向过早，就会导致无法突破对手。在变向过程中，运动员可以根据场上情况，充分利用对球的控制、身体的晃动或者眼神的变化等方法和手段，诱使对方产生不当的移动或失去身体平衡。同时，控球者在做变向动作时，需要观察防守者的重心情况，如果出现防守队员失去重心的情况时，应立刻变向突破对手。在足球比赛中，球的控制和控球者身体移动的有机结合，能够体现出控球者高超的变向能力和摆脱能力，还能够在比赛中诱使防守者失去平衡。高水平的防守队员总把注意力放在球上，毕竟只有球才会对球门构成威胁，而他们的眼神变化没有身体和球的动作那样效果明显，毕竟防守队员一般不会盯着控球者的脸看。

（3）变速。运动员变向后要即刻变速，因为如果不利用防守队员失去平衡的瞬间加速突破，对手会有时间重新调整选位，再次实施抢球。赛场上的突破路线，进攻方应根据防守者的站位等因素决定。但是，不管突破路线如何，突破的总方向应该是朝向球门的。而且，突破的路线越直接、时间越短越好，因为若是其他方向或突破时间过长，防守者将会有充分的时间和大量的机会调整站位或回撤防守。突破后，前方如果空间开阔，控球队员应向前加速运球。在进攻三区内，若获得射门机会，一定要果断射门，不要犹豫。

5. 守门员技术

球队中，场上最特殊的位置就是守门员，这也是最重要的位置，其任务就是防守和封堵对方射门。能力出众的守门员，是一个球队后方防线上的堡垒，能够在队友之间建立充分的信任关系，使队友在比赛中充满自信和互信，在进攻和防守中能够发挥最高的技战术水平，取得最好的成绩。当守门员的能力不足、水平不高时，比赛中会经常出现误判，形成失误，造成丢分的情况。让对方进球，同队成员就会在比赛中丧失信心，并很有可能由于守门员的原因而失去取胜的机会。由于守门员的位置特殊，守门员的技术和战术也和其他队员不同。因此，守门员的技术和战术应当进行专门的训练。

（四）足球运动的战术分析

足球战术包括进攻战术和防守战术，在进攻战术和防守战术中，又可分为集体战术和个人战术两个方面。个人战术和两人、三人的协同配合战术是集体战术的基础。

1. 进攻战术

（1）个人战术。个人战术包括运动员在控球时合理地、有目的地运用各种技术的行动以及无球时具有战略意义的行动。个人战术的集合必将体现整体战术水平的高低，因此，提高个人战术水平对提高球队的整体水平来说有着重要意义。个人战术包括运动员无球时的摆脱与跑位等内容。

摆脱战术就是指当本队球员得球进攻时，同队成员要迅速摆脱对手，或制造宽度，或造成空当，给有球成员创造多条传球路线，以便本队更好进攻的个人战术。在对手紧逼的情况下，多数球员的跑位都包含多次的摆脱动作。摆脱可采用的方法，包括突然起动、急转急停、冲刺跑、突然变向等，摆脱的方向不定，可以视情况向左、向右或向前、向后。通过摆脱动作，球员能够在场上拉出较大的空当，给队友制造有利的传球或突破的空间和机会。

跑位，就是场上运动员有目的地跑向有利位置或场地空当，从而使自己在短时间摆脱对手、接球并推进进攻的动作。跑位是同队成员配合的基础，也是球队完成战术配合、在场上创造更多射门机会的主要方法与手段。影响跑位成功的因素主要包括目标的选择、跑位时机的把握、力量和方向的控制等。

（2）两人配合战术。两人的传球配合是球队进攻体系中最好的集体配合，也是球队集体配合的基础。比赛中，防守队员一般都是1人防守1人，而进攻队员利用摆脱或运球过人等动作，常会出现2对2，或2对1的局面。因此，两人配合成为组织进攻战术的重要部分。两人配合的进攻战术主要可分为两种，即斜线二过一和传直线二过一。

2. 防守战术

（1）选位与盯人。适当的选位与盯人战术，是防守成功的重要条件。一般情况下，场上防守队员的选位要能够有效截断对方控球队员的路线，其位置一般应处于对方控球球员与本方球门中心所构成的直线上。而盯人的主要目的，是要能够有效阻止对方球员的传接球。此外，运动员还要充分利用规则，在对方球员传接球瞬间进行逼抢，从而完成截球或争抢球。一般情况下，不管对方球员有球或无球，防守队员都要对对方球员就地进行紧逼，对于离本方球门较远的进攻队员，则可以采用较为松散的盯人战术，但是，对能够形成有效攻门或者快速靠近球门的队员一定要紧盯。

在盯人防守的过程中，运动员首先要抓住机会力争断球，因为这是最积极的防守，但注意不能盲目出击；当运动员不能断球时，则要想办法靠近对手，不让其转身，因为这样对手就看不到防守者的动作，易于抢堵；若对手已转过身来面对防守者，则要迅速改变策略，防直线空当球。运动员在防守企图运球过人的对手时，不要因为假动作的哄骗而失去身体平衡，而要采用正确的步法保证身体平衡。

（2）保护与补位。足球比赛中，运动员在采取区域集体防守战术时，其基础就是保护与补位。并且，保护构成了补位的前提，如果没有有效的保护，也就不可能有成功的补位。适当距离的斜线站位是进行保护时正确选位的基本要求，更是防守方后卫线球员需要选择的基本防守站位方法。因为选择斜线站位可避免出现场上被对方突破一点而产生防守全线崩溃的局面。

后卫进行斜线站位时，防守球员之间的纵深距离要保持适当，不能太大。若防守球员之间的距离过大，对方球员就能够在防守球员之间从容地穿插跑位，更容易完成各种进攻动作和技战术配合。要想使补位球队完成防守，需要球队队员之间具有默契的协同配合。一般情况下，补位的队员和被补位的队员相比较，其位置应该更接近本方的球门，此时，当同伴被对手突破时，补位球员就能进行及时的补位。

（五）足球运动员的体能训练

1.足球运动员的体能特征

足球运动员的体能特征如图4-8所示：

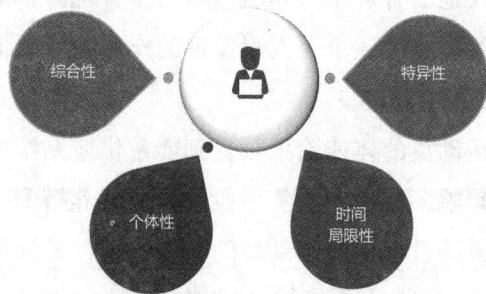

图4-8　足球运动员的体能特征

（1）特异性。足球运动员的体能特征与其他运动项目运动员相比，一个明显的不同就是"间歇性"，即运动员各种强度的跑动总会随着不同时间的间歇。因此，足球教练员不能简单地照搬其他项目的体能训练方法，而是要通过特有的手段去发展足球运动员的体能。

（2）时间局限性。根据竞技状态的周期性规律，任何运动员的最佳体能水平只能保持在一定的时间段内，这就是体能的时间局限性。这也是足球运动中存在众多候补球员的原因之一，在足球比赛的过程中，教练员随时关注着场上各位球员的体能状态，当发现有些球员的体能状态欠佳时，教练员可能会选择替换掉这名球员。

（3）个体性。根据足球场上的区域，球队的 11 个场上球员分为前锋、前卫、后卫和守门员等四个不同位置。而且，在比赛中，各个位置上的球员作用是不同的，他们承担的任务也不同。因此，各个位置上的球员在比赛中表现出来的活动方式和技战术要求也是不同的，他们在体能上也存在各种各样的差异，这就是体能的个体性。从一场足球比赛中各位球员的表现情况来看，一般前锋的加速度奔跑能力和短时间内的爆发力比其他球员要强。

（4）综合性。足球运动员体能的综合性表现在以下两个方面：

第一，足球运动员在比赛和训练中的体能表现不是单一因素作用的结果，如果一名足球运动员能坚持高强度的训练，甚至在训练中表现出色，那么说明不仅他的有氧耐力和肌肉耐力十分优秀，他的意志力也十分惊人。如果教练员只关注单一因素发挥的作用，那么他将不能客观地评估这名运动员的综合体能。

第二，足球运动员的体能除了会受到能量供应系统的影响之外，也会受其他因素的影响，如运动恢复手段、饮食营养搭配、比赛心理作用等。因此，如果教练员要提高运动员的体能，不仅要满足运动员的生理机能要求，也要时刻观察运动员的心理变化，在运动员士气低落时，给予他们适当的言语鼓励。

2.足球运动员体能训练的内容

竞技体育运动员的身体素质是由一系列要素成分组成的，如图4-9所示，概括出了竞技体育中运动员身体素质的主要内容，这是机体完成各种运动动作时所需要的基本素质。在运动中，机体会产生一系列的生理的变化。影响个体运动能力的因素中，既有先天能力（遗传因素），又有后天训练。即使个体有很高的运动天赋，如果没有适当的训练方法，那么他也不能发挥最佳的运动状态，只有正确的训练才能使运动员的天赋得到最大程度的施展。

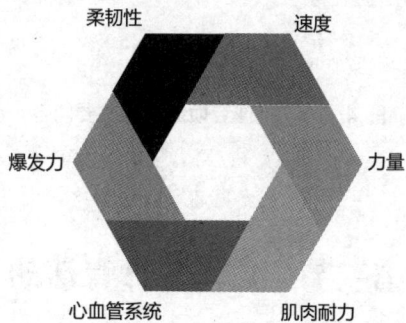

图4-9　足球运动员身体素质的主要内容

因此，教练员应该充分测试和掌握球员的身体素质特点，因人而异，设计和执行不同的体能训练方案和计划，训练女足队员和青少年球员来说也是同样的道理。按照主导竞技能力的因素对竞技项目进行分类，足球属于技战能主导类同场对抗性项目。因此，教练员只有对足球比赛负荷的特点有正确且深刻的认识，才能有针对性地制订科学合理的训练计划，选择与比赛相近的训练内容，采用行之有效的训练方法，抓住足球专项训练的主要内容，如图4-10所示，提高运动员的身体素质和竞技能力。

```
                                              ┌── 恢复
                               ┌── 有氧训练 ──┼── 低强度
                               │              └── 高强度
                               │
                               ├── 无氧训练 ──┬── 速度
足球专项训练的主要内容 ────────┤              └── 耐力
                               │
                               ├── 协调训练 ──┬── 技术
                               │              └── 灵敏
                               │
                               └── 专项训练 ──┬── 力量
                                              └── 柔韧
```

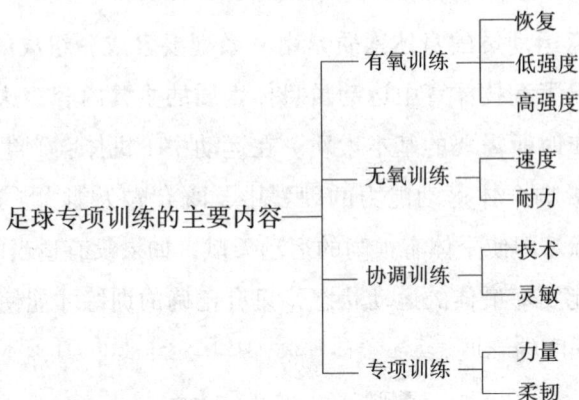

图 4-10　足球专项训练的主要内容

第三节　广场舞体育活动

一、广场舞的概念

大约在 20 世纪 90 年代，中国兴起了一种特殊的舞蹈——广场舞，直到今天，人们也没有确定广场舞的准确含义，但是许多专家学者从各种角度赋予了广场舞一个相对准确的定义。笔者也对广场舞进行了剖析，笔者认为，可以将广场舞界定为一种群众体育文化活动，一种在广场或者相对空旷的区域开展的、由群众自发组织和参与的、伴随音乐和舞蹈的、既能健身也能娱乐的群众体育文化活动。或者说，广场舞是一种全新的群众体育文化表现形式。

二、广场舞的产生与发展

（一）广场舞的产生与兴起

1.广场舞产生的原因

什么是广场舞？它是如何产生的呢？首先，要了解广场舞中"广场"的含义。所谓广场，其实就是比较宽广的、可以让人们开展活动的场所，如娱乐休闲活动、商品贸易活动、表演活动等。如果某类广场具备两种及以上功能，这类广场就被称为综合性广场。广场在原始社会后期就已经出现，主要用于居民举办各种公共活动，如庆祝丰收、祭祀等，广场文化也由此诞生。

在了解完广场后，还需要了解"舞"，主要是民间舞。民间舞蹈还可以叫作"富有乡土气息的舞蹈"，简称"土风舞"。这种舞蹈是人们自发创作出来的，灵感来源于日常生活和生产，这种舞蹈能够生动地展现出生活在该地域的人的生活习惯、精神风貌以及风俗民情。土风舞代代相传，在传承中不断创新，受到了广大人民群众的喜爱，中国每个地域以及生活在该地域的人民都流传着特殊的土风舞，舞姿奇特、历史韵味悠远。

例如，发源于山东省鄄城县境内的"商羊舞"，属于国家级非物质文化遗产，是一种模仿古时商羊鸟姿态的汉族民间舞蹈。据古籍记载，商阳鸟跳舞预示着天将要下大雨。后来人们为了求雨，就聚在一起模仿商阳鸟的舞姿。在乐队的伴奏下，舞蹈队员手执"响板"，有节奏地撞击，发出清脆的响声，摆出商阳鸟的动作。因为主要是模仿，所以步伐很奇特，但其中却蕴含着古代的哲学观，如万物丛生、阴阳协调。这些从古代流传下来的民间舞蹈具有一个共同特点，就是既有内容也有形式，表演搭配道具载歌载舞，整体优美、活泼。

单独将民间舞蹈和广场放在一起看，好似根本没有关联，但民间舞蹈一般都需要多人共同演出，属于集体性、群众性舞蹈，因而就产生了对起舞空间的需求，而宽阔的广场正好符合这一需求，从而充当了民间舞蹈的起舞空间。例如，著名的"跑锥子"舞蹈，该舞蹈是由超两百人共同表演的大型集体舞蹈，主演就有 48 人，辅助演员也超过了 180 人，整个表演场面恢宏大气。上文中提到的"商羊舞"也属于多人舞蹈，舞者数量一般为 12 ～ 18 名，还需要 4 名鼓乐手、2 名弦乐手。

　　与此同时，在历史发展的进程中，民间舞蹈作为上层建筑的一种表现形式，是建立在相应的经济基础之上的，因而，其受特定历史时期生产力水平、生产方式和人类认知水平的影响较大。例如，在原始社会时期，社会生产力水平特别低，生产方式以采摘、打猎为主，人们的认知水平十分有限，对大自然的敬畏、崇拜多于了解，普通的自然灾害和身体疾病就能将他们打倒。在这种背景下诞生的舞蹈基本都是用于祈福和祭祀，希望从神明处获取力量驱除疾病和灾祸，保护自己。

　　封建社会时期，虽然生产力和生产方式都得到了巨大发展，人们也有一定的能力抵抗疾病和灾祸，但对于成规模的自然灾祸以及其他类型的巨大威胁仍然束手无策，民间舞蹈仍然具有祈福和祭祀的作用，还增加了部分反映当时生产生活和人民精神面貌的内容。随后，随着工业革命的开展和科学技术的发展，世界各国的社会生产力水平迅速提升，出现了新的阶层——工人阶级，工人在工作之余也需要一些特殊的方式舒缓精神、开展精神文明建设，于是，民间舞蹈又被赋予了新的使命。现如今的民间舞蹈不仅仅是艺术，更是人们健身的一种手段。

　　2.广场舞兴起的辅助因素

　　现代广场舞的兴起不仅有深刻的历史渊源，还受到了众多因素的影响，如音乐播放设备的小型化、便携化、普及化，政府相关部门的扶持、推动，企业的相关赞助等。

　　首先，随着时代的发展，各种各样的音乐播放设备被发明出来，并在短时间内风靡全国，被无数人使用，这对促进广场舞的发展产生了深刻影响。例如，河南省郑州市的曼哈顿广场，每当夜幕降临，附近的居民都会陆陆续续地从家中出来，聚集在这里一起跳舞，一起锻炼。他们使用的音响设备价格不菲，音响效果很好，有的还能连接手机、电脑，播放下载好的舞曲。

其次，政府的大力扶持、全力推广以及严格规范促使广场舞不断朝着健康、规范的方向发展。例如，山东省济南市仁风镇的镇政府就在2013 年统一购置了一大批广场舞设备，有 U 盘、音响等，免费发放给各村喜爱广场舞健身活动的群体，又对之前用于开展群众体育活动的文化大院场地进行了改造升级，安装了照明灯，接通了电路，只要夜幕降临，光源就会出现，整个场地都会被照亮。从经常在大院进行舞蹈活动的群体中选择几个表现积极的人担任整个舞蹈队的领队和联络人，并聘请专业的广场舞人员到大院指导人们练舞，这个举动激起了许多村民参与广场舞活动的兴趣。又如，成都市体育局为了宣传全面健身这一重要理念，将市民吸引到健身活动中来，主动联合成都广播电视台举办了一场超级广场舞大赛，成都市各个城区都要举办海选，然后将不同城区选出的优秀广场舞队伍集合到一起举办决赛，选出广场舞的优胜者，还将此事在电视上进行了报道，引发了人们的关注。

最后，很多企业看到了人民群众参与广场舞活动的热情，看到了其中的商机，主动出资举办各种广场舞比赛。这样一来，不仅能鼓励人们参加体育锻炼，提高他们的身体素质，也能宣传一下自己的企业，变相推动了广场舞的发展。例如，中信银行在 2013 年出资举办了一个"幸福年华卡广场舞大赛"，中信银行更是明言此次活动的主要目的是展现老年人的幸福生活和美妙风采，促进老年人的身心健康发展，更是为了推广"绿色广场舞"的概念。可以说，中信银行的这一举动促进了当地和谐社会的构建。"绿色广场舞"概念就是在通过广场舞达到锻炼目的的同时，也能考虑到周围群众的感受，为营造一种邻里和谐的氛围贡献自己的力量，既不扰民，也不污染环境。人们选择室内场所进行舞蹈练习，如体育馆等，这样就不会对周边居民的生活造成影响，或者直接降低音量，在最大程度上减少噪声污染。更重要的一点是要错位进行，避开居民的休息时间段。

综上所述，现代广场舞的兴起和发展离不开音乐设备、政府以及企业。音乐设备的大规模应用使人们拥有了更欢乐的健身氛围，能够吸引人民群众全身心地投入进来；政府的推动和规范促进了广场舞活动的健康、有序发展，促进了全民健身计划的实施；企业的赞助为广场舞的发展提供了额外的经费，使其摆脱了资源的束缚，激发了人民群众参与广场舞活动的兴趣，促使人民群众主动提升自己的广场舞技能，更促进了经济、文化事业的协同发展。

（二）广场舞的现代化发展

1. 广场舞的蓬勃发展

2008 年，北京奥运会的成功举办引发了我国全民健身的热潮，其中，广场舞最受人们欢迎，一跃成为群众体育活动的佼佼者。近几年，经济发展态势喜人，人们的生活水平有了显著提高，对广场舞也有了更深层的理解，广场舞也被更多人认可。广场舞吸引更多人参加，变成了大众化的风景，更是成为城市文化建设的重要组成部分。通过理论和实践的双重认证，广场舞在人们心中的地位攀升，愈来愈多的人认可它、喜爱它。根据人们传统的思维，广场舞应该只受到中老年人的喜爱才对，但现实是，广场舞的魅力已经辐射到各个年龄阶段，年轻人也逐渐出现在广场舞人群中。由于广场舞中增加了年轻群体，年轻群体的思维促使广场舞的形式发生了变化，开始创新，推动广场舞不断向前发展，开启了新的篇章。而且，年轻人和中老年人都在舞蹈爱好以及实现身体健康的驱使下参与广场舞，增强了两个群体的交流和互动，在互动与交流中，他们敞开了心扉，放下了对彼此的成见，广场舞的文化氛围显得其乐融融。

　　时代在发展，社会在进步，人们的视野也在不断扩展，会不断接触新事物、新思想，在这种形势下，传统的广场舞已经不能满足人们的需求，亟待更新。只有通过改革和创新，广场舞才能实现新生，实现发展。无数专家对此进行了大量的研究，发现改变广场舞的形式最为方便，即将民族舞、街舞、现代舞等多种舞蹈元素融入广场舞当中，改变其单调的形式，实现传统与现代、中式与西式舞蹈元素的进一步融合，使广场舞这项体育运动增添新的魅力。广场舞在保留原有优势的基础上，正以全新的、高昂的姿态为人们的健身和娱乐生活服务，为构建健康中国、体育强国服务。

　　当代广场舞不仅能够体现出时代发展的特征，还具有丰富的时尚色彩。广场舞想要从各种各样的体育健身活动当中脱颖而出，想要实现长久发展，就必须顺应时代发展潮流，紧随时代发展脚步，沿着时代发展方向稳步前行。如今，我国正处于转型阶段，各种各样的思潮从四面八方涌入，当代人受此影响生出了多元化的健身需求和精神需求，对广场舞的发展有了更高的要求，国家需要积极应对。广场舞因为受传统民族文化的影响较多，在创编过程中也多使用民族舞蹈的相关元素，如手势、舞步、动作等；在编排过程中，有意融合了民族舞蹈的风格特征，如热情活泼、充满力量；在选择舞蹈服饰时，人们更会结合自身特点选择具有民族风格的服饰。此外，广场舞还紧跟时尚发展潮流，无论是音乐还是服饰，都能显现出时尚的风采。

　　人民群众能够在比赛中发现自身的优点和存在的问题，进而改进自己的舞蹈技术，提升自己的舞蹈技能，也能够为后续参加广场舞活动积累素材，创造灵感。比赛一定会有胜负之分，胜者可以获得奖励，这个奖励对参赛人员来讲不仅仅是物质奖品，更是一种精神荣誉，代表着人们对广场舞的认可和支持。只有身处这种有激励、有刺激的竞争环境当中，广场舞才能不断发展、大步前行。

2. 广场舞发展中的扰民问题

从某种意义上讲，广场舞之所以会出现，是因为社会的不断进步，城市的不断发展，这也从侧面说明了人民群众的生活水平在不断提高，人们有更多的时间和精力去发展自己的爱好，锻炼自己的身体。居民开始从家中走出，参与广场舞运动。当然，广场舞的飞速发展也产生了一些问题，主要就是扰民。城市广场舞造成的扰民问题最为严重，主要包括以下四个方面：噪声污染、空间侵占、秩序干扰和垃圾污染。

噪声污染是城市广场舞造成的扰民程度最深、影响也最为普遍的问题。噪声污染是指广场舞音乐设备发出的声音分贝过大，从而影响了附近居民的生活；空间侵占是指练习广场舞的人群为了开展广场舞活动，占据了原本不适合开展此项活动的空间；秩序干扰是指有时广场舞活动开展的时间、地点或方式已经影响到人类生活的正常秩序；垃圾污染是指广场舞人群在开展广场舞的场地留下了生活垃圾，污染了原来的环境。垃圾污染相对其他几个问题来说，是扰民程度最小的一个问题。

广场舞作为当前我国许多人都在参与的健身活动，不仅符合我国的基本国情，也符合我国推行全民健身的重要理念，其本身是正确的、健康的，但因广场舞使用音乐伴奏所产生的扰民现象却是不正确的、不健康的。从某种意义上讲，城市广场舞的特点是鲜明的，价值和意义是重大的，其是我国走特色社会主义道路以及开展城市文明建设过程中重要的特色文化，人们不能因为其出现了扰民现象就直接否定其价值。正确对待广场舞扰民问题的方法手段是，找到城市广场舞开展过程中形成扰民问题的原因，然后根据原因思考对策、解决问题。

城市广场舞出现扰民现象的原因主要有以下几种：城市没有足够的健身活动场地，我国人口老龄化现象严重，主观意识过强、宣传工作不到位，缺乏有效的监督和管理。

扰民问题的成因主要体现在以下几个方面：体育健身活动场地不足，群众健身路径偏少；人口老龄化现象加重，社会闲置人员增多；宣传工作不到位,主观意识较强;组织管理不当,监管责权不明。

（1）虽然当前我国城市社区的居民在社区内部或社区附近基本能找到开展健身活动的场地和基础设施,但能够满足全体居民专门进行各类健身活动的场地依旧是不足的。从占有面积角度分析,我国人均体育场地的占有面积仅为 1.03 平方米,在世界范围内排名较为落后,可以说是极度缺乏健身场地的代表了。我国目前虽然已经建成了 100 多万个大大小小、类型各异的体育场馆,单从数量上来看,好像已经足够了,但我国属于人口大国,这个规模远远无法与我国的人口基数相匹配。换言之,当前的体育场馆,无论是数量还是面积,甚至是位置都不能满足我国人民群众日益增长的健身需求。因此,城市的中老年居民只能选择到附近的公园广场、社区空地以及相对宽阔的地方进行广场舞活动,这些场地也有很多优势,不仅离家近,而且使用也不需要花钱。随着"全民健身计划"的大规模推行,一些农村群众都开始参加广场舞锻炼活动,但农村更缺乏相应的体育健身活动场地,于是人们开始在街道或任何空旷的区域开展活动。

因此,广场舞出现扰民问题的根本原因就是现阶段的公共体育服务无法满足人民日益增长的体育健身需求。很多居民想走出家门,参加体育锻炼,但是缺少一个专门的健身活动场所。现在专业的健身场馆一般都是收费的,费用还偏高,居民觉得无法承担,自然不会去。相比之下,小区广场既方便又不需要花钱,是上上之选。《全民健身条例》中有明文规定,设计师在设计居民住宅时要考虑人们的健身需求,需要保留健身活动场地,这些场地通常都会建在小区的中央,方便人们健身锻炼。但是,当小区中所有人都集中在这个健身广场时,各种嘈杂的声音自然会影响到周边居民的休息,扰民也就形成了。

（2）老龄化问题在世界上的很多国家都存在,我国的老龄化现象就比较严重。所谓老龄化,就是年轻人在总人口中的比例降低、老年人比例增加的现象。这些老年人不仅年纪偏大,身体也因年老而产生了各种各样的疾病，再加上抵抗力变弱、身体机能减弱，更容易生病。这不禁使越来越多的中老年人开始关注自身的健康问题，希望通过参加体育锻炼增强自身抵抗力，提高身体素质。另外，中老年人这个群体，很多人即将退休或者已经退休，因而有较多的闲暇时间可以参加广场舞活动。广场舞是中老年人参与健身活动和娱乐活动最简单、最方便的形式，不仅能强身健体，还能休闲娱乐，改善其生活质量，因而受到了他们的青睐。广场舞人群也逐渐发展为人数众多、影响居民生活的健身群体。

（3）《全民健身计划纲要》在推广过程中一直引导人们增强健身意识，根据目前情况，人们的健身意识有了显著加强，健身需求也增加了，但部分人群仍然没有树立正确的健身意识。正确的健身意识应该是在加强身体锻炼、提高自己身体素质的同时不影响他人的正常工作和生活。有些广场舞爱好者在早上别人还没睡醒的时候就开始跳广场舞，或者晚上结束得很晚，殊不知这些行为已经给周围的居民造成了严重的困扰，不仅影响了他们的生活作息，还影响了他们的日常出行，因为有些广场舞爱好者选择在居民区附近的路段开展活动。

听着动听的音乐、跳着欢快的舞蹈，的确让参加广场舞活动的人民群众感到身心舒畅、十分享受。但是由于参与人数众多，活动空间较大，为了使所有参与者都能听到音乐伴奏，沉浸式地参与跳舞活动，广场舞活动中负责播放音乐的人员喜欢将伴奏声音开得很大，有时甚至到了震耳欲聋的地步。广场舞活动的参与者似乎已经习惯了这种氛围，他们不清楚或者不在乎这种高分贝对自己以及他人造成的伤害和影响。实际上，公开播放高分贝音乐属于违法行为，违反了《中华人民共和国环境噪声污染防治法》（以下简称《环境噪声污染防治法》）。广场舞活动爱好者要正确地开展广场舞活动，树立健康锻炼的意识，不能只考虑自身的利益，忽略别人的感受，这是不对的。

（4）广场舞活动拥有庞大的群众基础，广场舞活动爱好者遍布全国各个省市、农村地区，本来就存在管理困难的问题，再加上管理职责不明确，广场舞扰民现象普遍存在，甚至给人一种习以为常的感觉。其实，《环境噪声污染防治法》已有管理规定，但相关管理部门却总是不够重视，或者说对广场舞扰民现象的社会危害性缺少认知，对受害群体所遭受的痛苦不能感同身受，没有站在人民群众的角度思考问题，即使进行了管理，也是以劝导为主，效果并不大。

由上可知，因为相关法规没有明确管理部门的具体职能，也没有明确执法主体，再加上管理的对象以中老年人为主，这部分群体有自己根深蒂固的道德准则和思想认知，也确实存在"不服管"的问题。在这种局势下，任何人都不想承担管理的责任，也不想因为这种事得罪人，这才造成了如今相互扯皮、皮球来回踢的局面。甚至一些群众因为不满相关部门的处理结果，会自己寻求极端的解决方法，从而进一步激化广场舞活动群体与受危害人群之间的矛盾。

3.广场舞扰民的治理对策

笔者认为，根据广场舞扰民问题的形成原因，针对广场舞扰民的问题，可采取以下对策进行解决，如图4-15所示：

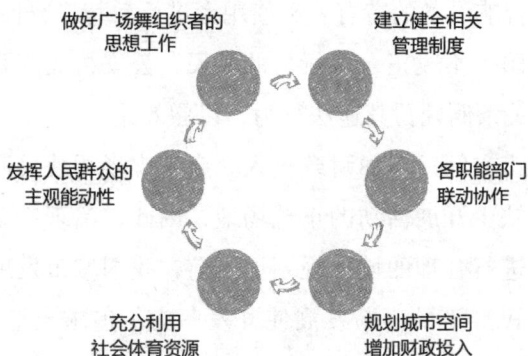

图4-15　广场舞扰民问题的解决对策

（1）建立健全相关管理制度。政府要牵头制定广场舞活动的管理制度，制度的主要内容有开展广场舞活动的区域范围、活动使用设备、设备播放音乐的音量大小、活动开展时间等，从源头解决广场舞扰民的问题。同时，管理部门要与群众进行友好的"沟通协商"，实行常态化联动干预，解决政府相关部门存在的管理缺位、失位问题。

（2）各职能部门联动协作。为切实解决广场舞扰民问题，保障社区居民的正常生活，公安机关可以与城管、物业、文化体育相关部门联合起来，成立专门的联合管理机构。联合管理机构的主要工作内容可分为两个方面，一是根据本辖区内存在的广场舞扰民问题制定广场舞管理规定，审查各种类型的广场舞队伍，帮助合格的队伍申报备案；二是开启"沟通协商"模式，重点围绕"划定时间、限定场所、强化管理、提供便利"制定操作性强的整改措施，形成治理合力。通过真诚的服务、有效的措施改变群众开展广场舞活动的错误形式，培养群众正确的锻炼意识，争取得到群众的理解和支持。

针对广场舞扰民问题比较严重的区域，公安机关在接到报案后要重视起来，并通知环保部门开展联合执法行动。执法行动的流程是先由环保部门持专业仪器对广场舞播放音乐的分贝大小进行检测，然后对超出规定分贝范围的音响设备的持有者和使用者进行教育，督促其降低音量。对于那些不听劝阻、不改正自身行为的公民，公安机关应强制执行相关规定，并根据相关条例处罚其违法行为，以儆效尤。

（3）规划城市空间，增加财政投入。产生广场舞扰民问题的根本原因是广场舞人群缺少开展活动的正规场地，因此，治理广场舞扰民现象的根本方法在于进行合理的城市规划。当前，我国城市发展存在的一个很大问题就是国民经济的不断发展使开发商为了追求土地的最大利润，将城市空间设计得过于密集，进而使城市居民缺少开展健身娱乐活动的场所。因此，在未来的城市规划中，相关管理部门和开发商应该把建设方便基层群众活动的体育场所作为一个必要的需求列入规划之中，这样便可以把广场舞参与者吸收到场馆中去，既能为人民群众开展健身活动创造有利条件，又能保障其他居民的正常休息。

另外，政府加大资金投入，帮助群众建设体育场馆设施也是一种切实可行的方法。如果体育馆内建有采光良好、宽敞整洁、冬暖夏凉且隔音效果良好的室内舞蹈厅，相信广场舞爱好者应该非常喜欢在里边跳舞。因为这样既能更专心地跳舞，也不会影响到周围的居民，相关的扰民问题也就不会产生。所以，政府要适当增加财政投入，为群众提供良好的跳舞环境。

（4）充分利用社会体育资源。当今时代，开发商不愿意将过多的资金投入社区健身场地的建设中去，各种专业的健身场馆价格比较昂贵，而社区居民又缺乏能够开展运动健身活动的场地和设施。此时，有关部门就可以充分开发和利用社会上闲置的体育资源。例如，目前占地面积大且十分专业的学校田径场或者体育局下属的运动场，这些社会体育资源的闲置程度较高，利用率也普遍较低，因此，可以为校外的体育活动爱好者所使用。对此，政府和学校要转变对体育资源的利用观念，设置这些体育场所开放的时间段，吸引校外的民众来此锻炼，尤其是学校的田径场所，可以完全免费向公众开放。学校周围热爱广场舞活动的居民在田径场上开展活动，能有效远离学生学习的区域和居民休息的区域，因而能最大限度地减少扰民事件的发生。

在开展城市规划建设的过程中，政府要引导和监督开发商规划和建设群众体育健身场地和娱乐健身设施，在保证人民群众住房需求的基础上，满足人民群众的体育健身场地需求。只有这样，才能应对当前广场舞活动中存在的人员密集、场地缺失的困难，才能让人民群众更好地享受体育锻炼的乐趣，也才能提高人民群众的身体素质和身心健康水平。最后，政府充分整合并利用社会体育资源有助于引导人们以更加健康、文明的方式参与社会交往，使他们以更加积极向上的姿态，全身心地投入生产生活，从而为建设中国特色社会主义贡献自己的力量。

（5）发挥人民群众的主观能动性。当前，广场舞体育运动发展过程中的主要矛盾是广场舞活动的开展与人民群众的正常生活作息之间的矛盾。主要矛盾的解决还是需要依靠人民群众自身，还是要提高人民群众的思想道德水平。思想指导着行为，人的一切行为都是在思想的指导下开展的，包括广场舞活动爱好者与小区居民之间的矛盾，一部分人的娱乐锻炼与另一部分人的日常作息之间的矛盾，解决这些矛盾也要通过思想指导下的行动来实现。所以，提高人民群众的公共道德意识和自我管理能力才是关键的解决矛盾的方法。具体方法如下：

首先，广场舞活动爱好者应把广场舞活动的场地设置在远离居民区的公共场所，如公园内的空地、居民区附近的运动场等。作为接受过素质教育的城市公民，广场舞活动爱好者需要具有一定的公德意识，要在满足自身锻炼需求的同时，也尝试站在他人的角度考虑问题。居民区是人们集中休息、生活的地方，因而需要保持一个相对安静的氛围。作为居民区的一分子，广场舞活动爱好者显然也能发现这一问题，所以，广场舞活动爱好者应该为创建一个良好的休息、生活环境贡献自己的力量，不能因为自己的一己私欲，影响他人的正常休息、生活。综上所述，广场舞爱好者可以在远离居民区的公共场所，在不影响他人的情况下进行活动。

其次，广场舞爱好者应注意组织开展广场舞活动的时间安排，不仅要挑选组织成员有空闲的时间，还应尽量避开小区居民的正常休息时间。也就是说，其实广场舞爱好者需要解决的主要问题就是活动时间和设备音量的问题。广场舞爱好者开展活动的时间应注意早上晚点开始，晚上早点进行、早点结束，同时尽量把音量开得小一点，把对其他居民的干扰降到最低。

最后，广场舞爱好者应注意与其他居民的沟通方式。无论是广场舞活动参与者，还是小区内的其他居民，虽然在扰民问题上所处的位置不同、思考问题的角度不同，但从本质上来说并不是对立的。因此，广场舞活动参与者在处理广场舞扰民问题时必须保持理性，采取沟通的方式或方法必须得当。冲动无益于解决问题，暴力更是解决不了根本问题，以暴制暴只会让问题更加严重。遵守做人的道德底线，提高自己的思想觉悟，多沟通、多理解，相互之间换位思考，才有利于尽快解决问题，减少双方不必要的损失和伤害。

（6）做好广场舞组织者的思想工作，引导组织者协调扰民矛盾，解决扰民问题。社区民警在日常开展社区工作的过程中，可以尝试与广场舞活动的组织者沟通处理扰民问题的方法。一方面，广场舞活动的组织者大多也是附近社区的群众，他们本身就居住在广场舞活动区域附近，能感受到广场舞音乐设备产生的噪声，因而更会设身处地为附近居民着想，尽量安排好跳舞的时间段，并控制音响音量；另一方面，这部分组织者居住在附近小区，与小区内居民的关系更亲近，更容易沟通，由他们出面与小区居民商定开展广场舞活动的时间、场地和规则，能够有效减轻广场舞活动爱好者与附近居民的矛盾，从而更有利于问题的解决。同时，社区民警负责人可联合相关部门制定文明开展广场舞活动的倡议书，然后在活动组织者的帮助下将倡议书发到每一个参加活动的人手中，向他们讲解倡议书的内容，号召广场舞活动参与者积极配合管理工作，遵守相关法律法规，自觉遵守跳舞时间和音量限制规则，进而引导他们在不影响他人的情况下开展舞蹈活动，帮助广大舞民树立文明跳舞的意识。

三、广场舞活动中的道德建设及途径

强化广场舞参与者的道德建设，是推动广场舞健康发展、蓬勃发展，促进自发性群众体育组织和群众体育事业发展的有效途径。具体分析，应从以下五个方面出发，实施广场舞活动的道德建设，如图 4-16 所示：

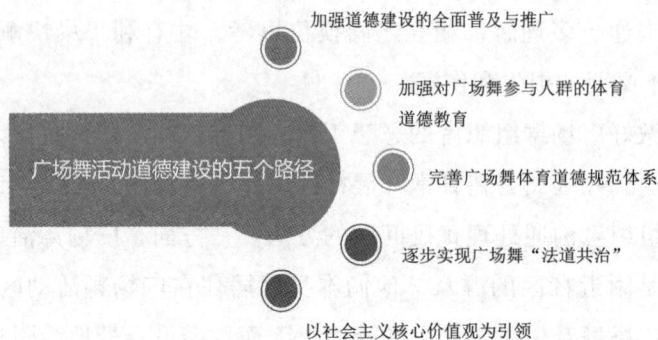

图4-16 广场舞活动中的道德建设五个路径

（一）加强道德建设的全面普及与推广

自20世纪90年代社会主义市场经济登上历史舞台以来，我国的社会生产力得到进一步解放，国民经济实现快速发展。社会主义市场经济的特殊性，使得新时期人民群众的道德建设问题显得尤为重要。社会主义人民群众的道德建设是一个历史性话题，也是一个永不落伍的话题。21世纪以来，尤其是党的十八大以后，我国居民道德体系的重塑在各个领域都取得了较好的效果。实现全体人民道德水平的逐步提升不再是遥不可及的梦想，而是完全有希望实现的目标。

任何群众事业的开展都不是一帆风顺的，在一些劣质价值观的引导下，导致在体育活动的道德建设过程中，会触动一部分人的利益，使道德建设在一定程度上受到阻碍。在人民群众体育领域存在的道德问题中，广场舞活动开展过程中形成的道德问题较为突出，引发了社会的广泛关注。从这些问题中，可以看到当前人民群众道德建设中一些需要改进的、值得深入思考的地方，需要有关部门根据实际情况和道德建设的需要提出相应的解决方案。群众体育领域尤其需要道德，但在实际开展的群众体育活动中，又缺乏相应的道德约束，因此，社会需要开展群众体育活动领域的、体系性的道德建设，其目的也是让体育在促进社会生产、提高人民生活水平方面发挥更大的作用。因此，相关部门和单位在实施道德建设的过程中要以人为本，以为服务人民生产生活为宗旨，将群众体育道德体系建设逐步纳入日常工作中。为推动群众体育道德体系的建设，可以将群众体育道德建设作为建设小康社会的评价指标之一，加强道德建设在人民群众中的影响力和效力。

在群众体育领域内开展道德建设工作的前提是正确认识当前群众的道德现状。就整体而言，我国大部分群众的道德现状还是值得肯定的，但还有一小部分群众的道德发展水平不理想，甚至在某些领域还出现了滑坡。在群众体育活动中，也表现出了一些道德水平不高的现象。在群众体育的组织和活动中，体育道德没有发挥应有的促进作用和制约作用，不道德的行为屡见不鲜。针对这样的现状，要从根本上推进群众体育的道德建设。群众是道德建设的主体，因此，在进行道德建设时，需要从群众角度进行综合考虑，引导群众在思想上重视道德建设，通过不断强化道德的作用，鼓励群众树立正确的道德理念，实施道德行为，进而实现道德建设的最终目标。基于我国人口众多和群众体育工作难开展的现实问题，统一开展道德建设不太现实，要思考采用什么样的方式方法能实现体育道德建设的目标。例如，在群众体育道德体系的建设与推广过程中，可采取的方式很多，如以点带面、点面结合等。

一方面，需要进行充分的调查研究，通过对比分析，选择有代表性的地区进行试点建设，试点地区建设成功后再逐渐推广到其他地区；另一方面，也可以从某地区群众基础较好的体育活动项目切入，在收到良好的建设效果后，再逐步扩大建设范围，带动其他群众体育项目的建设，直至整个群众体育活动领域。广场舞体育活动项目拥有数目庞大的爱好人群，在城市和农村地区也存在很多自发组建的广场舞体育活动组织，因而，广场舞群体是开展道德建设试点的最佳选择。

独木不成林，群众体育领域的道德建设不是一项独自开展就能成功的工作。身处社会道德建设的大环境，群众体育领域的道德建设无可避免地会受到当前社会道德建设事业的影响。群众体育领域道德建设工作的进行需要社会道德建设工作为其营造一个良好的道德环境。社会道德建设尤其能为群众体育领域的道德建设指明前进的方向，有了社会道德建设工作的辅助和依托，群众体育道德建设工作才能更好地进行下去。

由于当前社会群体的道德素质参差不齐，部分群体缺乏道德修养，导致当前社会道德环境令人担忧，甚至有些人为了追求利益和权力，不惜牺牲道德，违反法律法规。因此，社会道德体系的重塑是当今社会道德建设中必不可少的环节，通过道德建设体系的建设和公民道德观念的重塑与推广，必然能够使人们在工作、生活和学习中自觉遵守道德规范，改变他们不合时宜的行为习惯和思想观念，提高全民的道德水平，促进和谐社会的建设和发展。只有这样，才能促进道德建设的良性发展，也才能提高群众体育领域的道德水平。

（二）加强对广场舞参与人群的体育道德教育

广场舞属于一种自发性群众体育运动，因此，开展广场舞体育道德建设需要借鉴体育道德建设工作的方式方法。众所周知，实施体育道德教育是开展体育道德建设工作的重要方式，因此，开展广场舞道德建设工作也要通过体育道德教育的方式。开展体育道德教育能有效转变人们的思想，提高人们的道德水平，这是解决当前广场舞道德问题最直接、最有效的方式。当然，在开展广场舞道德建设的过程中，只依靠教育手段是不够的，要以教育手段为主，宣传引导为辅，在制定奖励制度的同时，制定相应的惩罚制度。只有奖励与惩罚并举，才能产生好的效果。

广场舞体育道德教育工作的开展需要依靠全社会的参与努力。从广场舞活动的参与者，到活动的组织者，以及相关的政府部门，都不能置身事外，都要参与到这项工作中来。通过社会的共同努力，提高广场舞参与者的道德水平。在广场舞参与者道德观念淡薄、道德水平低下时，不能使用强制手段一味地否定他们的做法，这样只会引起他们的不满，不会转变他们的思想。正确的方法应该是从零开始，对广场舞活动的参与者开展基础道德教育。其中，宣讲基本道德知识是基础道德教育的重要组成部分，宣讲基本道德知识有助于参与者重新认识道德的概念。只有认识和理解了公民道德的概念，活动参与者才能树立正确的道德意识，实现道德水平的稳步提升。与此同时，人民群众的自我教育是一股不容小觑的力量，如果引导得当，可以使他们通过自省的方式，认识自身存在的道德问题，并积极地加以改正，从而完成自我道德教育。

通过体育道德教育，树立权利与义务统一的思想，是进行广场舞道德建设的重要手段之一。参与广场舞活动的人群较为特殊，而且在时间和地点的选择上存在着诸多的矛盾，这主要表现在两个方面：一是在同一区域不同类型或不同群体广场舞参与者之间的矛盾，他们的矛盾主要集中在场地的占有、使用上；二是广场舞群体与附近社区居民之间的矛盾，他们之间的矛盾主要是噪声影响正常休息。站在各自的利益角度上看，他们谁都没有明显的过错，都是在行使自己作为公民的权利，都是在维护自身的合法权益。

对于第一个矛盾中涉及的群体来说，同样是爱好广场舞、愿意参加体育锻炼的人，他们应该有同样使用公共场地的权利，对于同一场地有公平竞争的权利；对于第二个矛盾中涉及的群体来说，我国公民都有开展健身、享受活动的权利，社区居民也都有休息的权利。表面上看，上述两个群体之间是没有交集和冲突的，然而，事实情况正好相反，人们在参与活动的过程中，往往会因为广场舞不断地产生矛盾和冲突。体育道德教育的缺失是不同群体之间矛盾冲突持续发生的原因。在缺少体育道德教育的情况下，广场舞活动参与者只能看到自己的权益，忽视了他人的正当权益和自己在公民社会中的义务。通过接受道德教育，在进行广场舞活动时，参与者才能有权利和义务的认识，才能意识到在享受健身娱乐权利的时候，还需要履行自己应尽的义务，自觉去维护小区居民的生活环境，进而为建设稳定而和谐的社区和社会做出贡献，并以此为荣。

在道德教育的过程中，想要科学地开展工作，只凭借基层群众组织的宣传和教育是不够的。只有在国家宏观调控的指导下，下级部门才能确立教育工作行进的方向，才能根据本地区群众组织的特点制订教育工作的计划，将体育道德教育工作落到实处。除了在方针政策上的引导，国家还要重视宣传在体育道德教育中发挥的重要作用，在全社会范围内加强体育道德宣传，呼吁广大人民群众在具有强烈的健身意识的同时，还要有正确的价值观念和道德观念，形成自觉遵守体育道德规范的习惯和行为。然而，在现实生活中，长期体育道德教育的缺失，导致了人们体育道德意识的模糊，从而导致国家的正确引导没有能够取得理想的效果。

在开展体育道德建设的过程中，国家的引导和管理部门的支持是不能缺少的，但体育道德建设不能只喊口号、立目标，而是要深入人民群众，把体育道德建设与人民群众的日常生活结合起来，让体育道德建设更普遍、更接地气。只有这样，道德建设才能发挥作用，其建设的初衷和目标才能实现。因此，在广场舞体育道德建设的过程中，首先，要确保高度、方法合理，使广场舞的体育道德建设符合我国社会主义道德建设的目标和要求，其高度就是社会主义道德建设的高度，而合理的方式和方法还需要不断调研和设计；其次，要从教育角度出发，加强广场舞道德建设与体育道德教育二者之间的关联，通过教育引起人民群众对体育道德教育的重视，提升自己的道德修养。

（三）完善广场舞体育道德规范体系

完善广场舞体育道德规范体系是开展广场舞道德建设的重要途径之一。要完善广场舞体育道德规范体系，就必须考虑参与广场舞活动人群的特征，包括年龄、个性等。一般来说，广场舞参与者年龄偏大，大多以中老年人为主，这个群体的成员，对道德都有自己的见解，且不会轻易改变自己的看法。所以，在完善广场舞体育道德规范体系的过程中，还需要注重和强调个体的差异性，不可一刀切。同时，由于广场舞在我国城乡开展得比较广泛，爱好和参与的人群数量较大，也是刚刚兴起的一种较为时尚的体育文化，因此，广场舞的体育道德规范体系也应该是符合时代发展要求和广场舞本身发展特色的。无论是哪种类型的体育运动，体育道德规范体系的建立与完善都不是一项简单的工作。当前，在群众体育运动领域，普遍意义上的体育道德规范体系已经发展得相对完善，而广场舞体育道德规范体系依附在这一体系之下，这也说明了广场舞道德规范体系尚未形成自己独立的系统。当广场舞体育活动出现具体问题时，这种依附体系就会露出弊端。因此，在寻求解决广场舞体育活动中出现的矛盾和解决问题的方法时，需要结合广场舞体育活动的特点和人们的需求，结合体育道德体系和日常生活中的行为道德规范体系，制定和细化广场舞体育活动道德规范内容和标准。而想要建立一个独立的广场舞体育道德规范体系，可以从制度、监管和评价等方面着手。

从制度方面入手，建立广场舞发展的道德制度，是当前广场舞体育活动发展的需要，也是未来实现广场舞体育活动持续发展的重要保证。建立广场舞发展的道德制度，需要考虑广场舞体育活动人群现阶段的道德水平，使其与当前的政治制度、经济制度、文化制度、教育制度相匹配；还要考虑当今社会的体育道德现状，在对体育道德现状进行详细分析的基础上，研究如何通过在制度方面的建设弥补其中的不足，不断提高人民群众的体育道德水平，确立广场舞道德规范的具体细节。而广场舞道德制度的制定，要以事实为基础，以其他制度为参照。

从监管方面入手，完善的广场舞体育道德监管机制是广场舞体育道德规范体系的一部分，也是开展所有体育活动不能缺少的组成部分。广场舞体育道德监管是指对广场舞体育行为活动进行道德的监督和管理。广场舞体育活动的发展离不开广场舞体育道德监管机制，在开展广场舞活动的过程中，广场舞体育道德分为依靠参与者自我素质的软约束，以及通过道德的制度建设形成的硬约束两个方面。而在广场舞体育道德监管机制中，依靠社会力量、社会舆论进行监管，形成完善的道德监督机制是行之有效的。

也就是说，要充分发挥社会舆论和大众谴责的作用，对广场舞活动中的不道德行为进行监管。由于监管人群的特殊性，导致广场舞道德监管的力度不好把握。针对这种情况，广场舞在组织与管理方面可以使用奖惩机制，使良好的、为他人考虑的行为得到发扬，使自私的、违反法律的行为得到应有的惩罚。与此同时，在监管过程中，方式不能单一，需要从参与者需求出发，进行多元化管理，避免因监管不当或过度监管而引发矛盾；在矛盾产生时，要及时进行管理与疏导，降低广场舞参与者产生的抵触情绪；设置奖励时，要注意奖励不能过高，不能引导体育活动参与者产生错误的逐利思想；制定惩罚办法时，要注意不要过于严厉，能起到教育作用即可。总而言之，进行广场舞道德监管时，一定要充分权衡利弊，积极引导参与者自觉抵制不道德的行为，并逐渐规范自己的行为。

当前，广场舞体育活动的道德评价依旧处于较低水平，在广场舞活动进行过程中，道德问题依然层出不穷。在广场舞活动中所出现的相关道德问题，并不包含在传统的体育道德评价体系中，因而无益于这些问题的解决。在广场舞体育活动中开展道德评价，需要从广场舞人群的基本道德素质出发，考虑广场舞人群的年龄特点和个性特点，将道德评价与广场舞问题分析结合在一起，评价标准要具有客观性，要注意理论与实践的结合。广场舞体育活动道德评价还需要与我国社会公民的道德发展水平相符合，不要出现道德评价越位的情况。在广场舞体育道德建设的过程中，道德评价的标准不是固定不变的，而是随着广场舞体育活动的发展而变化的。也就是说，广场舞道德评价要随着活动开展的实际情况和需求进行及时的调整，从而保障广场舞这一项受广大群众喜爱的体育健身活动可持续发展，有利于解决广场舞发展过程中的各种问题。

此外，广场舞道德体系建设，还要与时俱进，要能够体现广大人民群众在追求美好生活的需求下，需要遵守的公共行为准则，体现时代特色。广场舞活动无论是在内容上还是在形式上，都在持续地发展，而如果传统的道德规范体系总是一成不变的话，肯定就无法适应广场舞活动的开展。这就要求有关部门对与广场舞相关的道德体系进行及时的调整，其调整的关键在于能够将现有道德体系中的内容进行分类，分清需要删除、调整或补充的内容；确定有价值的内容，并进行继承；或者能够在创新中继承，实现广场舞体育道德体系的更新与发展，并在发展中去芜存菁。

（四）逐步实现广场舞"法道共治"

"法道共治"即在开展广场舞道德建设的过程中，让法律和道德共同发挥作用，以此构建完善的体育道德体系的方法。采用这一方法的主要原因是，当今时代，社会舆论的力量虽然强大，但是无法完全约束人的体育行为，尤其是广场舞中出现的不道德行为。也就是说，单独依靠社会舆论和传统道德规范对广场舞活动中的不道德行为进行约束已经没有效果了，这时就需要法律法规的介入。广场舞健身体育活动的发展也需要和谐稳定的社会环境以及相应的道德环境，法律则对稳定和谐的社会环境的构建起到了关键的作用，对广场舞体育活动的开展也是有力的保障。然而，在当前的法律体系中，针对广场舞设立的法律还是空白，处理广场舞道德问题能够借助的法律力量十分有限。相关立法机关应联合体育管理部门、行政管理机构，根据我国社会主义发展的特色以及广场舞道德发展的现状，加强体育道德的法制化建设。

在我国广场舞体育活动的发展过程中，"德治"和"法治"缺一不可。"德治"和"法治"的协调配合既是广场舞体育活动发展的需要，也有利于实现广场舞活动发展的最终目标，即提高人民的身体素质，丰富人民的业余生活。"德治"的管辖范围比"法治"更加广泛，它的实施既能提升社会的普遍道德，又能弥补法律的空缺。事实上，道德和法律作为促进广场舞事业发展的两种重要机制，其价值取向和最终目的并不存在矛盾之处。道德和法律相辅相成，共同发挥作用，其最终目的都是为广场舞体育活动的开展维持一个良好的秩序，营造一个良好的环境，进而促进全民健身事业的发展。但是，毋庸置疑，"德治"与"法治"从本质上来讲还是有很大差别的，因此，任何一方都不能完全代替另一方发挥作用，尤其不能用道德来评判和统治一切。

针对当前在广场舞道德建设中存在的问题，笔者认为，可以从以下几个方面着手，实现"德治"与"法治"的完美配合：

首先，立法部门要重视并解决体育立法问题。现阶段，体育领域，尤其是群众体育领域的法律条文还不够完善，当群众体育活动出现问题时，总是没有明确的法律条文可以参考，有关体育道德行为管理方面的法律规定更是比较缺乏。这就要求立法部门要脚踏实地，深入观察和研究群众的体育生活，努力实现体育道德引导规范与体育法律奖罚分明的完美结合。

其次，要有序开展德与法的宣传。尽管千百年来人们一直在谈论道德，谈论礼仪和素质，但是人们对道德的理解还是不够全面和深刻，在现实生活中不能运用道德的力量去约束自身的行为，无法实现品质美德的弘扬。因此，各级体育管理部门和组织机构应利用各种方式帮助人们了解体育道德的概念和表现方式，为后续体育道德建设工作的开展奠定基础。除此之外，还要面向全体社会公民开展体育法律方面的普及教育，具体可通过办讲座、开展公益培训、进行在线直播等方式向人民群众宣传和讲解体育法律的相关知识，还可以借助体育法制专栏等电视节目，向公众公开本地区体育法制工作的动态，帮助人们及时了解最新的法律政策，充分发挥电视、广播、书籍、网络等媒体的传播作用。

最后，要用法律来尽量避免道德失范行为的发生。在体育法治化的社会背景下，体育道德法治化是促进体育道德有序发展的有效手段，在广场舞体育道德领域也是如此，体育道德法治化是避免在广场舞体育活动中发生不道德行为的重要保障。在前期立法、普法的基础上，将法律过渡到对道德失范行为的制约是落实"德治"与"法治"结合的最终目的。

（五）以社会主义核心价值观为引领

体育道德建设工作是现代公民道德建设工作的重要组成部分，要以社会主义核心价值观引领广场舞道德建设，提高人民群众的体育道德水平，帮助他们树立正确的体育道德价值观。人是体育道德价值观的主体，广场舞道德建设是围绕参与体育锻炼的个人或组织展开的，因此，要重视个人和组织的能力，充分发挥他们的主观能动性，发挥体育道德价值观在广场舞道德建设中的引领作用。体育道德价值观的确立不是一朝一夕的事，也不是一件容易完成的事，要争取在社会主义核心价值观的引导下，将体育道德价值观由外在的要求转变为广场舞体育活动参与者内在的品质，协调不同参与个体和组织之间的利益冲突，兼顾不同群体之间的体育需求。

社会主义核心价值观的引导能够使广场舞道德建设更具时效性。广场舞体育道德建设的前景是十分广阔的，然而时效性不足却成为当前影响广场舞体育道德建设工作开展的重要影响因素。广场舞的产生与发展与时代的发展和变革密不可分，广场舞体育道德建设也要与时俱进，顺应时代的变化，满足新时期广场舞发展的需求。基于以上形势，国家教育部门必须树立新的体育道德教育理念，改变传统的教育方法，将广场舞道德教育与社会主义核心价值观的教育实践相结合，在潜移默化中实现体育道德教育的最终目的。

社会主义核心价值观是时代的新生事物，要将社会主义核心价值观融入人们的日常生活，使人们在实践中形成符合社会主义核心价值观的良好社会风尚，广场舞道德建设就是将社会主义核心价值观的内涵付诸实践的有力实证。

第四节　武术类体育活动

一、武术的起源

（一）源自原始社会的生产生活

武术的产生和发展与人类的生产生活密不可分，在原始的人类社会，人们的生产力极端低下，还处于通过自然获取最基础的生存资料的阶段，在这种条件下，就需要人们通过与大自然进行斗争来获得生存下去的资源。在长期的生产活动当中，无论是上树采摘果实，还是追捕狩猎，都需要一些身体方面的技能技巧，包括攀爬、拳打、脚踢、躲闪等肢体技能以及使用工具展开搏斗的技能，如使用石头、木棒、绳索的技能等。久而久之，经过长期的实践以及后续的传承，就形成了基础的技能动作，这也是中国传统武术原型动作的来源。

人类是群居动物，他们在生产生活中积累下来的技能技巧也会代代相传，这就为人类文明和文化的不断发展奠定了基础。早期人类想要在极端恶劣的自然条件下生存下去，就需要不断地学习技能、掌握本领，并且把学到的生存技能优化和发扬下去。这些生存技能所练就出来的"功夫本领"就形成了后来的传统武术，也正因如此，传统武术的发源通常被认为是原始社会的简单搏斗技能。然而，这种原始的、基于本能的技能依旧属于生产技能的范畴，它的产生为武术技能的动作丰富和取材奠定了基础，但是并没有脱离生产，还不属于体育范畴，不能称其为真正的武术技能。

随着社会的不断发展和人类文明的不断进步，人与自然的相处也由与之抗争发展到与之相处上来，在这种情况下，传统武术技能得以形成，并不断得到丰富和进一步发展。人类也由最开始的利用自然界原有工具，如石头、木棍等发展到开始制作工具。据研究，人类对器具的使用大大促进了武术原始技术的发展和传统武术雏形的出现。从旧石器时代的石球、石斧、石铲等到新石器时代铁器的发明和使用，人类的生产生活水平大大提升。一系列生产、狩猎工具的发展和创新使人类的砍、劈、击、刺等技术不断走向成熟，为武术技能的形成和武术这一文化形式的产生奠定了重要的技术动作基础。

（二）源自武术技能的社会化发展

需要明确指出的是，武术本身是一种社会文化，人类与自然的斗争不属于文化的范畴，而人和人之间的斗争因为具有攻守矛盾的存在，是具有技击本质的，因此才是具有社会文化属性的。人与人之间的战争不可避免地会出现一些搏击场面，因此，人与人之间的斗争可以说为武术文化的形成在体力、技能、技巧等方面提供了必不可少的条件，这就是由武术产生的催化剂，武术技能脱离生产实践，正式成为一项具有社会属性的技击技术。因此，人与人之间的搏杀是武术产生的前提，它将人类的格斗技能从生产劳动中分离出来，成为武术运动真正萌芽的土壤。

在原始社会末期就出现了部落之间为了抢占物资和有利位置的战争。因此，客观地讲，兵器的发展推动了人们使用兵器技术的提高与进步，人与人之间的搏杀与格斗促进了器械的制作以及器械使用技术、技击技术的发展，战争的出现使人类的格斗技能脱离了原始的生产劳动，发展成一种社会技能，为武术的正式产生奠定了文化和社会性基础。

（三）源自武术动作套路的形式化

由于早期人类对自然界和社会的发展规律认知有限，早期的武术难免会和宗教迷信等挂上钩，这体现了人类在探索自然和社会方面的精神寄托。"武舞"是原始社会的人们在开展狩猎与参加战争前后的一种带有祈祷、庆祝、表演性质活动，其中包含了原始的武术动作套路。

"武舞"的出现和发展对武术动作套路的形成与发展产生了重要的影响，可以说，武舞的出现客观上为武术套路的形成奠定了基础。从表面来看，"武舞"的内容主要包括对狩猎动作或战争场景的模拟、表演；从表演效果来看，"武舞"有鼓舞本族民众、震慑敌人的作用；从本质上来看，武舞是对士兵搏杀、格斗技术的一种操练，反映出古代人们对武术的认识开始由感性上升到理性。一些丰富的战斗知识、技能、经验和风俗习惯等都蕴含在武舞中，并形成了一些稳定的武舞动作，进而被武术运动吸收，成为武术动作的重要参考和组成内容。

综上所述，战争和"武舞"的发明为武术技能的发展和武术套路形式的形成奠定了重要基础。但是，必须认识到，原始社会的这些武术雏形并没有包括在有目的、有计划的体育活动范畴之内，这些活动本质上也不属于体育活动，因此，这一时期类似武术的活动并非真正的武术。

二、武术的形成与发展

原始社会中搏杀技术、格斗技巧、武舞活动的发展为武术的形成奠定了基础，武术在随后的阶级社会中正式形成。

在阶级社会形成初期，不同家族之间、部落之间的群体斗争、战争频繁发生。为了在身体对抗中不受伤，甚至取得胜利，人们争相模仿和练习一些在实战中比较突出的出拳、踢腿、击打、穿刺等技术动作。在这一过程中，人们掌握的格斗技能逐渐规范化，并更加实用，人们的格斗经验也更加丰富。兵器锻造技术的提高丰富了兵器的种类，兵器类型的增多为武术器械技能的形成与发展奠定了基础。这一时期，武术成为专门为统治阶级服务的军事技能。

随着社会生产方式的改进，社会生产力水平不断提高，奴隶社会的矛盾日渐突出，奴隶制最终被淹没在历史的洪流中。奴隶主统治的结束使奴隶贵族对武技的垄断局面被打破，社会上开始出现"士"和"游侠"

两个阶层。这两个阶层的出现和他们对武术技能的丰富、传承，使武术技能流向民间，并在民间得以继续丰富和发展。

从社会文化的角度分析，武术从上层社会向基层民众传播，武术在基层民众中的发展丰富了武术原本的内容和体系。武术在基层民众之间的代代相传、相互交流使民间武术的内容呈现出多样化、专业化的特点。练习武术的人热衷不断钻研与尝试不同的武术技法，并对其进行比较。武术的攻防技巧和多样化的战术打法不断创新，日益精进，与此同时，民间武术的技能水平也在不断提高。

现代社会背景下，武术的发展不再局限于武术传承、武术交流这些比较传统的领域，人们从更加科学的角度研究和发展武术。接下来，本书从武术理论、武术组织、武术竞赛角度出发，对现代武术的发展进行详细分析，具体如下：

（一）武术理论的发展

专门针对武术理论进行研究的组织和协会的成立极大地促进了武术理论研究工作的开展。

1952 年，国家体委设立民族形式体育研究会，对民族体育开展了深入的研究，武术是其中的重要内容。

1957 年的全国武术表演评比大会提出了发展传统项目的建议，此后，几次大型武术运动会或武术比赛中都逐渐增加了武术项目。

1963 年，武术暨射箭锦标赛在上海举行。该项赛事包含的武术项目非常丰富，一些知名度不高的武术拳、械项目吸引了人们的注意，让人们对武术有了更深的认识。

从 1979 年开始，国家体委号召全国人民整理、继承传统武术，从而在全国范围内掀起挖掘、整理武术的热潮，提高了人们发掘、继承武术的积极性。

1982 年，全国武术工作会议召开，会上对加强武术理论建设和科学研究的工作进一步进行了明确，标志着我国学术界对武术理论研究的逐渐深入。此后经过三年努力，徐才等人发掘了一百二十多个拳理明晰、风格独特、自成体系的拳种，并联合人民体育出版社出版了《中国武术拳械录》一书。

1986年、1987年分别成立了中国武术研究院和中国体育科学学会武术学会（后更名为中国体育科学学会武术分会），武术研究组织的建立和发展使得我国学术界对武术理论的研究走向系统化。

20世纪90年代初，我国各地纷纷成立了各种类型的武馆、武校、武术辅导站，学校习武的青少年达几百万人，越来越多的人开始关注传统武术文化，并积极参与到武术运动的学习中来。

1997年，"武术段位制"的实行，明确规定了武术者的段位根据其武术的水平可分为九段。这项新措施在很大程度上促进了武术运动的普及，武术爱好者努力练习，希望自己达到更高的段位，武术在人民群众中得到进一步推广。

（二）武术组织的发展

在现代体育的发展进程中，组织化是一个重要的发展特征，武术组织化主要表现在武术管理体制的建立、发展和完善方面，其为武术的发展提供了组织保障。

1950年，中华全国体育总会召开相关的座谈会，使传统武术的发展得到推动。1952年，在新成立的国家体委的指导下，传统民族体育研究会成立，针对武术的系统挖掘和整理工作相继展开。1955年，国家体委在运动司下设武术科（后改为武术处），自此，武术开发整理上升到了一个新的国家高度。

改革开放后，为了进一步促进我国武术的发展，保护和传承这一优秀的民族文化，国家体委武术研究院成立，专门负责武术的统一管理和推广工作。

1994 年，国家体委增设武术运动管理中心，我国武术的管理体制进一步完善，武术在科学化和规范化的道路上更向前迈进了一步。

（三）武术竞赛的发展

我国武术的竞技化发展以武术竞赛的举办为标志，始于 1953 年。之后，在党和国家的重视下，我国武术竞赛日益规范，武术竞赛体系不断完善。

1953 年，我国举办了全国民族形式体育表演及竞赛大会，这标志着武术作为正式的体育运动项目，开始进入竞赛领域。

1958 年，中国武术协会组织部分专家起草了《武术竞赛规则》，这是中国第一部以长拳、南拳和太极拳为主要竞赛内容的武术规则，也标志着武术比赛的发展轨道越来越正规。为了与武术的发展和武术竞赛相适应，1989 年，国家体委将全国武术比赛改为全国武术锦标赛，并且进行了一系列改革，使武术比赛的公平竞争机制得到进一步强化，使武术套路及技术水平得到提高，进而为武术竞赛进入新的发展阶段创造了有利的条件。1990 年，武术成为北京亚运会正式比赛项目；1999 年，为了使散手竞赛进一步规范化和突出民族特色，散手正式改名为"散打"。

21 世纪以后，我国为武术进入奥运会做出了进一步努力。2003 年，为了申报奥运会项目，我国重新修订了《武术套路竞赛规则》，使武术比赛评判的客观性得到进一步提高，规则的修订也使得我国武术更加接近国家体育竞技规则规范和标准，使我国武术向世界竞技体育看齐，这是我国武术国际化发展的表现。

近两年，我国国际武术赛事日益增多，我国还在不断增加和扩大武术竞赛数量的基础上，提高武术竞赛质量，打造国际武术赛事，以进一步推动我国武术的竞技化、国际化发展。

三、武术类体育活动的作用

武术是我国传统文化中的瑰宝，是我国宝贵的文化遗产。在历史的长河中，随着科学技术的发展，武术和冷兵器逐渐退出了战场，逐渐演变为体育活动。事实证明，武术作为一种传统的体育活动，对当代人的全面发展有很重要的作用，它具有强身健体、防身自卫、修身养性、娱乐观赏、促进交流等多方面的作用和价值，因而受到了广大人民群众的重视，成为自发性群众体育组织选择的体育活动项目之一，如图4-17所示：

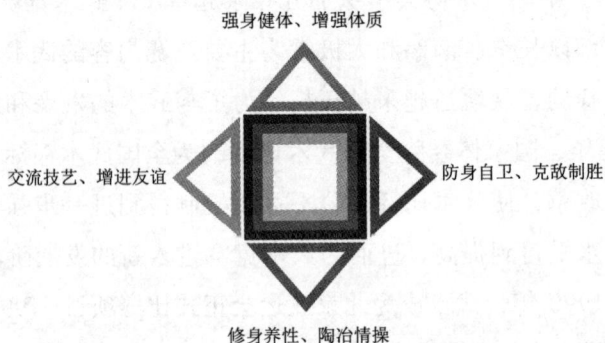

强身健体、增强体质

交流技艺、增进友谊   防身自卫、克敌制胜

修身养性、陶冶情操

图4-17　武术类体育活动的作用

（一）强身健体、增强体质

武术类体育活动具有强身健体的作用，这也是练习武术能给人体带来的基本的变化。近几年的研究表明，练习武术能由内而外地影响人体机能的运行，它不仅是一种外在形体上的锻炼，还能影响内在的精神、意识的成长变化。练习武术动作时，人体结构中参与运动的系统、器官具有复杂性、系统性，大到核心肌肉群、相关关节和韧带，小到人体内的各种感受器，如人体的感觉器官、内部器官，都需要协同配合、共同作用。因此，武术动作对人体的刺激是全方位、多层次的，其健身锻炼

效果也是明显的。长期坚持武术训练，不仅能提高速度、耐力、弹跳、力量、柔韧度、灵敏度和平衡能力等各项身体素质，还能改善呼吸系统以及心脑血管系统等内脏系统的机能状态。很多武术功法注重调息行气和意念活动，这些练习能有效调节人体内的气血状态，改善人体机能，最终起到提高免疫力和抵抗力、增强体质、延年益寿的作用。

（二）防身自卫、克敌制胜

武术在发展成为一项体育活动之后，还保留着一些传统的攻防技术，只不过人们改变了部分技术，将它们变为了体育化的无数对抗运动以及自卫抗暴的防身术。通过练习武术，人们不仅可以学习各种手法、腿法、摔法和跌扑滚翻等动作，还可以掌握踢、打、拿、拍、碰、刺等技击方法，提高身体的灵活性和反应能力。坚持练习武术，能增强自己的抗击打能力和进攻能力，从而减少或防止外来伤害、在对抗中战胜敌人。

（三）修身养性、陶冶情操

练习武术不仅可以"修身"，还能"养性"，此处的"养性"指的就是意志品质和武术道德的培养。

首先，练习武术要求个体具有坚定的意志品质。练习武术基本功，要有克服疼痛和疲惫、坚持不懈的意志品质；练习武术技巧，要有吃苦耐劳、不怕枯燥、不断精进的意志品质。在武术交流中，输了，不能消极逃避；赢了，也不可骄傲自满。经过长期的训练与实战，可以培养个体勤奋、刻苦、自信、勇敢、顽强、坚定的意志品质。

其次，在武术道德的培养方面，习武之人首先要接受"崇武尚德"的思想教育。"尚德"指的就是重视自己的道德修养，练习武术不是为了争强好胜、欺凌弱小，而是为了强身健体、与人为善、不受欺凌、心胸宽广。通过参加武术体育活动，人们可以树立尊师重道、信守承诺、团结友爱、互相帮助的集体主义观念，还能培养高尚的道德情操和自强不息、奋斗不止的武术精神。

除此之外，武术还具有陶冶情操的作用。这句话是说，武术不仅有强身健体、克敌制胜的作用，还富有浓郁的艺术色彩。例如，唐代诗人杜甫曾写下一首《观公孙大娘弟子舞剑器行》，表达自己对武术表演的赞赏之情："昔有佳人公孙氏，一舞剑器动四方。观者如山色沮丧，天地为之久低昂。"由此可知，无论是展现武术功底与技巧的武术表演，还是斗智斗勇、切磋技艺的对抗性比赛，都十分引人入胜，具有很高的观赏价值。又如，长拳运动提到的"十二型"，用生动形象的比喻描述了该项运动对技术动作的要求。其中，"动如涛"是指运动中的气势要像江海中的波涛那样激荡不已、连绵不绝；"轻如叶"是指动作宜轻时，需要像树叶落地那样轻巧无声；"起如猿"是指跳起之时要像猿猴那样身姿敏捷、动作灵敏。以上动作无不充斥着人体的运动之美，能使人的情感在演练中受到熏陶，从而提高自身的武术修养和审美能力。

（四）交流技艺、增进友谊

群众间开展的武术体育活动是人们切磋技艺、交流思想和增进友谊的良好手段。在切磋与交流中，人们能意识到自己的不足之处，也能发现其他同行的优点，进而帮助自己提高武术水平。中国传统武术在世界范围内的传播过程中，也吸引了大量的国外武术爱好者，他们通过加入国外创设的武术教学机构或者来中国求学的方式学习中国武术，并进一步了解更多关于中国文化的知识。武术也成为一个世界范围的交流平台，在促进各国人民的友好交往方面发挥着越来越大的作用。

四、武术类体育活动的开展

基于以上分析，在人民群众间开展武术类体育活动具有提高人民身体素质、道德修养以及团结人民的重要作用，也是对我国优秀传统文化的传承与发展。因此，应该支持和鼓励群众开展武术类体育活动，以及充分发挥自发性群众体育组织在开展武术类体育活动中的引导作用。需要明确的是，群众武术类体育活动的开展不是随意的，而是需要以《全民健身计划》提出的发展目标和主要任务为指导，有目的、有计划地进行的。换句话说，就是要将武术运动与全民健身有机地结合在一起，充分发挥武术类体育活动的健身作用，提高全体人民的身体素质。具体分析，群众武术类体育活动的开展要遵循全民武术健身的开展原则，按照全民武术健身的开展要求，通过全民武术健身的开展方式和开展方法，实现最终的开展目标。

（一）全民武术健身的开展原则

如图 4-18 所示，开展全民武术健身活动需要遵循以下三个方面的原则：

可行性原则　　　　社会化原则

多样性原则

图 4-18　全民武术健身的开展原则

1. 社会化原则

社会化原则是指群众武术类体育活动的开展应该动员和团结各部门、各行业、各类社会团体的力量，使群众武术类体育活动进入社区，进入学校，进入每一位公民的日常生活。具体要求如下：

（1）全民健身相关管理部门应看到武术锻炼的积极作用，并提高对体育社会化的认识水平。

（2）体育组织和管理部门应团结其他部门，汲取其他各部门的意见，共同组织开展全民健身工作，处理好本部门与其他部门之间的关系。

（3）要积极改革体育体制，突破纵向，打开横向，提高各类人群参与武术活动的积极性，促进全民健身社会化。

2. 多样性原则

全民武术健身活动开展的多样性原则，具体是指全民武术健身活动的开展必须考虑各类人群的需要、地域的差异、开展活动的条件、季节的变化，选取丰富多样的活动内容、组织形式，为人民群众从事健身活动提供更多的选择，使全民健身活动可持续发展。

3. 可行性原则

全民武术健身活动开展的可行性原则具体是指全民武术健身活动的组织、内容、形式及开展全民武术健身活动的计划、方案、措施等，必须从实际出发，做到切实可行。具体要求如下：

（1）从我国经济实际出发，利用有限的人力、物力、财力多办实事。

（2）从我国人民群众的实际健身需求、爱好出发，丰富武术健身内容，向人民群众普及武术健身的优势和具体方法。

（3）从我国各民族的文化特色出发，在地方开展具有民族特色的武术健身活动，如在内蒙古自治区开展摔跤活动。

（二）开展要求

1. 科学制订健身计划

组织开展武术健身运动要充分了解每一个武术健身参与者的运动需求，科学制订健身计划，鼓励运动者积极参与武术健身活动。在制订武术健身计划的过程中，制订者必须从锻炼者的角度出发，做到详细、具体。具体是指实施计划的每一个步骤、每一个过程，需要哪些资源、资源数量等细节都应该详细列出。这样做的目的是使武术健身参与者有切实可行的体育健身行动依据，进而事半功倍地通过武术实现健身效果。

2. 关注弱势群体健身

当前社会，全民健身计划是包括全体社会公民在内的健身工程，弱势群体当然也是全体社会公民的一部分。关注弱势群体的健身活动与全面健康发展，有助于维持社会稳定、提高社会活力、构建和谐社会、促进社会发展。我国的传统武术内容丰富、形式多样、种类繁多，对于各种弱势群体来说，均有可供选择的武术运动项目。例如，青少年和儿童可从事武术基本功、少年拳、棍法、掌法的习练，女性可学习剑术、太极拳，老年人可参与武术养生功法练习，病患者可练习武术简化套路等。各类群体可在练习过程中随时关注自身身体情况的变化，并结合这些变化适当调整运动量和运动强度。

总而言之，在全民健身推广与发展过程中，弱势群体是社会发展的短板，但也必须认识到，弱势群体是社会建设的重要参与者，全社会必须关注弱势群体的健身事业。对于弱势群体自身来说，参加武术健身有助于提高他们的身心健康水平；从"健康中国"战略实施角度来看，推广武术健身活动有助于弱势群体享受社会发展成果；对于整个社会而言，关注弱势群体是构建和谐社会的应有之举，有助于实现社会的长治久安。

需要特别强调的是，弱势群体在参与武术运动健身活动时，一定要量力而行，要结合自身实际情况科学地选择、参与武术运动健身，必要时可咨询专业人士（如武术教练员、医师）。

（三）开展方式

1. 农村群众武术类体育活动的开展

传统武术运动在我国农村地区广泛流传，已有几百年的历史，拥有极高的传承性，至今在我国农村地区仍拥有广泛的群众基础。在农村群众健身活动开展的过程中，应重视开发武术体育运动项目的健身性、娱乐性，不断提高人民群众参与武术健身锻炼的积极性，从而发挥武术在促进人民群众身心健康发展、丰富人民群众娱乐生活方面的作用。

开展农村群众的武术健身活动，应重点抓好基层组织的管理工作。同时，有关部门要充分发挥体育榜样的模范带头作用，通过本村、本地区有名望的武术健身爱好者和小有成就者的带领、指导，促进广大农村武术健身活动的开展。

2.城市社区武术健身的开展

（1）明确组织结构。合理的结构是保证系统和体系功能正常发挥的重要基础，构建合理的框架结构是促进社区体育健康发展的关键。结合我国基本国情，合理的社区体育组织框架的构建应明确以下两点：第一，政府在社区体育文化建设和体育活动开展过程中发挥宏观指导作用，不直接参与具体活动组织，主要提供大方向的领导、支持和管理；第二，具体的社区体育活动由各类体协承担，对社区体育文化及体育活动开展统一管理，并下设锻炼点、辅导站，直接指导社区居民日常体育健身活动的开展。

（2）社区居委会的居民健身活动组织。居委会是社区基层管理组织，在引导和促进基层人民群众参与体育健身活动方面发挥着重要的引导和促进作用。社区居委会应重视社区居民的武术健身参与宣传，重点做好以下工作：①宣传党和国家的全民健身方针政策。②宣传全民健身改革的新思路、新举措、新观点。③宣传科学的武术健身知识和方法，转变陈旧落后的健身观念。④宣传武术运动和养生哲学、武术健身观、武术所提倡的科学、健康、文明的生活方式，转变不科学的生活方式。⑤宣传参加武术健身活动的好处，动员全民参与武术健身。

总之，我国社区体育是社会群众体育发展的重中之重，社区体育是推动全民健身的前沿阵地。在全民健身中推广武术健身，离不开社区基层武术健身活动的推广与普及。

（四）开展方法

如图4-19所示，开展全民武术健身活动可以采用以下几种方法：

简化武术动作套路，提高群众参与积极性

建立社区健身指导网络

挖掘武术的娱乐属性，丰富群众的健身方式

培养武术健身社会指导员

宣传武术的养生功效

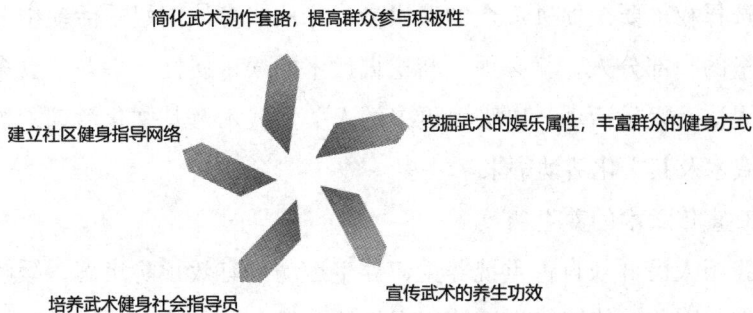

图 4-19 开展全民武术健身活动的方法

1. 简化武术动作套路，提高群众参与积极性

我国传统武术内容丰富，技术复杂，套路繁杂，难以练习，因此，造成了不易普及的问题。为了保证武术的大众化发展，各武术组织应对传统武术的常见套路进行适当的简化（综合的简化，不是简单的删减），制定国家标准，面向全体社会大众推广。

2. 挖掘武术的娱乐属性，丰富群众的健身方式

娱乐性是武术运动的一个重要属性，武术的娱乐性使武术极具观赏和娱乐价值，得以在民间广泛流传并被发扬光大，民间各种喜庆集会活动中常有各种武术表演。具体来说，武术的娱乐性源于以下几个方面：

（1）武术是一种身体活动，具有人体运动审美价值，能满足人们的休闲娱乐需求。

（2）武术是一种武技，能表现人在攻防技击时的技巧和能力，具有竞技观赏价值。

（3）武术的形式、内容丰富多样，同时，武术的各种套路动作编创具有一定的哲学性、艺术性，能满足人们不同的欣赏需要。

在武术发展过程中，武术的军事训练性质逐渐弱化，娱乐性不断提高，尤其是表演型武术在民间得到了广泛的发展，极大地丰富了百姓生活。现代社会大众休闲娱乐内容丰富，在娱乐休闲活动选择方面具有诸

多的选择权。要想促进大众的武术参与，从诸多休闲娱乐活动中分流相当数量的一部分人，就必须不断挖掘武术的娱乐属性，举办丰富多样的武术表演、娱乐活动，以吸引更多的人关注武术及其文化活动，进而参与到武术及其文化活动中来。

3.宣传武术的养生功效

我国人民群众自古重视养生，养生运动可有效预防疾病，缓解亚健康状态。因此，传统养生运动在现代社会仍有较大的运动需求和较大的发展空间。

"养生"，也称"摄生"，即"治未病"。"养生"旨在调养精神、增强身体机能，从而达到增进身体健康、预防和治疗疾病、延缓衰老、延年益寿的目的。从我国的传统医学观点来看，人体的健康状况，取决于人体"气""血"的盛衰和阴阳的平衡。依据我国经典的中医学相关典籍，如《黄帝内经》等，我国人民不断设计和开发了多种多样的传统体育养生方法，其锻炼内容丰富，也各有侧重。但这些内容都是通过内息的调整、动作姿势的变化、心神的修养等方式，促进身体气血活跃、平衡身体阴阳、疏通人体经络、调节机体脏腑功能，以此来抵御外邪、祛病养身。

人要健康，必须遵循宇宙万物运行规律，必须遵循人体自我发展规律，做到天地相应、天人合一。在体育运动参与方面，人们应认识到自身的生命活动及其生理变化与大自然紧紧联系在一起，因此，人们应善待自然，善于掌握自然的变化，顺应天地，如结合四季气候变化的特点选择合适的养生练习，如此才能更好地实现运动养生效果，才能更好地守神、调息、祛病、益寿延年。

我国武术体系中有许多项目内容属于养生运动，其都具有极好的养生效果，如武术气功中的太极拳、五禽戏、八段锦、易筋经等，这些运动项目都是我国传统体育养生的重要手段。现代社会竞争激烈，人们的生活压力大，我国具有东方色彩的传统武术养生健身方式重视修身、养性，具有重要的健身养心价值，必将在群众体育中得到进一步普及，这对于促进国民整体的健康发展是具有重要意义的。

4.培养武术健身社会指导员

在群众体育健身事业的发展过程中，社会体育指导员是重要的组织者、领导者、启发者，社会体育指导员职业技能的高低和其职能作用的发挥，会影响我国群众体育事业的发展。因此，建立健全我国社会体育指导员制度，不断提升指导员队伍的职业技能和素质，对社会体育指导员加强指导培训，为群众体育健身配备相应的社区体育指导员，有助于群众体育健身活动的科学、有效、持续开展。

新时期，为加强我国基层武术健身指导员的队伍建设，具体应做好以下工作：

（1）规范社会体育指导员从业行为和条件，建立社会体育指导员资格考核制度。社会体育指导员从业必须获得相应的资格证书，各级各类体育管理部门和高等院校主管部门应该紧密协调配合，严格把控考核的程序与标准。

（2）大力推进基层社会团体的建设，健全社会体育指导员作用的长效机制。重视对不同体育场所的开发，为社会体育指导员提供更多的有效开展工作的支持条件和相关的工作空间，如全民健身中心的建设、各种类型的体育俱乐部建设、社区体育健身路径与会所等。

（3）规范社会体育指导员职业技能鉴定。严格考察社会体育指导员的职业技能，建立完善的社会体育指导员就业准入制度，并进一步强化社会体育指导员职业技能鉴定的管理工作，严格监督社会指导员的职业技能鉴定。

（4）探索社会体育指导员的职业化道路。目前，我国采用"先培训，后上岗"的社会体育指导员就业政策，但并没有得到真正落实。因此，当前应积极开发社会体育指导员职业标准，把握社会体育指导员的职业动态性和及时性；建立协会，规范行业体育协会管理。

（5）将社区社会体育指导员管理纳入社区体育工作评估，提高社区对社会体育指导员引进和工作管理的重视程度。

5. 建立社区健身指导网络

当前处于信息社会，各种信息交流、传播速度快，随着社会化与信息数字化的到来，体育事业的蓬勃发展离不开先进的体育信息处理平台。互联网技术发展迅速，为进一步满足基层人民群众在参与武术健身方面的理论知识学习需求，基层社区组织者或社区体育模范可以组织建立和形成一定的网络，如社区网、微信公众号等，来满足人民群众日常生活中不断增强的武术健身需求。

各社区可结合自身情况建立社区体育管理网站，下面再设立各街道或社区的分网站。通过网络，社区可以向社区居民提供一些有效的武术健身指导资料，并对居民进行宣传指导，让社区居民掌握武术的常识，树立居民的武术健身意识，指导社区居民科学、合理地参与武术健身活动。同时，社区也要注重双向沟通，采纳居民合理的建议和意见，不断地丰富和完善社区健身体系，为基层人民群众参与武术健身提供更好的信息指导与参考。

五、具有代表性的群众武术体育活动——八段锦

（一）八段锦概述

八段锦是一套完整独立的健身运动，相传起源于北宋，至今已有将近 900 多年的历史。古人把这套动作比作"锦绣"，意思是这套动作做起来五彩缤纷，十分美观。发展到现当代，八段锦在内容和名称上都发生了变化，人们将这一运动中的所有动作分为八段，每段为一个大动作，故称"八段锦"。与太极拳运动类似，八段锦在我国也有大量的群众基础，这一运动中蕴含着中医治疗的内涵。练习八段锦也不需要额外的器材设备，不受场地限制，动作简单易学，作用较为明显。

（二）八段锦作用

如图 4-20 所示，八段锦的作用具有以下 9 种：

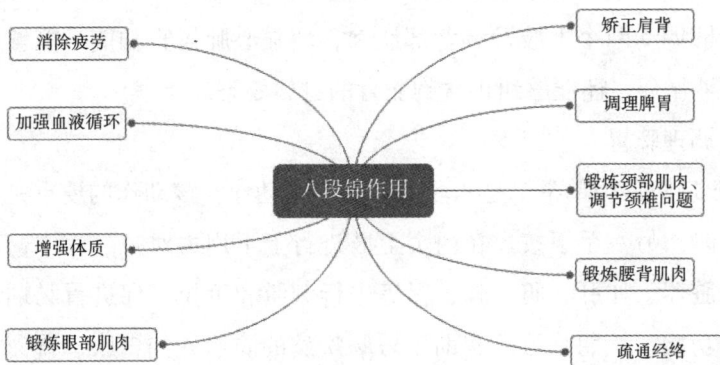

图 4-20　八段锦作用

1. 消除疲劳

八段锦共有八式。其中，第一式为"两手托天理三焦"，该动作强调特定姿势下身体的伸展运动，伸展部分包括四肢和躯干。要注意的是，在做该动作时，四肢和躯干要做到伸展充分。此动作可以通过四肢和背部伸肌的收缩，使膝关节以上部分的躯体完成后伸动作，在配合呼吸动作，调节身体血流分配的同时，增强呼吸机能，使人体摄入更多的氧气，有效缓解人体的疲劳。

2. 矫正肩背

八段锦的"两手托天理三焦"，该动作特点是全身性的伸展，在配合呼吸活动，增加深呼吸比例的情况下，除对内脏活动具有调节作用外，还能够增强身体伸肌的活动，尤其是对腰背部的肌肉和关节有锻炼作用。该动作还对肩颈部的不良姿势具有矫正作用，如肩部的内收姿势；背部的不良姿势，如驼背、圆背等；对颈部前倾等不良姿势也有矫正作用。埋头学习的年轻人和伏案工作的办公室人群适合练习该动作。

3. 加强血液循环

八段锦第二式是"左右开弓似射雕"。该动作以上肢和胸部的动作为主，而胸部在传统中医学划分中属于人体六腑中三焦的上焦部分。此动作能够调动两个上肢及胸背部肌肉，增强心肺器官功能，能够加强身体的血液循环，还能够纠正含胸驼背的身体姿态。

4. 调理脾胃

"调理脾胃须单举"是八段锦的第三式动作，该动作的要点是一手上举的同时，另一手下按。在两个上肢进行上下用力对拉过程中，对胸腹腔内的脏器，如肝、胆、脾、胃等进行刺激和牵拉，促进胃肠蠕动、条节胃肠功能，长期练习还有助于胃肠疾病的防治，如胃胀、胃痛、消化不良、肠胃炎等。

5. 锻炼颈部肌肉、调节颈椎问题

颈部肌肉的锻炼、颈椎问题的调节可以练习八段锦的第四式——"五劳七伤往后瞧"。该动作的要领是在保持眼球固定、眼睛尽量往后看的情况下，头部完成左右转动的动作，并反复运动。该动作可以加强头部的血液循环，刺激与锻炼颈部肌肉，其在改善颈部肌肉状况的同时，对于颈椎病也有预防和治疗作用。通过颈部肌肉功能的改善，可以有效缓解肩颈的疼痛，减轻肩颈部肌肉的僵直状况，减少肌肉对血管的压迫和反射活动，改善头部的血液循环状况，减少眩晕感觉。还可以缓解高血压和动脉硬化的进程和症状，有效减轻人体的疲劳感。

6. 增强体质

"摇头摆尾去心火"这一动作是全身性的，对整个身体都能够起到锻炼作用。在该动作的完成过程中，参与运动的肌肉和关节分布广泛，人们可以通过摇头摆尾、旋转身体动作，达到放松精神、缓解疲劳目的。该动作还能够有效提高身体各器官、系统的功能，进而提升身体素质，提高身体免疫能力，增强人们的体质。

7.锻炼腰背肌肉

八段锦第六式动作称为"两手攀足固肾腰"。此动作包括前俯、后仰，对腰背肌肉有充分的拉伸作用，坚持练习这一动作，能够有效锻炼腰背部肌肉的伸展性和腰部的柔韧性，使腰部的组织器官受到刺激，尤其是使肾脏、肾上腺的功能得到有效的刺激而增强。因此，练习此动作对腰肌劳损、腰椎间盘突出等疾病具有预防和治疗作用，还能够增强全身机能。

8.锻炼眼部肌肉

具有该功能的是八段锦的第四式和第七式，即"五劳七伤往后瞧"和"攒拳怒目增气力"。上述两个动作能够加大人体眼球的活动范围，增强人们眼部肌肉的活动，调节眼部肌肉机能，达到防治近视的目的。

9.疏通经络

疏通经络要进行"背后七颠百病消"的动作练习。该动作简单易做，但颠足站立的时候，要充分拔伸脊柱，下落振身动作要明显。长期练习该动作，不仅能够疏通经络，还可以放松身体，对胸腹腔内的五脏六腑起到按摩作用，达到让人身心舒爽的目的。

（三）八段锦习练要领

如图 4-21 所示，为八段锦的习练要领：

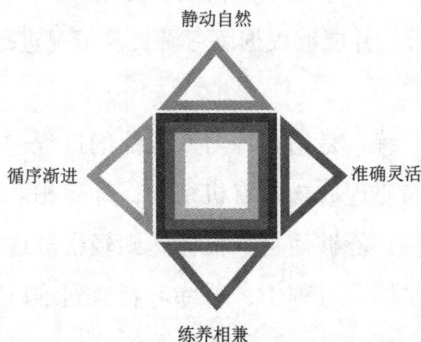

图 4-21 八段锦习练要领

1. 静动自然

静动自然是指练习八段锦者需要保持精神和形体两方面的放松。精神方面的紧张容易导致人体紧张过度，造成肌肉、骨关节等部位僵硬，无法较好地施展动作；精神方面的放松则能使机体处于一个比较放松的状态，进而较好地施展动作，达到练习的效果。因为八段锦是由内到外、由浅入深的锻炼过程，因此，练习者必须保证自己在意念和形体上的轻松、舒适，不可有丝毫紧张之意。要做到这一点，练习者首先要学会控制自己的思想和情绪，在练习过程中不要有心理压力，要尽量排除一切杂念。

2. 准确灵活

准确指练功时的动作要符合规范与要求。八段锦运动技能的形成，需要长时间的练习。学习的初期，练习者只需针对功法的预备式进行站桩锻炼即可，站桩锻炼的时间和强度不是固定的，各位练习者可根据自身的身体素质循序渐进、逐渐提升，为学习正式的动作打下坚实的基础。在正式学习要领动作时，要将动作的路线、方位、角度、虚实、松紧分辨清楚，如有专业的指导教师，则要虚心请教，认真观察老师的示范动作，请老师纠正自己的错误动作，最终做到动作准确到位、姿势优美、协调、流畅，节奏感强。灵活是指肢体完成动作的敏捷性和熟练程度，包括动作的幅度、姿势的准确、发力的大小和顺序、呼吸的调整等，这需要长期的坚持练习，并能够根据练习者自身情况进行调整。

3. 练养相兼

练养相兼中的"练"是指在练习八段锦的过程中，练习者能做到形体舒展、呼吸顺畅与心理放松的有机结合；练养相兼中的"养"是指练习者通过锻炼的过程，能够使自身机体达到轻松舒适、吐气自然、泰然自若的静养状态。在练习过程中，若练习者遇到难以理解、一时无法掌握的动作，也不用心烦意乱，可将动作分解，然后多加练习，直至最终掌握。对于呼吸的调节，练习者可在练习初期采用自身习惯的呼吸方法，等到动作熟练、逐渐掌握练习的奥妙之后，再结合动作的开合、升降有意识地进行锻炼，最后达到理想的效果。练与养，是相互并存的，应做到"练中有养""养中有练"。练养相兼要求练习者将练习八段锦与日常生活习惯相结合，在练养相兼过程中，练习者要做到饮食健康、作息规律、情绪稳定，这样能够更快地提升自己的功法水平。

4.循序渐进

在八段锦学习的开始阶段，练习者要有耐心。在学习的初期，练习者没有动作的概念，对动作不熟悉，做动作不准确、不连贯、不协调，身体比较僵硬，会使身体产生不适感，心理上容易紧张、急躁，不能产生明显的效果。在初学阶段，练习者可以使用自然呼吸方法，等动作逐渐熟练后，再相应地调整自己的呼吸，采用练习八段锦时更加有效的呼吸方法——腹式呼吸法。最后，逐渐达到动作、呼吸、意念有机结合的最佳练功状态。

第五节　其他户外体育活动

一、户外体育活动的起源与发展

早期的户外体育活动分为三种：第一种是为了放松心情、欣赏风景外出游玩的踏青、郊游活动，如古代中国人喜欢在春天天气回暖时外出踏青，欣赏万物复苏的大好春光，也会在一些特殊节日登高望远，题诗作词，抒发个人情感；第二种是为了增长见识、增强个人能力外出游历，如古代中国人会将自己外出游历的所见所闻写成游记，分享自己的旅途见闻，描绘大自然的壮丽风光；第三种户外体育活动的开展其实是为了满足人类的基本生存需求和进一步发展，并且，有的活动方式是主动采取的，如采药、狩猎等，而有的可能是被迫采取的，如战争等。在第二次世界大战期间，英国在其特种部队障碍训练中，就开始利用了自然屏障和人工结绳网方式对士兵进行野外训练，其目的是提高士兵身体素质，使他们适应野外环境，提高野外作战能力。

第二次世界大战结束之后，随着经济的发展和人民生活水平的提高，人们将目光投向户外，开始走出家门，置身山水之间，感受大自然的无限魅力。通过回归自然、感受自然，人们可以寻求生存与发展的本质，尤其是以探险形式展开的户外运动，更是勇于挑战自我、挑战极限的活动方式。目前，各式各样的户外体育活动和比赛正在全世界范围内开展，一些户外体育活动也被列入了正统的体育赛事，如滑雪、帆船已经成为奥运会的正式比赛项目。

中国是一个占地面积广阔、自然资源丰富的超级大国，这也为人们开展户外体育活动提供了广阔的空间。二十世纪九十年代，更多专业的户外体育活动传入我国，这些户外体育活动作为新兴的体育活动，其所特有的挑战性、刺激性和参与性正好满足了人们的锻炼与休闲需求，因此受到了很多人的欢迎。我国目前开展的主要户外体育活动有登山、攀岩、蹦极、漂流、冲浪、滑翔、滑水、攀冰、穿越、定向、远足、滑雪、潜水、滑草、高山速降等。每年中国登山协会和各省市的登山协会、俱乐部都会组织一些户外体育活动。例如，各种攀岩锦标赛、登山大会、极限运动大赛以及山地极限挑战赛等等。而空中和水上的很多极限户外体育活动也正在被广大体育爱好者所了解和接受，如武汉每年举办的"中国·武汉国际抢渡长江挑战赛"等活动，受到了人民群众的欢迎，每年都有很多参赛者和观众。

二、户外体育活动的意义与特点

正确开展户外体育活动，是现代人类应该追求和采取的一种健康的生活方式。户外体育活动能够体现人们乐观向上的生活态度，是人们在繁忙而劳累的日常工作生活之余的一种休闲娱乐方式。参加户外体育活动不仅能帮助人们锻炼身体、增长见识、提高身体机能，还能培养人们的创新思维能力和解决问题的能力，最重要的是，适当参加户外体育活动能拉近人与自然的关系，鼓励人们在自然环境中勇于面对自己的不足，发掘自己的潜能，克服一切困难。身处原始的自然环境中，人们更加能够感受到社会、群体对于人成长和生存的重要性，以及相互帮助的团队合作的重要性，这不仅是回归自然思潮的体现，更是人类与生俱来的需要。

户外体育活动具有以下几个特点：

第一，大自然是天然的运动场所，呼吸清新的空气，享受大自然的馈赠，有助于帮助人们认识保护自然、与自然和谐共处的重要性。

第二，不论是哪种类型的户外体育活动，都会具有一定的挑战性和未知性，正是这种未知性和挑战性，可以激发人们潜藏的求知欲和胜负欲。人们在户外运动中激发潜能、磨炼意志，能够提高自己面对困难、接受挑战的勇气和信心。在自然环境中探寻未知所带来的惊喜和成功完成生存任务带来的成就感、幸福感，这些不同寻常的感受必将为人们平淡的生活增添绚丽的色彩，也能够为人们短暂的人生带来无限乐趣。

第三，通常情况下，人们会选择参加集体性的户外活动，而不是独自开展户外活动，这主要是因为集体性的户外活动更加安全，更容易完成生存和发展的任务。也正是因为有很多人参与，户外体育活动的组织领导者和参加者必须协商一致，组织领导者务必让参加者统一目标和思想、团结合作、共同分享，共同完成任务，凝聚全队的力量取得最终的胜利。

第四，户外体育活动是一种综合性的运动形式。参加户外体育活动不仅要求人们具有健康的身体、灵活的反应能力，还要学习多方面的科学知识和专门技术，如气象知识、野外生存技巧等。

三、户外体育活动的分类

如图 4-11 所示，户外体育活动主要可分为四种类型，分别是空中项目，陆上项目、水上项目、综合项目。

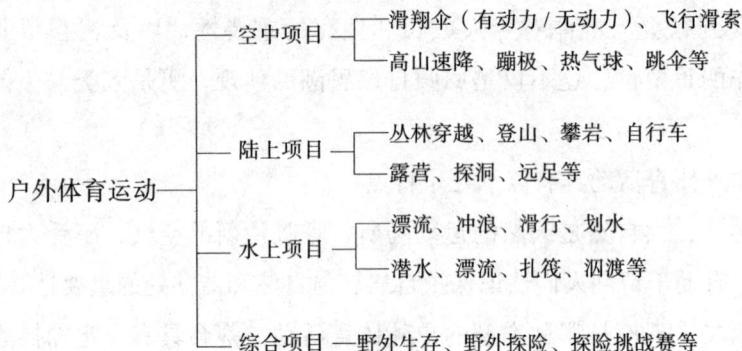

```
                          ┌─ 滑翔伞（有动力 / 无动力）、飞行滑索
              ┌─ 空中项目 ─┤
              │           └─ 高山速降、蹦极、热气球、跳伞等
              │
              │           ┌─ 丛林穿越、登山、攀岩、自行车
              ├─ 陆上项目 ─┤
              │           └─ 露营、探洞、远足等
户外体育运动 ─┤
              │           ┌─ 漂流、冲浪、滑行、划水
              ├─ 水上项目 ─┤
              │           └─ 潜水、漂流、扎筏、泅渡等
              │
              └─ 综合项目 ── 野外生存、野外探险、探险挑战赛等
```

图 4-11　户外体育活动的四种类型

四、常见的户外体育活动

（一）野营

野营是指不依赖山屋、旅社等人工设备，而是用自己准备的道具，在野外露营、野炊，学习各种野外生活技能。野营有许多不同的形式与方法，大规模的如军队的野外驻扎训练，小规模的如只有两三个人的露营活动，这些都可以被称作野营。野营是进行户外体育活动最简单的方式，其意义在于使人们暂时远离喧嚣的都市，还可以通过野营而改变平时千篇一律、单调乏味的休息方式。在野营过程中，人们可以安排形式多样的游戏活动，如捉虾捕鱼、游泳潜水、观赏星象、欣赏动物、辨识植物、组织篝火晚会等，既能锻炼身体，又能增长见识，还可以用照相机、摄像机拍下属于自己的美好时光，可以说是乐趣无穷。由于野营具有自由度大、随意性强的特点，近年来已经发展成为广受人们欢迎的，

集休闲、运动和旅游为一体的活动。

1.野营装备

（1）个人装备：背包、帐篷、睡袋、防潮垫、个人食具、登山手杖、衣服、鞋袜和帽子。

（2）随身物品：包括防护与急救物品，如防晒霜、雨具、急救药箱等；生活必需物品，如饮用水和食物、头灯（手电筒）与电池等；野外联系和方向确定物品，如野营处的地图、指南针、哨子、手机、记事簿和笔等。除此之外，像火种、巧克力、创可贴、肠胃药、水壶、小刀、相机、绳子、钱等也是需要充分准备的。

2.野营知识

（1）气象知识。野营前一定要及时从电视、手机上收集掌握最新的天气情况，此外，野营者还需要具备利用观察自然界的变化来了解天气变化的知识。民间就有很多这种观测气象的方法，如看云识天气等。一般来说，偏西方向的天空中出现的云，会由远而近移动，并且逐渐积累，由少变多；云层逐渐变低，厚度逐渐变大，预示天气将转阴雨；早晨的天空，若出现棉絮状云层分布，则预示着天气可能变坏，有发展成雷雨、大风天气的可能；若见到钩状的云从远处天际移动过来，说明天将下雨；如果出现鱼鳞状云、落日周围的光盘呈现出胭脂红等情况，均预示即将出现风雨天气；等等。野营者也可以通过观察一些动物了解气象。例如，晴天的下午，如果出现蜘蛛大量结网的情况，那么，接下来的一两天内将会下雨。并且，蜘蛛网结得越结实，可以说明风雨来得也会越大，反之，则较小。

蚯蚓在春季和夏季从土壤中钻出，预示着未来不久会下大雨。民间还有"燕子低飞要下雨""蚂蚁搬家要下雨"的说法，野营者可以将这些民间谚语作为参考。总而言之，野营者一定要掌握相关的气象知识，根据天气的变化调整出行的计划。

（2）方向判断。在野外进行活动方向的判断非常重要，而在野外进行方向和位置判定的方法也有许多种，常见的方法有以下几种：

①指南针判断南北。这是野营者最常用的一种方法。这种方法的操作步骤为，将指南针水平放置，保持气泡居中，当指南针的指针静止后，N端就是北方，与之相反的S端指的就是南方。

②利用太阳判断方向。在野外，利用太阳判断方向是一种简单有效的方法。当然，这一方法只适用于晴天。在有日出的情况下，人们根据日出、日落以及太阳的位置和移动的特点，可以轻松判断出东西方位，也就可以确定南北方向了。但这种方法只能判断大致的方向，其准确性比指南针差。

③利用夜间星体判断方向。在晴朗的夜晚，野营者还可以根据北极星或者南十字星的方位来判断方向。

④利用地物特征判断方向。一般情况下，人们在建造房屋时，为了增大采光效果，房屋的门一般都是向南或偏南方向打开的，北方尤其如此；在此方面，庙宇和道观更为讲究，庙宇群中的主体建筑通常都是南向开门。另外，突出地表的石头或者建筑物，向北一侧基本比较潮湿，并大多长有低矮的苔藓植物。

⑤利用植物生长特征判断方向。一般阴坡，即北侧山坡，低矮的蕨类和藤本植物比阳面的同类植物生长得更为茂盛。单个植物的向阳面，也就是南面枝叶会比较茂盛，靠北的阴地树干则可能生长苔藓。我国北方许多树木树干的断面能够看到清晰的年轮，通常，向南一侧的年轮会比较稀疏，向北一侧的年轮则比较紧密。

（3）山间危险防护常识和处理。人们在野外扎营、开展各种活动的过程中，难免会遇到各种各样的危险情况，这些危险情况有时是不可抗拒的自然力量导致的，有时是人为因素造成的，但所有可能造成人身安全、使人处于危险境地的现象都称为山间危险。

①山火。在干燥的天气环境中，山火顺风蔓延的速度是很快的，因此，野营者绝对不能小看山火的威力，野营期间要注意和小心使用火种。

不是指定的露营和烧烤地点千万不可生火做饭，吸烟人士尽量不要吸烟，如果有烟蒂或者用完的火柴，必须保证安全熄灭后才能扔到垃圾桶或者带走。由于日间光线充足，远处的山火不易被发现，因此，露营者应随时注意飞灰和烟火味。如果处于火场中，在依靠自身不能进行灭火的情况下，要尽快远离火场；在有条件的情况下，及时报警。山火蔓延速度会受到多种因素的影响，如风力、湿度等，难以确定。即使山火处于距离较远，且位置较低的山下，在不能确定火情、保证安全的情况下，绝不能冒险前往山火险情发生处，以免被困，发生危险。

②斜滑的山径。露营者在行进过程中，可能会遇到不良的山间路况，如不注意，容易受伤，如斜滑的山径等。雨后的山路泥土较多、坡度较大，比较湿滑，在有苔藓的石头上行走也容易滑倒，从而产生损伤。如果产生损伤，露营者应立即停止前进，并检查伤情。如有必要，应简单对开放式的伤口进行及时处理，防止伤口发炎。但是，骨裂或骨折等闭合性的损伤不容易从身体表面看出来，此时，如果发现损伤的位置有明显红肿或者异常疼痛，就不要逞强继续行走，可以向他人寻求帮助，或者用手机联系外界求救。队伍的其他成员应合力或使用简单的器械将伤者安全地转移到相对安全的位置，如阴凉、平坦、干爽的地面上，并对伤者进行保暖处理，如盖上毛毯，耐心等待救援。

③山洪暴发。露营者千万不能轻视山洪暴发的威力和速度。山洪的形成一般是因为山间溪流上游下大雨，汇聚了大量雨水，雨水从上游奔涌而下，在几分钟内就能够演变为巨大的山洪。因此，如果此时在溪中玩耍，很容易被山洪冲走，造成人员伤亡。露营者组织者在雨季或者暴雨过后一定要注意，不要在溪中或者河道组织活动，尤其是在山坡谷底的溪流或狭窄的河道下游。一旦开始下雨，露营者就应该迅速离开河道，将自身所处的位置提高到河岸高地。另外，在看不清路面情况和水流湍急的情况下，不能冒险越过被洪水覆盖的桥梁，发现河水水流湍急、浑浊、夹杂泥沙时应迅速远离河道，这是山洪暴发的先兆。如果不幸掉落

到洪水中，落水者要尽可能保持冷静，深吸一口气，并憋住，同时观察周围情况，利用身边的物体使头部露出水面，如岸边的树枝、石块，水中的漂浮物等，等待救援，或设法爬回岸边，主动自救。

④山体塌方。在长时间的阴雨过程中，尤其是长时间的暴雨天气，天然或人工斜坡中的土壤含水已经达到饱和的程度，容易使山坡泥石因重力作用向下滑动，引起山体塌方。在行进过程中，如果发现斜坡底部或者斜坡的疏水孔中有大量的泥水渗透而出时，就说明斜坡内的土壤含水已经饱和；若斜坡的中上部出现裂纹或形成新的梯级状地形，有新鲜泥土露出等情况，都说明可能会出现上体塌方，应尽快远离。露营者在远离撤退的过程中，如果遇到不明情况的障碍，如泥土流动形成较厚的浮泥阻断行进的路径时，应立即改变方向或后退，寻找安全的路径撤离。

⑤雷击。雷雨天气容易发生雷击。发生雷击时，一般都是带有大量正电荷的与带有大量负电荷的云层之间放电；或者是带有大量正电荷、位置较低的云层与地面上较高的、导电性良好的尖端物体之间，击穿空气，产生电流。因此，雷电通常击中的都是在一个场地中有尖端的、位置较高的、导电性较好的物体。如果人体被雷电击中，由于超高电压瞬间通过人体，将会在极短的时间内，引起被雷击者大面积的烧伤、肌肉痉挛、破坏人体组织结构等情况，更严重的会产生窒息、心跳停止导致人体死亡。现实生活中，大多数情况下，遭到雷击的后果都是比较严重的，而且每到夏天，世界各地雷击致人死亡的案例都屡见不鲜。所以人们想要外出露营时，要时刻留意本地区的天气报告，天气不稳定时不要去很远的地方露营，雷暴警告生效时最好在室内。要去户外，则应选择穿绝缘性较好的胶底鞋；雷电天气不要接触潮湿的物体或者在开阔的水质中逗留；不要站立在高处，如山顶等，要尽量远离大树或导电性好的桅杆等物体，因为野外的树木或桅杆容易被闪电击中；附近有建筑物的话，尽量躲进建筑物内。

⑥迷路。外出露营者在天气不好或者准备不充分的情况下最容易迷

路，因此，选择有明确路标的地区作为野营的地点，以及在出发前详细规划行程，都有助于减少意外情况的发生。露营者在外出行进的旅途中，如果发现自己迷路了，应先利用指南针及地图设法找出自己所在的位置，并回忆曾经走过的路，努力经原路折回起点。如果发现不能按原路返回，就留在原地等候救援。如果决定继续前进，就要沿途做好标记，如果难以辨别方向和位置，就应该往高处走，这样更容易观察下方的情况动态，也容易被搜救人员发现。遇到不熟悉或情况不明的山涧深谷，不要深入，容易迷路；也不要向下走，下山虽然比上山轻松，但下山不一定能找到路，下山后再返回高地也会消耗大量的体力。

（4）常见病的防护与处理。当人们到达一个陌生的野外环境中，由于每个人的身体素质、免疫力和适应能力不同，因此，可能会各种遭遇意外情况，如生病甚至受伤，这也是外出野营的不可预测性因素。这就要求外出野营者掌握对常见病的简单防护与处理知识，以备不时之需。

①中暑。根据症状的严重程度，中暑可分为先兆中暑、轻症中暑和重症中暑，这种分类体现了中暑由轻至重的发展过程。患者在中暑早期会出现头晕、头痛、大汗、乏力的症状，此时体温正常或略有升高；随病情进展，患者核心温度升高，当其体温达到38℃时，可引起皮肤灼热、面色潮红等症状，伴有胸闷，严重者表现为血压下降、面色苍白、皮肤湿冷，若不及时治疗，病情进一步发展，可出现昏厥、昏迷、肌痉挛或高热等重症中暑表现。

对策：将患者扶到阴凉通风处休息，减少身上的衣物，给患者服用清凉的水或饮料，也可以内服避瘟丹、解暑片、十滴水、藿香正气水（胶囊）等避暑药品，还可以用凉水擦身帮助患者散热。

②蜂蜇。普通人被蜜蜂蜇了，轻则伤口红肿、疼痛、瘙痒，重则过敏、呼吸困难，甚至产生休克，严重者还会因为并发症去世。野外是蜜蜂、马蜂、大黄蜂的聚集地，因此要小心碰到蜂巢，引来它们成群结队地攻击而受蜇伤。为了让蜜蜂远离自己，野营者可以提前在自己身上喷

涂一些防蚊油；如遇群蜂追逐，附近有安全的水源时可以暂时躲到水中；如果没有地方躲藏，可以坐下不动，用外套护住头部和颈部，蜷曲侧卧在地上，等蜂群散开后再慢慢起身。不严重的话可以先用湿透的毛巾轻敷，或者涂抹一些专用药膏减轻肿痛，严重的话应尽快就医。

③出血。野营过程中如果发生外伤，就会面临出血的问题，一旦发生出血，首先要判断是动脉破裂还是静脉破裂。判断是动脉破裂还是静脉破裂，可以从出血颜色和出血方式两个方面观察。动脉破裂出血为殷红色，且呈搏动性喷射状；静脉破裂出血为暗红色，血液会向伤口四周溢出。动脉出血是一种严重的出血情况，患者如果在短时间内出血过多又没有办法及时输血治疗，就可能危及生命；静脉出血速度相对较慢，出血量也明显较少，因此，危险性也相对较低。

露营者需要掌握常用的止血方法。第一种是一般止血法，适用于伤口较小的出血，露营者可在清洗伤口后用消毒纱布缠住伤口，然后用绷带或者胶布固定；第二种是指压止血法，露营者可用拇指按压伤口上方的血管，阻断血液来源，然后再用纱布和胶带固定；第三种是吸收性明胶海绵止血法，露营者可在伤口处涂敷吸收性明胶海绵，再用纱布和胶布固定。

④骨折或脱臼。发生骨折或者脱臼情况时，露营者应先判断是骨折还是脱臼，在判断不出来时尽量按骨折处理，千万不能把骨折当作脱臼来处理。随后，在处理过程中要注意以下三点：第一，必须弄清骨折或者脱臼的部位。第二，有开放性伤口的，应先清洗伤口，再包扎止血。第三，没有创口的应立刻进行简单固定。固定物如无事先准备，可就地取材，如树枝、竹片、硬质厚纸板等，先用这些材料将骨折肢体的上下两个关节固定起来，然后小心地用绳子绑紧。

（5）备用药品。在外出野营的过程中，人体的生理机能面临着多方面的挑战。首先，人体的运动量与平时相比，会骤然增加，人体是否能适应高强度的运动是一个问题。其次，人体在新的环境中还要适应各种自然、地理因素的变化，如空气温度、湿度、环境中隐藏的细菌、病菌等。最后，野外的卫生状况和饮食方式与日常居家时的情况相比有很大差异，肠胃功能较弱的人可能会不适应。无论是哪种情况，带上一些常见的药品是没有错的，不要过于相信自己的体质和免疫力。

①感冒药：板蓝根、白加黑、连花清瘟胶囊、复方氨酚黄那敏颗粒等。

②退烧药、消炎药、抗生素：布洛芬胶囊、头孢、阿奇霉素、阿莫西林、罗红霉素、甲硝唑等。

③肠胃药：诺氟沙星、肠炎宁片、沉香化气片、小檗碱、奥美拉唑肠溶胶囊等。

④五官用药：红霉素软膏、凡士林唇膏、土霉素眼膏等。

⑤抗过敏药：氯雷他定胶囊、盐酸西替利嗪滴剂等。

⑥外用药具：创可贴、消毒纱布、棉布、医用胶布、绷带等。

⑦急用药品：止痛喷剂、云南白药气雾剂等。

3.野外求救和营救

露营者在野外如果遭遇了自己无法解决的问题，必须尽快发出求救信号请求专业救援。标准的求救信号应该是一分钟内6次长讯号，在停顿大约一分钟以后，再重复操作；在救援人员赶到前，露营者不要中断信号。如果救援人员已经在远处发现了求救者，此时，求救者也还需要继续发出信号，便于救援者及时的确定求救者准确的位置，节约营救时间。下面介绍几种野外求救时，正确发出信号的方法：

（1）制造尖锐、响亮的声音吸引救援，如吹哨子。

（2）用镜子或者金属片反射阳光，制造光影。

（3）夜间打开手电筒，发出有规律的、断续的闪光。

（4）站在高处挥动色彩鲜艳的衣物。

（5）在较为宽敞、平坦的空地上用树枝、石块等物品拼接出 SOS 字母，保证每个字母的大小最少为 6 米 ×6 米。

4. 宿营地的选择

如图 4-12 所示，为了保证野外游玩宿营地的安全与舒适，露营者在选择宿营地时要遵守以下原则：

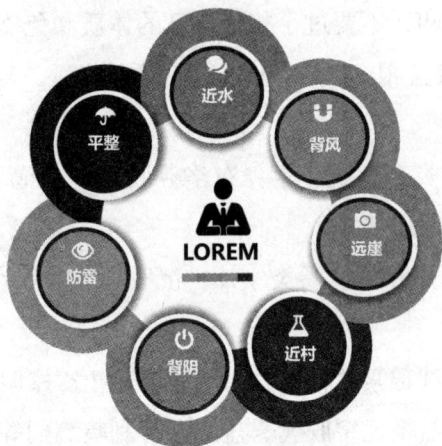

图 4-12　选择宿营地的原则

（1）近水。野外露营时做饭、洗漱都需要用水，因此，临近水源是首要因素。野外露营地的选择一定要近水，从而使露营生活取水方便，如溪流、湖水、河流边等。但是，在露营时，营地不能选择河滩，因为其上游情况不明，河水深度变化情况不定，容易发生意外，造成危险。假如河流上游有发电厂，在蓄水期间，水流较小，而放水期间，水流量增大，可能会淹没河滩；也可能因为上游下大雨，形成山洪而淹没下游的河滩；还有一些山谷间的小溪，平时水流不大，但降雨后容易引起山洪，露营者一定要注意防范。

（2）背风。在野外露营还需要风向问题露营者要优先选择背风处露营，尤其是在山谷、河滩上。背风扎营也需要考虑用火安全与火灾防范。

（3）远崖。所谓远崖，就是指露营地应远离悬崖设置。将营地设置在悬崖下，会存在较大的安全隐患，如遇到大风天气，悬崖上的石头等物体可能坠落伤人。

（4）近村。营地靠近村庄的话，有什么急事可以很快找到人帮忙，如缺少粮食、缺少水源、有人受伤等。临近村庄的地方也邻近交通要道，方便队伍的行动和转移。

（5）背阴。如果露营时间较长，超过两天，这时，如果天气晴朗，那么露营者在安排露营地时还要再选择一个背阴的地点。树下或者山的北面，有朝照阳光而不是夕照阳光的地方，都是理想的露营地。这样，就算白天在帐篷里休息也不会太闷热。

（6）防雷。在雨季或者多雷电区，不要将宿营地驻扎在高树下、高地上，那样很容易被雷电击中。

（7）平整。宿营地的地面要尽量平整，不要有树根、草根、碎石子等尖锐物体，这样很容易刺伤成员、损坏装备，同时也会降低成员的休息质量。

5.野营注意事项

有条件开展野营活动的地方大多远离城市，物质水平较低，人们想要什么都需要亲自动手，所以需要注意以下八个方面的内容：

（1）计划出行之前对活动路线、地点进行调查，制订详细的出行计划。

（2）准备充足的食物、饮用水，如果要做饭，还要准备餐具和打火机。

（3）野外一般早晚温差较大，要备齐衣物，准备好晚上过夜的睡袋、毛毯等。

（4）准备一些治疗感冒、中暑、外伤的药品和医用物品。

（5）为了能长时间步行、奔走，要保证双脚的最大舒适度，要穿运动鞋和旅游鞋，不要穿皮鞋，当然，皮鞋一般也不防滑。

（6）活动中不要随意单独行动，应结伴而行，降低意外发生的可能性。

（7）晚上注意保证充足的睡眠，这样第二天才有精力参加各种活动。

（8）不要随意采摘、食用不认识的野生蔬菜、水果，以免导致食物中毒。

（二）攀岩

1. 攀岩运动概述

攀岩在很久以前就是登山运动中的一项基本技能，这是因为登山者在向上攀登的旅途中，难免会遇到一些需要攀爬的悬崖峭壁。直到二十世纪五十年代，攀岩运动才作为一项现代竞技项目正式出现。当今时代，攀岩运动已经发展成为一项参与人数较多，受到大众，尤其是青少年喜爱的一项运动，其也是一项具有挑战性的运动。在攀岩运动中，人们要充分利用自身的攀爬能力，在安全装备的保护下，攀登有一定难度的峭壁、裂缝、海触崖，或是大圆石、人工制作的岩壁等障碍。

对于一名攀岩运动爱好者来说，要想成为一名出色的攀岩手，不仅要有不怕困难、敢于拼搏的进取精神，还要有良好的柔韧性、节奏感以及高超的攀岩技巧。攀岩运动爱好者只有具备以上条件，才能十分熟练地在具有不同特点、不同高度的悬崖峭壁上准确、轻松地完成身体的转体、跳跃、腾挪等高难度动作，展现人体对力量与技巧的掌控，给观看者带来惊险、刺激的感受。攀岩运动自二十世纪八十年代初期引入中国后，这项集健身、娱乐、竞技于一体的极限运动就以其独特的魅力吸引了众多运动爱好者的目光，尤其赢得了年轻人的喜爱。经过三十余年的发展，攀岩运动在中国已经有了相对固定的爱好者群体，并呈现出放射性的发展态势。在世界范围内，攀岩运动已经发展成与蹦极、跳伞、滑翔等户外运动齐名的极限运动，但攀岩运动与这些运动相比还具有一个特别明显的优势，那就是它的安全保护措施十分到位，不容易出现意外，这也使该运动成为名副其实的有惊无险的极限运动。

2. 攀岩运动历史

攀岩最早被当作一项专门的体育运动项目是在 19 世纪的欧洲，但是它真正受到人们的重视并迎来第一个发展高潮，则是在二十世纪五十年代末的苏联。攀岩运动委员会成立于 1947 年的苏联，其主要职责是对攀岩运动进行规范、组织和指导，促进了攀岩运动的发展，为现代攀岩运动的发展奠定基础。世界范围内的首次攀岩比赛也是苏联在 1948 年举办的。此后，攀岩运动逐渐流行和发展起来。尤其是在欧洲，这项运动的开展更为广泛，水平更高。自然条件下的悬崖峭壁情况复杂多样，无法统一和移动，这对攀岩运动的推广产生了阻碍。一直到 1985 年，法国人弗兰西斯·沙威格尼（Francis Shavigny）发明了仿自然的人造崖壁，实现了攀岩崖壁的自由装卸和移动。人工岩壁攀爬的难度比自然岩壁更小，比赛规则更容易设定和操作，观赏性更强。1987 年，攀岩运动正式成为国际比赛，首届在人工岩壁上举行的攀岩比赛于 1987 年在法国举办。

攀岩运动于二十世纪八十年代初期从北美进入我国，开始主要作为中国登山协会的训练内容出现，随后逐渐在民间流行起来。先是各地的一些大学先后创建了登山协会、攀岩协会，招揽了一批热爱此类活动的老师和学生；随后一些对户外运动感兴趣的年轻人又组织建立了民间户外俱乐部，每逢周末或节假日休息时间，他们就组织人员，带上装备，到山里去攀登自然岩壁。1987 年，中国登山协会派出 8 名教练和队员去日本系统地学习了攀岩的理论知识和实践技能，回国后在北京怀柔举办了第一届全国攀岩比赛。从今往后，每年一届的全国攀岩比赛就成了攀岩爱好者交流技术、检验成绩的盛会，为我国更好地开展这一运动项目打下了坚实的群众基础。亚洲攀登比赛委员会成立于 1991 年 1 月，成立地点为中国香港，这是亚洲攀岩运动进入新时代的标志。第一届亚洲攀岩锦标赛于 1992 年 9 月在韩国的汉城（现在的首尔）成功举办。

3. 攀岩运动的分类

如图 4-13 所示，攀岩运动可分为三类：

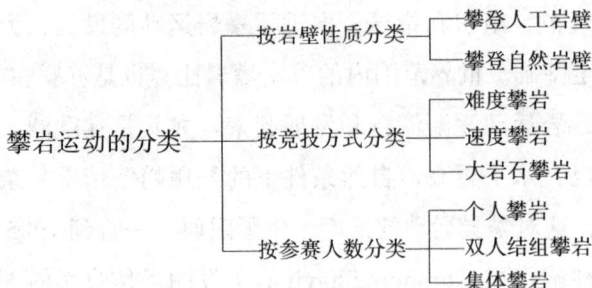

```
                              ┌── 攀登人工岩壁
                    按岩壁性质分类 ──┤
                              └── 攀登自然岩壁
                              ┌── 难度攀岩
攀岩运动的分类 ──── 按竞技方式分类 ──┤── 速度攀岩
                              └── 大岩石攀岩
                              ┌── 个人攀岩
                    按参赛人数分类 ──┤── 双人结组攀岩
                              └── 集体攀岩
```

图 4-13　攀岩运动分类

（1）按照岩壁性质对攀岩运动进行分类，可以将其分为两类，即攀登人工岩壁和攀登自然岩壁。①攀登人工岩壁。攀登人工岩壁是指在室内人工建设的岩壁上进行的攀岩活动，更适合生活在城市中的运动爱好者。通过攀登人工设计和建造的，具有不同高度、不同难度的岩壁，可以初步体验攀岩的乐趣。人工建造的岩壁上有辅助攀岩者向上攀登的、形状与大小各不相同的岩点，这些岩点的位置不是固定的，而是可以随意改变的。初学者一开始可以选择较大的岩点作为自己的落脚点，在掌握一定技术后，就可以自动增加难度，选择较小的岩点攀登；活动的岩点还可以改变攀登的路线。②攀登自然岩壁。攀登自然岩壁按其性质又可分为攀登天然悬崖峭壁和攀爬天然岩石两类。前者是登山者必须掌握的一项基本技术，后者指在一块大石头或较小的岩墙上进行攀登，这种活动难度较小，适合初学者。

（2）按照竞技方式对攀岩运动进行分类，可以将其分为三大类，即难度攀岩、速度攀岩和大圆石攀岩。①难度攀岩。在进行这种攀岩活动时，运动员腰部要系上保护绳，比赛时，运动员需要带绳攀登。按照比赛规定，运动员要有次序地挂上中间的保护挂锁。参赛运动员在规定时间内到达的最终高度将决定其最终名次。比赛岩壁一般为 15 米高，具体的线路会根据运动员水平，由定线员设定。②速度攀岩。顾名思义，在速度攀岩中，攀岩者需要在指定的路线凭借更快的速度取胜。速度攀岩的特点是充满韵律感和跃动感。③大圆石攀岩。与以上两种类型的攀登运动不同的是，在大圆石攀岩比赛中，运动员不系保护绳，且每次比赛需要选择 10 条路线，在这种攀岩比赛中，一般岩石高度不超过 4 米，每条路线会设置 12 个以下的支点。

（3）按参赛人数分类，同样可以将其分为三类。①个人比赛。攀岩运动中的个人比赛又分为男子单人攀登比赛和女子单人攀登比赛。比赛过程中不仅要比攀登技巧，还要计算比赛的最终用时；比赛在同一场地进行，参赛选手轮流进行攀登。②双人结组攀登。在双人结组攀登比赛中，必须由两个人组队进行攀登，比赛路线由裁判员指定。此类比赛除了要比攀登的技巧和速度，还要比相互保护、相互配合的技术以及选择线路的优劣。③集体攀登。集体攀登比赛类似正规的登山活动，参赛者4～6人，所有参赛者要背负全套的登山装备，按照事先指定的路线前进，在指定地点搭设帐篷、拆除帐篷，在途中攀登时相互帮助、相互保护。比赛考察的内容包括攀登技术、组队技术、保护技术、最终用时等。

4.攀岩基本技术

（1）身体姿势。在攀岩过程中，运动员的身体要保持自然、放松，始终要保证有 3 个支点，从而使身体有稳定的重心，并且，身体要有足够的能力，使人能够在攀登动作的转换过程中，稳定地移动身体的重心，只有这样，才能保持身体的稳定、平衡。

（2）手臂动作。毫无疑问，攀岩运动员的手在向上攀登的过程中发挥着重要作用。攀岩运动中，手部的能力是关键，支点的抓握和身体在空中的维持都是依靠手部的动作来完成的。因此，攀岩动作完成的质量和效果决定于手臂肌肉力量的大小和对技术动作的熟练运用。由此可见，攀岩运动员要高质量完成攀岩动作，在手指、手腕和臂部等三个位置就要有足够的力量。平时，攀岩运动员可以通过指卧撑、引体向上、指挂引体向上、提拉重物等方法增强自己的手指力量、手臂力量。现在，一些出色的运动员甚至可以用单指做俯卧撑。

（3）腿脚动作。要判断一名运动员攀登技术水平的高低，不仅要看他的身体姿势和手臂动作，还要看他的腿脚动作。人体腿脚的负重能力和爆发力都是很强的，因此，运动员在攀岩过程中要充分发挥腿脚的作用。腿的动作要领：两腿处于外旋位置，保持大脚趾内侧紧贴所攀登的岩面；两腿保持微屈状态，通过支撑脚所踩踏的支点来维持身体的重心。然而，在实际攀岩过程中，尤其是自然岩壁，其支点的形态、大小、方向等都是不同的，这就要求攀岩运动员具备随机应变的能力。

（4）手脚配合。每一位优秀的攀岩运动员都具备优秀的、协调四肢力量的能力。对于攀岩初学者来说，上肢力量的运用会更加重要。在接触这项运动的初期，他们经常会不自觉地通过上肢发力、引体向上，腿部向下发力、蹬压，从而推动身体移动。但他们的上肢力量不能满足运动需求时，向上攀登就很容易感到疲惫，在抓握支点时，手指抓握能力就会下降或丧失，这种情况下，无论腿部力量是否强大，人体在空中也难以保持身体的稳定和平衡，导致动作失败或中途放弃。所以，初学者要练好上肢力量，学会使用上肢力量，之后再加强腿部肌肉和脚部专项肌肉力量的训练，从而使手和脚能够有效配合，保证身体的重心能够随着动作的需要，灵活地改变用力方向，使身体能够自如、协调地移动，从而实现攀岩的目标。

（5）重心。攀岩运动员在向上攀登的过程中，一定要找到自己身体的重心所在，通过控制重心的移动减轻双手负荷，保持身体平衡。很多攀岩运动的初学者在刚接触这项运动的时候，大多不知道怎样控制身体的重心，只知道向上攀登，往往会造成重心不稳，动作失败。因此，在动作技术不熟练、身体各部分机能发展不充分的情况下，初学者不要急于向上爬高，而是应该先做平移练习，并加强身体机能，尤其是手、脚及腿部肌肉力量的练习。所谓平移练习，就是指身体水平进行移动的能力。平移练习可以选择难度较低的岩壁，进行从一侧移到另一侧的平移练习，初学者要在练习过程中感受身体重心的变化特点，体会上肢与下肢力量的配合等。

通常，人们认为在向上攀登的过程中，身体要紧贴岩壁，不能说这个方法是错的，相反，很多攀岩运动员都是这样操作的。通过观察一些出色的攀登运动员可以发现，他们的身体在非上升移动阶段，一般离岩壁较远，这是因为在应用侧拉技术、保持手脚同点和维持身体平衡时，身体需要与岩壁之间保持一定的距离。只有在身体上升的极短时间，身体才需要贴近攀登的岩面。通常，攀岩运动员会通过推拉腰胯和保持腿部平衡的方式调节身体的重心，人体的重心一般在腰部下方，第三骶椎上缘，而重心的移动又是完成动作的关键。运动员通过较大腰部移动动作，能够形成漂亮的比赛动作，但在移动过程中，他们往往需要维持身体的平衡，这时通常需要通过横向伸腿来维持平衡。

5. 攀岩要点事项

当今时代，攀岩运动经过多年的发展，已经形成了系统的理论和实践体系，在实践中还在不断发展和完善。如图 4-14 所示，攀岩运动的基本要点包括以下 5 个方面：

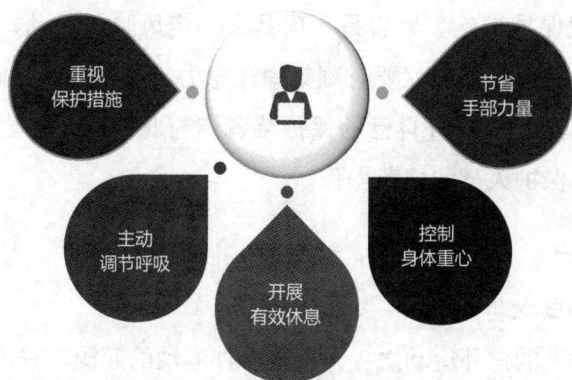

重视保护措施

节省手部力量

主动调节呼吸

开展有效休息

控制身体重心

图 4-14　攀岩运动的基本要点

（1）节省手部力量。毋庸置疑，在攀岩运动中，肌肉力量较强是动作成功的关键因素之一。这里的肌肉力量不仅仅是指上肢肌肉力量，还包括腿部力量和腰腹部的肌肉力量。一般情况下，攀登者上肢力量，尤其是屈指、屈腕的肌肉力量较小，耐力较差，一旦肌肉疲劳，就会导致动作失败。因此，在攀登过程中，攀登者应思考如何使用腿部力量，节省手部的力量。

（2）控制身体重心。控制和调节身体重心是攀登者需要学习的重要课程之一，只有控制好重心，才不会消耗过多的体力；反之，就会消耗许多不必要的力量，进而影响整个攀登的进程。

（3）开展有效休息。攀登者在向上攀登的过程中会发现，有些支点容易通过，有些支点不易通过，如果想一路不停地爬完全程是不太现实的，要想爬得高一些，有效的中途休息是不能缺少的。

（4）主动调节呼吸。初学者往往会忽略这一点，事实上，无论开展什么样的运动，都要学会正确的呼吸方法，尤其是那种体力消耗大的运动。攀爬一条路线是一个连续的过程，也是一个很消耗攀登者体力和脑力的过程。在攀岩运动开始之后，攀登者就要根据运动的需要，调节呼吸，从而适应比赛的节奏和过程。

（5）重视保护措施。攀岩是一项具有一定风险的运动，要想在攀岩运动中避免受伤，攀登者就要时刻集中注意力，尽量控制好自己的身体，还要在开展运动之前检查自己的保护装备。与此同时，攀岩运动的顺利完成也离不开保护人员的规范操作。

（三）登山

1.登山的概念与分类

登山是常见的户外运动之一，也是户外运动的起源。登山运动是指在一定的规则和要求下，运动员徒手或使用特殊设计的、适应山地环境条件的专门装备，在山地中，从低海拔向高海拔攀登而行的户外活动方式。

登山按照活动形式可分为健身登山和登山探险两种。两者相比，健身登山对于普通民众来说更加安全、易操作，因而具有广泛的群众基础。在中国，登山运动一般都选择在海拔 3500 米以下的山地进行，海拔 3500 米以下的山地在我国分布较多，比较常见，尤其是一些距离人类聚居地较近的、交通较为便捷的山区，日益成为附近居民开展户外健身活动的理想场所。在健身登山活动中，人们不仅能锻炼自己的身体机能，还能拓展自己的活动视野、增加自己的野外生存知识、提高自己的环境保护意识。因此，可以说，健身登山运动对于个体的身心发展很有帮助。

登山探险与一般的登山运动有明显的区别。人们在进行登山探险活动时，必须有专业的装备和器械辅助，攀登区域一般是人迹罕至的、高海拔的山峰。在这期间，登山者要经受各种恶劣自然条件的考验。与健身登山运动相比，登山探险运动对登山者有更高的要求。

登山探险运动中，登山者选择攀登的山峰往往是海拔三千米甚至四千米以上、终年有积雪覆盖的山峰，这项运动的竞技性不在于人与人之间在相同条件、相同时空状态下的比赛和对抗，而在于人与恶劣的自然环境之间的对抗，或者说，是顽强的生命力与艰难的生存条件的较量。在登山探险的过程中，登山者经常会面临高山缺氧、强风低温、狂风暴雨、岩壁滚石、陡峭雪坡等难以预料的险情和困难。评判一次成功的登山探险活动与评判其他运动的指标也不一样，其他运动可以从完成时间、速度、技巧、力量等明确指标方向判定，但登山探险活动要从所选对象山峰的高度、难度，组织运用战术的独特性及科学程度等方面判定。

2. 登山的基本技巧

（1）行进基本原则。在山地中攀登前行需要遵循以下五项基本原则：

①在有明确道路可以走的情况下，不要穿越面积较大的山林和翻越不是目的地的高山。在明确的道路上行走，可以保持明确的行进方向，登山者在提高行进速度的同时，还可以避免过多的体力消耗。

②在没有道路可走时，登山者的行进路线可选择天然的、有导向性

的地形，如纵向的山梁、山脊，空隙较大的林间，草丛低疏的空旷地形，或者河流、小溪的边缘。

③深沟峡谷和茂林深草的区域一般不易进行登山活动，原因有三个：一是在深沟峡谷中，方向不易确定，容易迷路，不确定的危险因素较多，风险较大；二是草丛茂密，脚步移动困难、开路消耗体力；三是草丛内虫蛇较多，比较危险。

④登山运动也需要遵守大步走的原则。加大行进的步幅，在相同的行进距离中，可以减少步频，降低肌肉收缩的频率，节约能量消耗，从而保持体力。

⑤要具有持续运动的意志力。登山者在行进过程中感到疲惫时，不要立即停止前行，应先采用缓步慢行的方式休息，然后再停下来好好休息，不提倡在十分疲惫时使用"站立一分钟式"休息法。

（2）培养良好的攀登岩石的技术。在山间行走，遇到各种岩石坡和陡壁是很常见的事情，登山者要想成功跨越这些岩石坡和陡壁，就要掌握攀登岩石的技术。攀登岩石本身是一件风险与难度并存的事情，为防止发生风险，登山者需要在攀登岩石之前，对岩石进行观察与评估，收集岩石的外形、结构质量和风化程度等相关信息，并对自身在攀登过程中的安全性进行评估，再确定具体的攀登路线。在攀岩运动中，有一种方法叫"三点固定法"，其在登山、攀登岩石的过程中仍然适用。"三点"即两手一脚或两脚一手，登山者需要在这三点中选择两点将身体固定下来，在运动过程中，通过另外一点的移动，来移动身体重心，提升身体。在攀登岩石过程中，不能太过着急，两点不能同时移动，一定要稳步前进，保持对身体的控制权；要根据自己的能力和现场情况，选择适当的支撑点和适合自己的距离，不要追求跨大步移动，也不要抓、蹬距离过远的支撑点，这样很容易中途坠落、受伤。

（3）草坡和碎石行进技术。草坡和碎石坡是登山途中最为常见的一种地形，尤其在海拔 3000 米以下的山地，草坡和碎石坡更是随处可见。

草坡和碎石坡的行进技术根据山坡的坡度可分为两种。当坡度在30°以下时，登山者可沿山坡适宜行走的路线行走，尽量沿直线上行。上行过程中，要保持身体微微前倾姿势，同时两个膝关节需要弯曲，在行走过程中，还需要保持全脚掌着地的动作，而两脚要呈外八字形着地。在攀登过程中，步幅不宜过大，要保持匀速前进，速度不宜过快。

（4）恶劣天气行进技术。在山地间行进，如遇下雨天，应尽量远离地势低洼地带，如果下暴雨，小溪或河流的上流积水很可能会引发山洪或泥石流、山体塌方等灾害性地质变化。如果遇到雷雨天气，登山者应该迅速移动到低洼地形处，并做好防雷、防雨工作，不要停留在高地或大树下。事实证明，躲在大树下常会使人遭到雷击。在野外，如果遭遇寒冷天气，休息时不能选择依靠石头，石头的导热性较好，人体的热量会迅速传导进入石头，增加人体的能量消耗。

（5）攀登雪坡技术。大雪覆盖了登山旅途中不易通行的地带，只留下一片看上去光滑而又平坦的雪坡，为直接登山创造了有利条件。但是，雪不是一成不变的，登山者必须清楚地了解各个时间点雪天的不同特点，更要密切注意行进途中天气的变化，这样才能确定合适的登山路线。大雪在掩盖障碍物的同时，也遮住了登山的路线、路标。除此之外，大雪还掩盖了意想不到的危险：冰裂缝、暗沟、暗河，甚至还有雪崩。

登山者在爬雪坡时要小心谨慎，特别是在经过冰澡区以及山麓边缘存在裂隙区域的时候。由于裂隙被积雪覆盖，登山者在经过这一区域时，容易掉落，存在着较大的风险。因此，经过上述区域必须小心谨慎，不能掉以轻心。在通过冰雪覆盖的山坡裂隙时，登山者不能单独行动，可以由若干人组成登山小队，队员之间用绳子连接，相互之间保持10米～12米的距离。第一个登山队员在每次行进前，要先进行探测，确定安全后才能前行。后续队员要踩着前面人的脚印行走，通过特殊路段时还需要匍匐前进，如存在裂隙的冰桥或冰面等。同时，雪坡行进还要注意雪崩。在坡度较大的雪坡上行进，登山者的两脚需要站稳后再行进。

跨步时，保持两脚前掌踏雪姿势，如果滑倒，为防止下滑，身体要迅速变换为俯卧姿势。在积雪上行走时，积雪较硬的区域适宜行走；当雪踩上去十分松软，而队伍又必须从此处通过时，应匍匐行进。登山者如果在雪地里走热了，不要随意吞食冰雪，因为骤然吞食冰雪，容易患喉头炎，增加身体负担。

3.登山的基本常识

（1）在攀登 1000 米以上的山峰之前，必须制订详细的登山计划，包括路线安排、食宿安排、需要带的装备、大概需要的时间等，绝对不能存有侥幸心理，否则很有可能被突发情况困住。要制订至少两套计划，并充分考虑会影响登山的不利因素，如地形地势、天气变化、动物侵袭等。

（2）不要独自一人去攀登陌生的山峰，结伴而行才是明智之举，登山小队应至少由 3 人组成。如果单独行动，一眼望不到头的山峰、陌生的山林环境，会击溃你的生理和心理防线。

（3）在出发时间的安排上，要赶早不赶晚，山间天气变化多端，但一般早上天气会比较稳定；经过太阳一上午的照射，山中水汽凝结，下午容易有雨。

（4）登山前一天晚上要早点休息，保证充足的睡眠，如果计划在山上露营，那么前一天晚上可以洗个澡，因为山上不方便洗澡。

（5）出发前要注意饮食，不要暴饮暴食，也不要吃太多刺激性的食物，否则肠胃出状况不仅不好解决，还会影响队伍的进程。

（6）如果山上有酒店可供住宿，那么就要提前预订，以便旅途休整，也能让旅途变得更有目标性。

（7）登山前务必查看未来几天的天气预报，并随时关注山上的天气变化。

（8）有人感觉上山很费力，因而会优先选择坐车到山顶，然后再走下来的登山方法。但这种方法有较大的缺点，尤其是下山时，小腿肌肉和膝关节承受的负荷会比上山时大数倍，也没有上山过程中越来越有成就感的体验。

（9）在组建登山小队时，队员要身体强壮、团队意识强，体弱多病、一意孤行的伙伴对整个队伍来说都是一种负担，他们不仅会拖延上山的时间，甚至会导致登山计划的失败。

4.登山的注意事项

（1）青少年登山最好由老师带队，开展集体行动。

（2）要慎重选择登山地点，登山前，可以向附近居民或其他有经验的人了解山上的地形地势、天气变化等情况，然后规划一条安全的登山路线。

（3）带好食物、绳索和水。夏天天气炎热时，一定要带充足的矿泉水或运动饮料，因为人体缺水容易虚脱、中暑。

（4）如有背包，不要手提，要用双肩背，以便节省体力、保持身体平衡，空出双手用于抓攀。此外，登山者还可以用结实的长棍作为手杖，帮助攀登。

（5）不要在危险的崖边照相，以防失足坠落或发生其他意外。

（6）团体登山可自行购买短期团体出游意外保险。

（7）走路时要集中注意力，不要一边走一边东张西望，欣赏风景时可以停下来。照相时要特别注意安全，选择安全的地点和角度，要特别注意脚下的岩石是否稳固。

（8）要保障自身的旅游安全，不要到未开放的山区游玩，不要到无人管理的山区游玩，不要在无救生人员的深潭、水域游泳、戏水。如果看到警告或禁止的标志，应立即停止前进，改变路线。

（9）登山途中还特别需要注意防火，尽量不要吸烟，吸烟后也要保证烟蒂已全部熄灭。

（10）登山者要有环保意识，要保护自然环境，不破坏景观资源，不任意丢弃垃圾，带走自己制造的垃圾。

（11）登山者在登山时要注意保管好自己的贵重物品，防止丢失或被窃，尤其是手机、照相机等常用物品更要放好。

（四）漂流

漂流，顾名思义，就是一种漂在水上的、无动力的、依靠水流或船桨的动力进行移动的一种水上运动方式。漂流最早是人类一种涉水的方法和手段，作为一种户外运动方式出现较晚。最早从事漂流活动的是因纽特人和中国人，但二者所使用的器械不同。因纽特人使用皮船，而中国人使用竹木筏。虽然漂流时使用的装备不同，但目标相同，都是为了满足生存的需要。现代漂流运动源于二战之后，部分从事户外体育活动的人，利用军队退役的橡皮筏，在水面上完成漂流活动，但那时漂流运动的规模较小，从事人口较少。随着活动的进一步推广，漂流运动逐渐在世界范围内广泛开展，并拥有较多的热衷者，形成了现代的漂流运动。其基本操作就是：单人或多人乘坐无动力橡皮筏或小船，利用水流推动或船桨划动，使皮艇或小船移动，并控制好方向。漂流的水环境或是激流而下，或是平缓而行，在运动中，展现了人与自然的对抗。所以说，漂流是一项勇敢者的运动。

1. 漂流的基本技巧

漂流是一项消耗体能、考验胆量的刺激型运动。漂流者在寻求刺激、享受漂流运动带来快乐的同时，也要注意人身安全。掌握漂流技巧不仅能够保障人身安全，也能帮助漂流者更好地享受漂流的过程。

在漂流过程中，因为四周都是水，漂流者的身体及随身物品难免会与水接触，因此，尽量不要携带贵重物品，以避免掉落或损坏。戴眼镜的人应事先想办法用皮筋固定眼镜。漂流者出发之前必须穿上救生衣，随时防止意外落水，如果不想从船上掉下去，就要注意沿途的箭头和标语，尤其要注意跌水区的位置，防止出现危险情况。在顺着急流向下快速移动时，漂流者要利用艇身内的扶手带，将自己紧紧固定在艇上。并且，坐在艇上靠后位置的人，要保持身体向后倾，稳住艇身。当橡皮艇误入其他水道被卡或者搁浅时，漂流者应该先稳住艇身，找到落脚点再站起，然后下艇，不要在艇上左右磨动，这样不仅不能使艇向前移动，还可能会把艇磨坏。

2. 漂流工具

漂流者需要根据漂流河段的特点选择合适的漂流工具。通常情况下，橡皮筏的柔韧性很好，又装有充气囊，可以以柔克刚，就算碰见礁石也不用怕，因此适用于各种特点的漂流河段。漂流者在乘坐橡皮艇进行漂流运动时，即使遇见落差较大的瀑布或者险峻的河谷，也总能有惊无险地通过。与此同时，橡皮艇的行进方向和平衡也不用漂流者操心，一般情况下，漂流时，一般橡皮艇需要配备一个经验丰富的舵工，舵工具有丰富的漂流经验，当遇到急流险滩和礁石时，漂流经验丰富的舵工都能够进行妥善的处理与应对。一般情况下，在橡皮艇上还需要配备桨板，乘坐者可在舵工的指导下完成漂流运动。

用竹子做成的竹筏一般不适合在风浪较大的水面上行驶，容易被卡住或者翻沉，且竹筏上一般没有扶手，四周没有围挡，乘坐者不易保持平衡，如果有外力影响，乘坐者就容易落水。但漂流者乘坐竹筏在风平浪静的水面上漂行时，别有一番韵味——乘坐者手持竹篙，一边深深浅浅地撑着，一边欣赏两岸的风景。当然，这已经不是严格意义上的漂流了。小木船的适用性介于橡皮艇与竹筏之间，适用于河道较直、弯道和礁石较少的河段。小木船的操作技术比橡皮艇要难一些，一般船上可乘坐 6～8 个人。但人们无论是乘坐橡皮艇，还是乘坐小木船，都不可随意站立或走动，否则就会影响船体平衡。

3. 漂流注意事项

（1）漂流的最好时间是每年的 4 月份到 10 月份。

（2）参加漂流活动难免会弄湿衣服，因此最好提前准备一身换洗的衣服，漂流完成后，衣服要及时更换。漂流过程中，要穿塑料拖鞋或防水的胶鞋。

（3）不要随身携带与漂流无关的物品，如现金和贵重物品等。因为如果不幸翻船或发生其他意外事故，漂流公司和保险公司不会赔偿游客丢失的现金和物品。必须带相机的话，不要带十分昂贵的相机，且使用前要做好防水措施，在平滩时打开，过险滩时包上，而且要随时做好相机掉入水中或被摔坏的思想准备。

（4）听从工作人员的安排，漂流前要做好相关准备工作，如要充分了解漂流注意事项、正确穿着救生衣、了解安全绳位置的确定等。

（5）如果在漂流前发现天空快要下雨，漂流者可在出发前购买雨衣，穿雨衣上船。

（6）漂流船通过险滩时，漂流者要保持冷静，在船上抓紧安全绳，稳住身体，保持平衡，控制身体的倾斜向方向为船体中央。一定不能慌乱，不能乱动。

（7）漂流过程中不得随便下船游泳，要征得舵工的同意，尽量在平静的水面游，不要离船体太远。

4. 漂流小常识

漂流难度划分：

第一级：水流平缓的区域。

第二级：大部分水域水流平缓，有轻微波浪，浪高在 1 米左右。

第三级：水流有些急促，波浪频繁，但对有经验的人来说不会太难，浪高在 1.5 米～2 米。

第四级：这一级对有经验的人来说也是有挑战的，有较大的障碍物需要避过，浪高 3 米左右。

第五级：适用于经验丰富的漂流者，这一级会遇到很难逾越的障碍物，漂流者的生命甚至会遭到威胁，浪高超过 3 米。

（五）划船

船作为人类用于生产和生活的交通工具，已经有上万年的历史了，早在原始社会，人类就发明了独木舟，找到了在水面上通行的方法。原始人制造的独木舟，正是现代皮划艇的祖先。赛艇运动是一项古老的运动，18世纪欧洲的简易划船赛被认为是赛艇运动的起源。1715年，一位名叫托马斯·道格特（Thomas Docter）的以色列演员在英国发起了一项从伦敦桥到切尔西的年度赛艇比赛，并且为获胜者设置了奖金。道格特所创立的这项比赛直到今天还在举办，并且吸引了来自世界各地的赛艇爱好者。

1. 划船技术要求及作用

划船运动是一种以赛艇、皮划艇为载体，通过运动员双手抡桨划动，使船艇前进的运动项目。尽管划船比赛不要求运动员有短跑运动员的奔跑速度和举重运动员强大的爆发力，但从事划船运动的运动员在拉桨时也要有适当的力量、速度和耐力，还要懂得团队配合战术。

划船运动是一种从古代流传下来的运动，不仅能锻炼人体腰部和背部的肌肉，增强其耐力和力量，还能使人体背部肌肉中的结缔组织更有活力，甚至还能增强人体的恢复力，缩减伤病恢复的时间。站在中医学的角度，腰部和背部存在大量的穴位，这些穴位关联人体内部的多个器官，如胃、胆、肝、肺、心等，进行划船运动就好比直接促进器官运动，能提升器官功能。

2. 划船比赛简介

划船是水上运动项目之一，靠人力划桨使舟船在水面前进。根据划船所用舟船类型不同，可将划船运动分为三种，分别是赛艇、皮艇以及划船。赛艇是一种特殊的舟船，好似古代织布使用的梭子，中间胖、两头尖。赛艇运动需要运动员坐在赛艇中央，通过身体的前后摆动、双脚踩踏脚板、双手挥动船桨的动作，使赛艇在水中快速前进。皮艇为双叶桨，划艇形如独木舟，用单叶桨划水。划船比赛根据参赛人数可分单人比赛、双人比赛、4人比赛和8人比赛，多人比赛又可分为有舵手、无舵手两种。男女划船比赛的距离分别为2000米和1000米。

3. 划船运动注意事项

（1）运动员在开始划船之前一定要做热身训练，一般是进行一些平缓的划行动作，充分调动腰背部的肌肉，避免受伤。

（2）划行过程中，运动员不会一直保持一个力度，一般力度的变化顺序为小、中、大、小，循环往复，直至终点。

（3）建议运动员在日常练习过程中经常改变划行方式，并记录自身的感受。

第五章　自发性群众体育竞赛活动

第一节　自发性群众体育竞赛活动的意义和特点

一、自发性群众体育竞赛活动的意义

自发性群众体育组织开展的体育竞赛活动是人民群众参与体育锻炼、实现体育锻炼目标、展现锻炼成效的关键方式，是群众体育重要的表现形式。自发性群众体育竞赛活动扎根社会基层，有广泛的群众基础，其中既包括参赛群众，也包括观赛群众、啦啦队成员、组织人员、报道人员和志愿者等。从某种意义上讲，自发性群众体育竞赛活动已经是人民群众参加社会活动不可或缺的重要形式，吸引着无数人的目光，对群众社会生活的各个方面都产生了深远的影响，这些都是其他类型的社会活动不具备的优势与作用。

（一）推动体育运动的发展

体育运动竞赛是一个参赛者之间围绕相同运动项目展开的，以争取胜利为直接目的的，根据比赛规则进行的，比拼体力、智力、运动技能和参赛心理的运动过程。开展群众体育竞赛活动不仅可以使群众检验自己日常的练习效果，进而发现自己的不足之处，学习他人的优秀经验，提高自身的运动水平；还能在竞赛中宣传体育文化知识、技术和体育道德规范，让更多的人知道体育运动，并主动参与到体育运动当中来，促

进我国全民健身事业蓬勃发展。

（二）启迪和激励观赛群众

在社区、单位、学校组织开办的体育运动比赛中，人们能够放松身心、振奋精神，尤其当自己所在的团队或组织取得胜利后，更是会感到欢欣鼓舞、荣辱与共。观赛者在观看比赛的过程中，运动员的精彩表现以及他们永不放弃、顽强拼搏的精神常常会给观赛者带来不一样的启迪和激励。

（三）促进社会主义精神文明建设

自发性群众体育运动竞赛活动是一项典型的群众主动参与的社会活动，群众通过参加这一社会活动，能够认识来自不同组织的体育运动爱好者，丰富自己的业余生活，降低生活压力。对于社会来说，可以调节社会情感，树立良好的社会风气，促进社会主义精神文明的建设。

（四）促进文化物质交流活动的开展

组织者想要开展自发性群众体育竞赛活动，必然需要场地和相应的体育设施，这些事物都需要组织者负责建设和购买，实现物资流通。组织者举办体育竞赛活动有利于展现相应区域的文化，实现文化交流。

二、基层自发性群众体育竞赛活动的特点

一般情况下，基层自发性群众体育竞赛活动是人们平日可以接触到的、直接参与的活动，这些活动具有丰富的内容，极具观赏性，其特点如图 5-1 所示：

图 5-1　基层自发性群众体育竞赛活动的特点

（一）群众健身性

基层自发性群众体育竞赛活动最大的特点就是群众健身性，基层自发性群众体育竞赛活动的这一特点体现了人们举办此类活动的首要目的。换言之，举办此类竞赛活动是为了让群众锻炼身体，保持身体健康，同时使群众的文化生活更丰富、更充实，推动群众体育事业繁荣发展。不同于专业运动员参加的竞技类比赛，该类竞赛活动虽然也有胜负之分，但参赛运动员的最终目标不是追求名次。

（二）小型多样性

基层群众自发组织开展的业余体育竞赛活动一般规模不大，侧重在人民群众中普及各种体育锻炼项目，因而竞赛项目众多，形式多样，吸引了来自社会各界、各个年龄阶段的体育活动爱好者，满足了各类人民群众的体育健身需求。

（三）分散灵活性

基层自发性群众体育竞赛活动基本都是由基层自发性群众体育组织举办的，属于社会化的群众体育竞赛活动。各组织者和参赛人员需要充分协调、安排身边的各种资源，利用各种节假日、空闲时间在各单位、各组织分散开展体育竞赛活动，保证活动的灵活性和有效性。

（四）民间传统性

大部分由基层人民群众自行组织开展的群众体育竞赛活动没有外界赞助，开展竞赛活动所需的场地、服装、器材、设备都是由群众自己出钱购买或租赁得来的，这是基层群众体育竞赛活动的组织传统。基层群众体育竞赛活动的传统性还体现在竞赛项目的选择上。基层群众体育竞赛活动的竞赛项目可以是足球、篮球、乒乓球等这类现代体育项目，还可以是有深厚群众基础、历史悠久的民间传统体育项目，如放风筝、划船、摔跤等。举办这类竞赛项目的时间安排可以和民间传统节日活动有机结合，如端午节可以举办划龙舟比赛，从而为人们的节假日生活增添无限乐趣。

三、大型自发性群众体育竞赛活动的特点

大型自发性群众体育竞赛也是人民群众自发组织的体育竞赛活动。顾名思义，与一般的基层群众体育竞赛活动相比，这类群众体育竞赛活动的组织规模更大，比赛项目更丰富，参赛人数更多，社会影响力更大，更有自己的活动特色，在具体的活动开展上更正规，如图 5-2 所示：

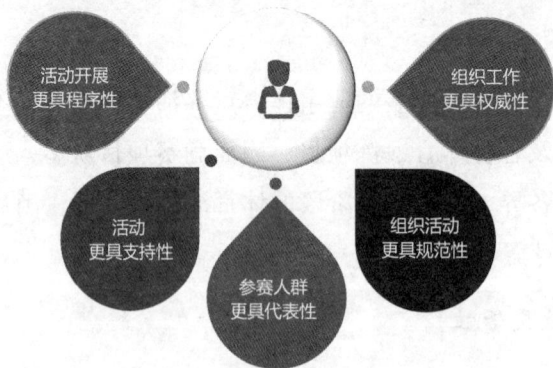

图 5-2　大型自发性群众体育竞赛活动的特点

（一）组织工作更具权威性

大型自发性群众体育竞赛通常参与人数众多、活动规模较大，在社会中也能引起很大反响，所以，在开展此类活动时必须要有同等级别的团体组织或政府机构给予支持和许可。同时，为了避免比赛出现重大疏漏，保证活动有序推行，地方体育部门通常都会在竞赛开始前成立专门的组织委员会，由委员会负责赛事的所有内容。组织委员会包含负责竞赛、宣传、会务、场地、器材、裁判、保卫和后勤等方面的工作部门，组织委员会主要负责对这些下属单位进行管理和监督，更具权威性。

（二）组织活动更具规范性

1. 有固定的场地

举办小型群众体育竞赛活动的场地一般都不固定，可以是分散的，多方位、多层次的。大型的自发性群众体育竞赛活动，需要在正规的、固定的体育场馆举行。

2. 有集中的时间

一般来说，小型的群众体育竞赛活动举办的时间并不需要集中，可以根据组织成员的具体情况开展经常性的友谊比赛，谁有时间谁就去参加比赛。而大型自发性群众体育竞赛的时间相对比较集中，有的会选择周六日，当然也有时间比较长的，大概会持续五天或六天。

3. 有严格的竞赛规则

一般来说，小型的群众体育竞赛活动是在较为轻松的氛围中开展的自由健身活动，没有严格的技术、动作要求；大型自发性群众体育竞赛则与之相反，它一般会设置严格的竞赛规则，要求参赛者动作规范、表现专业，要求裁判员按照对专业运动员或接近专业运动员的评判标准进行评判，无论是扣分还是评分都有据可循。

（三）参赛人群更具代表性

第一，在自发性群众体育竞赛活动的参加者中，一般属于大型活动的，其参加者主要是从基层群众性体育活动中选拔出来的某一区域水平较高的体育项目爱好者，他们会更加专业。一般的群众性体育比赛活动则是人人参与，不论专业水平如何，都能参加比赛，只要自己想参加就可以参加，在运动过程中，大家也不会拼个你死我活，就是相互切磋技巧、锻炼身体，通过认真参与比赛，虚心向他人学习。

第二，参加大型自发性群众体育竞赛活动的人需要根据性别、年龄、综合能力、行业水平等分组，既详细又专业；而小型群众体育比赛活动对参加者并没有这么高的要求，只要群众对该项目有兴趣，清楚具体的规则，无论是男是女，是学龄儿童还是耄耋老人，来自哪个行业、从事什么职业，都可以参与相应的、力所能及的比赛活动。

（四）活动更具支持性

大型自发性群体竞赛活动的开展离不开体育管理部门、环保部门、公安部门、媒体部门等多个部门的协调配合，体育管理部门负责指导和协助活动的具体组织和进行，环保部门负责比赛场地的干净整洁，公安部门负责比赛的安全秩序，媒体部门负责活动的宣传、报道。总而言之，大型自发性群众体育竞赛活动的开展不是单打独斗，需要社会各个层面给予支持，更需要人民群众的关注和参与。

（五）活动开展更具程序性

举办大型自发性群众体育竞赛活动并没有想象的那么简单，需要制定比赛规程、发布比赛通知、大力宣传、比赛报名、确定参赛人员、举行开幕式、正式比赛、宣布结果、颁发奖项、举行闭幕式、评选优秀裁判和运动员，以及印制成绩册等，所有工作都需要制订详细的计划，合理安排，这些工作都是按规定步骤实施、运作的。因此，活动的开展更具程序性。

第二节　自发性群众体育竞赛活动的类型与方法

一、自发性群众体育竞赛活动的类型

自发性群众体育竞赛活动的类型五花八门，从活动的规模、要求、目的以及性质来看，主要分为以下几类，如图 5-3 所示：

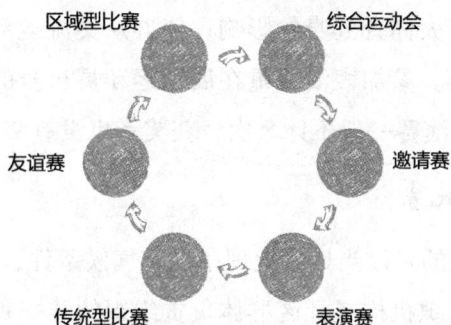

图 5-3　自发性群众体育竞赛活动的类型

（一）综合运动会

所谓的综合运动会，指的是包含了多个运动项目的、大规模的竞赛活动，它包括体操运动、球类运动、田径运动等，甚至趣味运动也包含其中。显然，综合运动会最显著的特点就是项目多样化。除此之外，由于综合运动会比赛项目多、参赛人数也多，因此，比赛会安排在不同的时间段、不同的场地进行，但也不会拖延太久，一般三五天就会结束，且会安排在同一城市进行。由于比赛规模较大，综合运动会的组织工作也会比较复杂，且更加注重程序和礼仪，如在比赛结束后会举行颁奖典礼，为表现优秀的参赛者颁发奖章、证书。

（二）邀请赛

邀请赛是由一个单位或者几个不同单位联合发出邀请，很多单位共同参加的体育比赛。邀请赛多是某一种体育项目的单独比赛，举办邀请赛的主要目的在于使各单位增进友谊、团结一致、相互学习，共同提高某一体育项目的运动水平。

（三）表演赛

表演赛是常见运动竞赛的一种，举办表演赛的目的在于为群众宣传体育健身活动，扩大体育健身的影响，使群众交流运动健身的经验，丰富群众的业余生活。参加表演赛重在展示运动员自身的技术和战术。不同于正式比赛，表演赛一般不计名次，获奖者也没有奖牌。

（四）传统型比赛

传统型比赛指的是以当地的地理条件、气候条件、风俗习惯为基础，由当地群众体育组织机构或社区群体负责组织的几乎每年都会举办的体育竞赛活动。常见的传统型比赛有夏季夜跑活动、春季骑行比赛、冬季游泳比赛等。

（五）友谊赛

友谊赛是一种和邀请赛有着类似目的的非正式体育比赛活动，其主要目的是使参赛人员相互交流经验、增进友谊，充实单调的生活，有时候也会选择访问比赛的形式举办。

（六）区域型比赛

区域型比赛是在既定的行政区域内组织开展的比赛，是在某街道、某行政区、某县、某市、某省或更大区域组织的，要求本区域范围内相关单位参加的比赛。

二、自发性群众体育竞赛活动常见的比赛方法

自发性群众体育竞赛活动常见的比赛方法主要有四种，即循环赛、淘汰赛、混合赛和顺序赛。这些比赛方式是自发性群众体育组织结合比赛所需场地、设备情况、比赛时间长短、比赛项目特点以及参赛人数的多少综合考虑，从而选择出的最合适的竞赛方法。

（一）循环赛

循环赛一般在球类、棋类竞赛活动中较为常用。循环赛的特点是可以让每个参赛方（或参赛组内的任何一人）都能与其他方（或人）进行对抗。根据不同的循环体制，循环赛又可分为三种类型，即单循环、双循环和分组循环。单循环指的是每队或每人与其他队（或人）只对抗一次，双循环指的是对抗两次，分组循环指的是将所有人分成多个小组，再进行循环对抗。

1.循环赛的优点

循环赛最显著的优点就是能让参赛的队伍和人员都与其他对手进行切磋，相互学习。循环赛中出现偶然事件的概率较小，比赛的名次排列比较真实，基本符合参赛者在整个参赛过程中表现出来的水平。

2.循环赛的缺点

循环赛各个参赛者（队伍）的名次需要在整场比赛结束后，统计各自的积分才能确定。所以一旦开始比赛，就不能随意增减参赛人员或队伍，不然就会影响各个参赛人员或者队伍的成绩。另外，循环赛的每一场比赛除了会产生参赛双方的成绩，还可能会影响第三方的成绩，如人情、关系、利益等因素可能会影响比赛的进行，进而影响比赛结果的公平与公正。循环赛的比赛场次多，组织不易，消耗运动员的体力也是这一比赛的主要缺点。

总的来说，循环赛的优点远比缺点要多，这也是现在很多球类运动

会使用这种比赛方式的主要原因。如果参加比赛的队伍（或人员）数量不多、场地足够时，首选单循环和双循环；如果参加比赛的队伍（或人员）数量多，且场地受限，应首选分组循环。

（二）淘汰赛

在球类运动中，除经常使用的循环赛外，淘汰赛也是一个经常使用的比赛方式，棋类运动比赛中也常常使用这种比赛方法。在应用淘汰赛之前，比赛组织者必须根据一定条件将所有参加运动比赛的队伍（或人员）排序、分组。在比赛过程中，所有队伍两两相对，输一场就算淘汰，每一轮比赛都要淘汰一半的参赛队伍，直到最后产生冠军。

1.淘汰赛的优点

当参加比赛的队伍（或人员）数量较多时，应用淘汰赛可以在有限的时间内决出比赛结果，因为淘汰赛能减少比赛场次，大大节约比赛时间。

2.淘汰赛的缺点

淘汰赛是根据一定条件分组的，随机性、偶然性较强，但合理性差。比赛要看运气，抽签靠前的参赛选手或队伍，成绩多少会受到影响，并且一旦失败就意味着出局，再没有逆风翻盘的机会。

（三）混合赛

混合赛是指将以上两种比赛方法结合的比赛方式。通常可分为两种类型：第一，先淘汰赛后循环赛；第二，先循环赛后淘汰赛。

（四）顺序赛

所谓顺序赛，指的是所有参赛者根据一定的规则和顺序进行比赛的活动，如报名顺序、发放号码牌的顺序等。一般情况下，这种方式主要用于舞蹈类、体操类运动比赛。顺序赛根据是否将参赛队伍分组可分为两类：第一，分组顺序法。这种方式是提前将所有参赛队伍（或人员）

分成若干小组，每组单独组织比赛，决出本组的名次，然后将所有组的成绩汇总，再确定总名次，最常出现在健美操比赛当中。第二，不分组顺序法。这种方式不需要分组，所有参赛队伍（或人员）只需按照规定的顺序参加比赛即可，最常出现在健身操比赛、广播操比赛当中。

第三节　自发性群众体育竞赛活动的发动与实施

一、自发性群众体育竞赛活动计划的制订

（一）制定自发性群众体育竞赛活动的发展规划

自发性群众体育活动的发展规划可以以 3 年或 5 年为一个周期制定，其内容一般包括群众体育活动的组织机构、目标、任务，以及群众体育活动的内容、活动场地等，还包括实现目标任务的途径、方法和相关措施等。其中，群众体育活动的组织机构既可包括自发性群众体育组织，又可包括指导活动开展的体育管理部门。群众体育活动与比赛的目标一般可定为促进全民体育活动与健身事业的发展，提高人民群众的身体素质，丰富人民群众的业余生活。群众体育活动与比赛的内容可根据本区域常见的群众体育活动项目制定，活动的场地则需要组织者根据活动内容、活动时间、参与活动的人数进行选择、协商。实现活动目标的途径与方法要结合活动的发展现状多方面考量，争取选择最简单、最有效的方法。

（二）根据发展规划，按年度制订详细的群众体育活动计划

群众体育活动的年度计划是为达到群众体育活动发展规划目标而需要分年度完成的具体内容和相关安排。该计划包括要完成 3 年或 5 年规划中的目标和任务，预计每年度需要组织的群众体育活动及安排，每个

活动要达到的目标、需要完成的任务、相关的组织形式、活动的规模、内容和活动组织的时间、保障活动完成的具体措施，以及经费和预算等。社会环境的变化和时代政策的改变要求群众体育活动与比赛的年度发展计划必须与时俱进，要能够适应社会环境的变化，符合最新政策的要求，尤其在组织形式与实施方法方面要能够灵活变通。

（三）项目活动计划

1. 竞赛活动计划

竞赛活动计划包含了举办竞赛活动的方方面面，如举办竞赛活动需要遵循的比赛宗旨和比赛目的，宣传比赛的方式，选手报名的方式，参赛人员必须具备的参赛条件，以及比赛涉及的具体内容（比赛规则，比赛使用的设施，参赛人员的着装，比赛时间、地点、方式，以及不同名次对应的奖品等）。此外，还需要设立仲裁委员会，以加强活动组织部门对赛风赛纪的监督管理，保证比赛的公正平等。在经费的使用方面，还要规定参赛费用、路费、食宿费以及比赛的赞助方信息。

2. 培训、辅导活动计划

针对体育项目及活动的培训与辅导，也应制订相应的计划。计划的内容主要包括培训班的名称，开班的时间、地点，结束的时间，适合接受培训的对象，接受培训者的身体条件、健康状况，培训预期取得的效果与要求，相关培训和辅导课程的安排，担任培训教师的技术水平、学术水平，培训完后的结业考试，考试通过后可以获得的证书等认可证明。

3. 表演活动计划

针对体育表演活动制订的计划内容应包括为何要开展此次表演活动，表演的时间、地点，表演项目和每个项目的表演者，排练的地点、时间，表演所需的各种设备、音乐、道具，以及演员的着装，更重要的是如何宣传表演活动，如何安排欣赏表演的群众，以及为规范表演者制定的各种限制条件等。

4.社会咨询活动计划

社会咨询活动计划主要针对的是人民群众对群众体育活动以及各种具体体育项目的咨询，包括咨询活动的目的、主题、时间、地点和拟开展咨询活动的次数，拟主持咨询活动的人员、相关的客服人员、记录咨询信息的记录人员、回答咨询的专家学者等。当咨询活动结束后，所有人需要对整个活动进行分析、总结和学习。

二、做好自发性群众体育竞赛活动前的准备

举办任何类型的竞赛和活动之前都要做好准备工作，准备工作做得好，正式工作才能有条不紊地推进，才能收获良好的工作成果。在开展自发性群众体育竞赛活动之前，准备工作必须做好，具体内容有：

第一，开展竞赛活动的目的、任务。开展竞赛活动的目的是使群众具备参与竞赛活动的动力，活动组织者要明确活动或竞赛开展的任务，尤其是阶段性任务，要能够化整为零、化复杂为简单，引导人们做好每一阶段的工作。

第二，设立竞赛活动的组织机构。群众体育活动有了负责的组织机构，各项工作的推进有了责任人、监督人，活动才能更好地进行下去。

第三，制订开展工作的计划与简要流程。活动组织者在开展自发性群众体育竞赛活动之前，有必要制订详细的工作计划。计划得越详细，考虑得越周全，就越不容易出现意外情况。

第四，做出竞赛活动的经费预算。任何竞赛活动的开展都要有一定的经费支撑，在没有经费的情况下，任何计划都无法实施，有经费才能推进活动的流程。

第五，制定竞赛活动开展过程中必须遵守的标准要求，这一点是整个赛前准备工作的重点。

（一）明确竞赛前准备工作

（1）编排比赛秩序册，主要是关于比赛规程以及各种补充规定的编排；确定竞赛的各种名单，如组委会成员名单，仲裁委员名单，裁判长、裁判员的名单，所有办事机构的名单，参赛队伍中领队、教练以及具体参赛人员名单等；制定所有参赛人员、裁判员以及教练员必须遵守的规则；合理安排比赛活动时间以及其他活动时间，在活动期间穿插文艺活动或交流活动；相关场地示意图的制作与发布，包括练习场地和比赛场地。

（2）准备在比赛中可能要用到的道具，如抽签用具、队伍或个人名称标签、位置号、种子序号等。

（3）编排比赛秩序。根据所有参赛队伍或个人的比赛时间、场地以及抽签情况合理编排比赛顺序，编排比赛秩序需要遵循的原则为：公正、合理、科学。

（4）安排比赛前和比赛期间的练习场地，应该使各个参赛者或参赛队伍都有机会练习。

（5）组织裁判员学习与实习，主要工作内容为熟悉本次比赛的规则和裁判方法，检查场地、器材是否符合标准，明确各位裁判的职责分工，保证比赛的顺利进行。

（6）绘制各种比赛用的表格，如参赛运动员表格、裁判员打分表格。

（7）根据竞赛规程的相关规定，对所有参赛人员的参赛资格进行严格审查，确保竞赛的公平性。

（8）邀请裁判长、教练员以及所有参赛队伍的领队举办联席会，共同商讨比赛方法等相关事宜。

（二）制定竞赛规程

制定竞赛规程意味着活动组织部门要做好以下几个方面的工作：

（1）确定竞赛活动的名称，明确主办单位和承办单位。名称的确定需要考虑多种因素，如竞赛的规模、具体项目的特点，尤其是经费来源等。

（2）明确竞赛的目的与需要完成的任务，还包括与竞赛相关的项目说明，其他必需的特别说明，简单明了的比赛办法以及名次录取规则等。

（3）确定适当的比赛日期。为了吸引观赛者、提升比赛的氛围，应首先考虑将比赛的日期定在节假日，平时最好将时间设定在周六日。

（4）确定参赛资格与参赛人数，确定报名日期、报名截止日期及报名地点。

（5）选派专业的裁判长、裁判员开展裁判工作。

（三）准备竞赛经费

1. 经费项目

根据具体内容确定所有经费的项目名称，主要包含以下几种：

（1）器材经费。这项经费主要用于购买各种器材，如教学器材、表演器材、体育器材以及相应的保护器材。

（2）服装经费。这项经费主要用于购买各类服装，如裁判、运动员服装，用于开幕式表演和闭幕式表演的服装，礼仪小姐服装等。

（3）设备经费。这项经费主要用于购买各类必要的设备，如裁判用具、计时用具、摄像设备、音响设备、计算机设备等。

（4）活动经费。这项经费主要用于支付活动中出现的各种花费，如裁判员的出场费、专业人士的讲解费、工作人员的食宿费、各种会务开支、运动员训练补贴以及购买活动纪念品的费用等。

（5）场地经费。这项经费主要用于场地的租赁和维修。

（6）奖励经费。这项经费主要用于购买奖品、奖状、奖旗以及支付奖金等。

2. 经费来源

（1）专项拨款。来自政府体育管理部门的专项拨款。

（2）社会集资。主要是社会各界热爱、支持体育运动赛事的友好人士的投资。

（3）设备引资。为了宣传某一设备品牌，答应在比赛期间使用该品牌的设备，让更多人了解和知悉该品牌。

（4）个人出资。支持体育运动事业的个人投资。

（5）承办方的减免优惠。承办活动的单位可能会主动减免或优惠一定费用，主要是在场地、器材、设备等收费项目上。

3.经费使用

（1）根据活动规模，活动项目，所用器材、设备、场地的具体情况，结合当前财务开支标准和现行市价计算出举办竞赛活动所需的经费总额，将预算经费报给上级部门。

（2）经费预算得到批准后，由专门的财务人员负责监督活动经费的使用情况，保证所有经费都与计划要求相符，保证活动顺利推行。

（3）活动结束后，查看经费的使用情况，看看是结余还是超支，找出出现这种情况的原因，结余部分再想他用，超支部分要重点解决。

三、实施自发性群众体育竞赛活动计划

实施自发性群众体育竞赛活动计划其实就是监督、控制整个活动按照计划顺利地运行下去，如果在执行活动计划的过程中遇到了问题，活动组织部门要及时掌握问题、研究解决方案、适当调整或修改计划，确保活动顺利进行。

第一，在实施计划之前，要制定完整的标准和要求，用于规范和解决可能出现的各种问题，如活动目标实现的程度、所有工作人员的职责等，确保问题出现时有人负责，并在最短的时间内解决问题，保证计划顺利推行。

第二，组织人员要根据制定的标准和要求，严格监督所有工作人员执行计划，所有情况都要公开，确保计划顺利完成。

　　第三，通过查看人员对计划的执行情况，给予恰当的评价和结论，总结计划工作做得好、值得表扬的部分，对相关人员进行嘉奖；发现计划工作中存在的问题，避免下次工作中再次出现，或提前做好应急预案。

第六章　自发性群众体育活动侵权行为

第一节　侵权行为与体育侵权行为

一、侵权行为的概念

2020 年 5 月 28 日，中华人民共和国第十三届全国人民代表大会第三次会议表决通过了《中华人民共和国民法典》（以下简称《民法典》），对《中华人民共和国民法总则》《中华人民共和国物权法》《中华人民共和国合同法》《中华人民共和国婚姻法》《中华人民共和国继承法》《中华人民共和国侵权责任法》等民事单行法律予以法典化整合。其中，侵权责任编第一千一百六十五条规定："行为人因过错侵害他人民事权益造成损害的，应当承担侵权责任。""依照法律规定推定行为人有过错，其不能证明自己没有过错的，应当承担侵权责任。"第一千一百六十六条规定："行为人造成他人民事权益损害，不论行为人有无过错，法律规定应当承担侵权责任的，依照其规定。"① 但是，《民法典》没有对侵权行为进行详细界定。目前来说，不同学者对侵权行为的理解也不尽相同，杨立新和佟柔两位学者对侵权行为分别给出了自己的定义。

杨立新认为，侵权行为是一种侵犯社会公共财产、侵犯他人财产和人身权利的不法行为，是指因作为或不作为而侵害他人财产权利和人身

---

① 黄薇. 中华人民共和国民法典侵权责任编解读 [M]. 北京：中国法制出版社，2020: 5, 13.

权利的行为。[①]

而佟柔认为，侵权行为是指行为人由于过错侵害他人的财产、人身，依法应承担民事责任的行为，以及法律特别规定的应对受害人承担民事责任的其他致害行为。[②]

笔者认为杨立新先生的观点更为精准。他在2021年出版的《侵权行为法》一书中，对于侵权行为是这样描述的："侵权行为是指行为人由于过错，或者在法律特别规定的场合不问过错，违反法律规定的义务，以作为或不作为的方式，侵害他人人身权利和财产权利及其利益，依法应当承担损害赔偿等法律后果的行为。"

综合各方面关于侵权行为的定义可以发现，侵权行为具有强烈的法律特性，换言之，只要是侵权行为，就一定是违法行为。这种行为主要有两种形式，分别是作为和不作为，都有过错，都需要承担民事责任，并且都需要对产生的损害进行赔偿。

二、体育侵权行为的概念与内涵

时至今日，关于体育侵权行为的概念并没有形成一个准确的定义。笔者认为，要界定什么是体育侵权行为，应该先弄明白什么是合法的、规范的体育行为。也就是说，体育侵权行为可以视为不合法且不规范的体育行为。合法的、规范的体育行为应该是符合法律规定的、符合体育特定规则的、满足体育职业道德要求的体育行为。

首先，对于合法体育行为的界定，其可以以刑法、民法、体育法等相关法律为依据，对体育行为中不同主体之间的法律关系进行确定。在对合法体育行为进行界定时，依据的法律标准是参加群众体育活动的各类主体应该做到的基本的行为标准。其次，不同的体育运动都有其特点

---

① 杨立新. 侵权责任形态研究 [J]. 河南省政法管理干部学院学报, 2004, 19(1): 1-13.

② 佟柔. 中华法学大辞典：民法学卷 [M]. 北京：中国检察出版社, 1995: 529.

和运动规则，而合法的体育行为都必须是在其特殊规则下所实施的体育行为。体育运动规则一般都是由相关体育行业制定的、符合其运动特点和规则的运动标准，是经过大量实践证明的、比较科学的运动标准。事实证明，运动员如果不遵守体育运动规则，就会导致体育伤害事故的发生，造成不必要的损失。运动员只有遵守体育运动规则，在体育运动规则的指导下展开运动、参与比赛，才能保障自身以及他人的人身安全。这样既能保护自身在运动过程中不受伤害，也能防止自己的某些行为对他人（同队队员、对方队员、裁判员、教练员、其他工作人员）造成伤害。最后，合法体育行为应遵循体育职业道德与伦理规范。体育职业道德和伦理规范虽然并没有明确的规定，但是也包含一些不成文的、人们都了解的规定。例如，在足球比赛中，人们默认的体现足球体育职业道德的行为有：不通过假摔让对方球员收黄牌、足球动作不能过大（铲球亮鞋底）、不用侮辱方式进球（过了门将后把球停在门线上）、尊重对手（规定环节与对方球员交换球衣）等。

以上三点介绍了什么是合法的、规范的体育行为，对于体育合法、规范行为的界定是为了减少体育违法行为、体育侵权行为的出现，维护运动场的秩序，发扬正确的体育精神。当然，如果因为体育竞赛或活动以外的因素，如由个人恩怨、个人利益而导致的侵权行为，也必须严格追究其责任，不能轻易姑息。

人们在研究体育侵权行为时，必须清楚它与"体育犯罪行为"是不同的。"体育犯罪行为"指的是体育运动参与者在体育运动过程中实施的行为违反了刑法规定，或该行为具有严重社会危害性。体育侵权行为与体育犯罪行为无论是在法律依据、对社会的危害程度还是在行为人的主观恶性、对客体的侵害行为以及责任上都有显著区别。在某些体育活动中，要区分一种不恰当的体育行为属于侵权行为还是犯罪行为并不是一件简单的事情。通常情况下，体育犯罪行为肯定是体育侵权行为，但是，并不是每一种对其他人造成人身伤害的行为都是体育侵权行为。换言之，有些行为虽然对涉事运动员带来了伤害，但做出该行为的运动员并不用承担法律责任。英美侵权法中规定的"Injury without legal redress（无法律补偿的伤害行为）"体现的就是这种情况，这类伤害行为被划分在正当业务行为范畴内，但该类体育行为活动实施时必须有裁判员在场进行监督，必须确保行为的产生出于体育目的。

部分体育项目在比赛过程中需要强烈的身体对抗，这就很容易出现伤害行为，如一些球类运动项目。由于运动空间有限，动作幅度较大，运动员总是会在不经意间与己方队员或者对方队员发生肢体碰撞，造成对方受伤或自己受伤。又如拳击运动，这项运动将击中对方的头部、身体正面等规定部位的动作视为有效动作，而这些动作毫无疑问将会给对方的身体带来一定程度的损伤，只要是参加这项运动的运动员，都被视作知悉该项运动可能造成的身体伤害，并不追究该项运动对自己造成的伤害。实际上，拳击这项运动需要运动员具备伤害对方的主观意识，而且，在运动过程中，通常运动员的身体都会出现伤害，甚至会出现重伤或死亡的严重情况。当然，在非体育运动比赛活动中，这种行为明显属于侵害他人人身安全的违法犯罪行为，实施人需要为此承担法律责任，并做出相应赔偿。但是在拳击运动比赛中，这种行为没有社会危害性，属于正当的业务行为。

如果将伤害行为全部归为违法行为或者犯罪行为，那么将不利于体育运动的开展，也不利于运动员充分发挥自己的运动技能，更不利于运动员提升自身的运动水平，推动体育竞技事业稳步发展。一般情况下，对于这种正当的业务行为，参赛双方在比赛前就应该清楚，且要自愿承担这种伤害，如果在比赛中因为对方的正当业务行为给自己造成了伤害，对方不用承担责任，也不用做出赔偿，一切后果自负。这里需要特别强调一点，虽然有正当的业务行为存在，但是运动员在体育运动过程中，无论是做出正当的业务行为，还是做出其他能被被害人理解的行为，都必须符合体育常规，不能有明显违规的行为。在拳击比赛中出现的咬对方耳朵的这种行为，则明显不属于正规的拳击动作，所造成的伤害也不是受害者可以理解和承担的。这种行为动作既不符合拳击比赛的规则，也不符合体育运动的基本职业道德，不能体现拳击运动的精神风貌，因而不属于体育运动中的合法、规范行为。

如果想要减少体育运动中类似恶性伤害行为的发生频繁，有两种办法可以参考，一种是在刑法内标明对该类行为的处罚，另一种是在民法或体育法中进行规范。只有这样，才能明确区分体育侵权行为和体育违法行为，才能让人们认识到这两种行为所产生的危害，清楚对应的责任，更好地维护公平正义。但是，体育侵权行为和体育犯罪行为在某些方面可能会出现重合，如有人利用体育运动侵害他人合法权益、伤害他人人身安全时，两者的区别只有侵害程度的深浅。在体育比赛活动中，侵害他人人身安全和其他利益的行为如果被判定其社会危害性不大，就只能将其当作体育侵权行为处理；如果判定该行为具有严重的社会危害性，才能将其当作体育犯罪行为处理。在处理这两类行为时，可以根据具体行为选择追究加害人的刑事责任或民事责任，当然，在追究其中一种责任后，受害人仍可追究另外一种责任，这两种责任的追究可以同时进行，并不冲突。

综上所述，体育侵权行为是指体育运动的参与群体或个人违反法律所规定的义务，或者操作不当，或者违反相关的体育职业道德，对体育运动其他参与者造成人身或财产侵害，并依法要承担相应民事责任的行为。

第二节　自发性群众体育活动侵权行为的类别

根据群众体育活动的定义，以及"侵权理论"的特征和概念，就可以得出群众体育活动中侵权行为的定义，即发生在群众体育活动中，参与体育活动的群体在人身或财产等方面的权益受到侵害的民事纠纷。自发性群众体育活动的侵权行为主要包括体育侵权行为、一般侵权行为和体育犯罪行为等三个类别。

一、自发性群众体育活动中的体育侵权行为

自发性群众体育活动中的体育侵权行为与竞技体育、学校体育中的体育侵权行为的认定是有一定区别的。在竞技体育、学校体育活动实施过程中，体育活动或竞赛的参与者如果有违反竞赛规则、体育职业道德或其他不合理的、损害他人身体健康、威胁他人生命安全的行为，就会被判定为体育侵权行为。对于自发性群众体育活动中发生的侵权行为的认定，应考虑群众体育活动与竞技体育和学校体育之间存在的区别。所以，其认定应该比竞技体育和学校体育对侵权行为的认定更严格。

首先，在竞技体育活动和比赛中，参加活动或比赛的运动员主体地位相对平等，这一点在全世界范围内都是一样的。在世界各国、各地区组织开展的正规的体育类职业比赛中，只有水平相似，或者身体条件相似的运动员才能参加同一类型的比赛。中国职业篮球比赛包括全国男子篮球联赛、中国男子篮球职业联赛、中国女子篮球甲级联赛等，这样分类主要是为了使参赛球队或人员的实力差别不大，既能保证比赛是公平的，也能减少因实力悬殊造成的运动伤害事件。在学校体育活动中，参与体育活动的基本都是在校学生，他们的水平和地位也比较均衡，基本能够保证体育比赛的公平、公正。

人民群众的广泛性、多样性决定了群众体育活动参与主体的不平等性。例如，在自发性群众体育篮球活动中，参与主体具有很强的不确定性。在小区和公园里的公共篮球场上，来自周围社区的篮球运动爱好者经常自发组建队伍，进行比赛。这些篮球运动爱好者有的只有十几岁，还在上初中；有的是大学毕业不久，刚刚进入社会；有的是工作经验丰富、已经成家立业的中年人；有的已经六十多岁，过上了退休生活。他

们的年龄、身体素质、运动能力、篮球技巧等都是不平等、不确定的，如果在活动过程中出现了体育侵权行为，那么处理的方式、方法和竞技体育中的体育侵权行为是否相同？"甘冒风险理论"是否适用？事实证明，对群众体育活动中体育侵权行为的认定和进一步处理，需要区别对待，即需要考虑群众体育活动的特殊性。

其次，竞技体育和学校体育活动的参与者享有比较完善的保障制度，尤其是我国特别注重竞技体育的发展，国家为竞技体育的发展提供了大量的人力、物力和财力。如果运动员代表俱乐部、市运动队、国家队参加比赛，即使出现意外也能获得一定的补助，这是因为运动队或俱乐部都会为参加比赛的运动员购买意外伤害保险，使运动员能安心参加比赛。在学校组织开展的体育活动或比赛中，参与体育活动或比赛的学生通常都由学校为其购买保险，如果产生人身伤害事故或财产损失，学校也会依据《学生伤害事故处理办法》《中华人民共和国未成年人保护法》等法律法规，承担相应的责任，做出一定的补偿和帮助。个体在参加自发组织的群众体育活动中，如果遇到意外伤害事故，一般没有组织机构会负责，只能自己承担，申请法律援助之后一般也无法获得有效救济。因此，对于群众在体育活动中出现的相关体育侵权行为的认定需要更加仔细、更加严格、更加公平公正。

最后，群众体育活动的娱乐性和业余性特征也影响了其侵权行为的认定。在一些团体类群众体育项目活动中，如足球运动，像抢球、截球、卡位等这些具有危险性的动作，非专业的足球运动员在很大程度上并不了解这些动作可能造成的严重后果，也不清楚怎样做能保证使自己和他人不受伤。事实证明，不规范的体育动作很容易给运动员造成不同程度的身体伤害，如果因为动作不规范给对方运动员造成了身体伤害，那么这种动作行为就属于体育侵权行为。又如，在自发性群众体育篮球运动中，因为垫脚动作造成对方崴脚受伤的行为，也属于体育侵权行为，且行为发出者应当承担相应的侵权责任。这种类型的伤害事故必须追究加害人的责任，因为加害人属于有意识地给对方造成了身体伤害，此时已经不用考虑该技术动作的合理性，因为加害人没有尽到应尽的注意义务。

在自发性群众体育活动中，无论是组织者还是参与者，都应该充分考虑群众体育活动的特殊性，随时注意是否尽到注意义务。此外，群众体育活动中体育侵权行为的认定针对的是群众体育活动本身，即使参与者中有专业的运动员，也不能一视同仁，要区别对待。

二、自发性群众体育活动中的一般侵权行为

在自发性群众体育活动进行的过程中，难免会产生一些伤害事故或财产损失。这种侵权行为一般都发生在人民群众参加体育锻炼的过程中，也属于体育侵权行为，但其典型特征与体育侵权行为并不完全相符，而是与一般侵权行为的特征更为接近，只是发生的媒介不同，自发性群众体育活动中的一般侵权行为是借助群众体育活动发生的。由此可见，一般侵权行为的发生是由多方面的因素导致的，群众体育活动只是这些因素中的一种。在群众体育活动过程中，常见的一般侵权行为有很多表现，如在自发性群众篮球比赛过程中，参赛双方运动员会由于一些肢体碰撞引起误会，随后发生争吵、引发争斗，造成参加争斗的人员不同程度的受伤行为；又或者某一健身会馆在经过宣传、引导帮助群众办理健身卡、签订健身合同后不能履行合同义务，擅自更改合同内容，甚至停止营业、关门跑路的行为。

要判断一种行为是否属于自发性群众体育活动中发生的一般侵权行为，主要从以下两个方面考虑：第一，该行为是否属于自发性群众体育活动；第二，该行为是否具备侵权行为的通用特性，如行为是否有过错、是否违法或者是否需要加害人通过作为或不作为的方式承担民事赔偿责任。如果具备这两项特征，该行为就属于自发性群众体育活动中的一般侵权行为，请看以下案例分析：

案例一

小王和老张都是篮球体育运动的爱好者，两人都喜欢在小区内的篮球场上打篮球，锻炼身体。在一次小区居民自发组织的篮球比赛中，小王和老张两人也参加了，只不过二人分属两个队伍。比赛过程中，小王接到了队友的传球，顺势起跳投篮，但负责防守的老张在对抗过程中拉拽了小王。由于老张的举动不符合篮球比赛的规则，因此受到了大家的指责，但小王没有大碍，众人在短暂停止后继续进行比赛。后来，小王持球准备突破时，负责防守小王的老张再次拉扯了小王，小王重心不稳摔倒了。小王一看，又是老张在恶意防守，瞬间气愤不已，随即挥拳击中老张，老张反应过来后也马上回手，两人便厮打在一起。最终，老张头部受伤流血，去医院就医后，花掉人民币568元。小王只是轻微受伤，不用去医院。

在这个案例中，老张因为在小区内锻炼身体而受伤并造成财产损失的后果无疑与小王息息相关，小区居民自发组织的篮球比赛也是诱因之一。那是否可以认为小王与老张的冲突行为应归责于群众体育活动（篮球比赛）呢？笔者认为，整个问题需要进一步的分析与论证。老张和小王在闲暇之余参加自发性群众体育运动，既锻炼了身体，又发展了个人的兴趣爱好，为生活增添了乐趣，这是他们的正当权益，并不违反任何法律法规和体育道德。这种群众性的体育锻炼活动是无可厚非的，老张受伤是与小王产生冲突的结果，这种冲突本身并不能归咎于篮球体育运动，因为导致老张受伤的并不是篮球运动中的技术动作或身体对抗，而是与小王的冲突。两人的冲突跟篮球活动本身并无直接关联，参加篮球体育运动的人很多，但其他人并没有遇到这种问题，这说明篮球活动本身并不会使人产生冲突，导致受伤。所以，小王和老张产生的冲突并不是因篮球体育活动产生的，可能是因为双方的体育道德和运动习惯不同，也可能是因为两人的个人修养和素质存在问题。这就像两个喝醉的人打架，并不能说是酒的原因，酒本身是一种客观事物，不具有主观意识，喝酒的人很多，正常人喝完酒是不会找人打架的。因此，上述案例中，双方发生的冲突，其责任与篮球体育活动本身无关。

另外，老张在篮球比赛中为了防守而拉拽小王的行为只是违反了篮球运动的规则，并没有造成小王受伤，因而不属于侵权行为。但小王先动手殴打老张，后来又和老张厮打在一起，致使老张头部流血，这种行为属于明显的违法行为。由于小王没有给老张造成更严重的人身伤害，因此不必承担其他法律责任，但还是需要承担一定的民事责任。小王的这种行为显然符合侵权行为的特征，因此，可以说，这种行为就是自发性群众体育活动中的一般侵权行为，即侵犯了他人的健康权，应该承担相应的侵权责任。

三、自发性群众体育活动中的体育犯罪行为

体育犯罪行为是指体育活动参加者在开展体育运动的过程中实施的由刑法规定的犯罪行为和具有严重社会危害性的越轨行为。体育活动过程中出现的犯罪行为一般都出现在竞技体育活动中，实施体育犯罪行为的群体不仅包括运动员、裁判员，还包括体育活动的组织者和管理者。那么，他们实施的哪些行为属于体育犯罪行为呢？接下来举例说明。对于运动员来说，他们为了取得更好的成绩而服用兴奋剂、为了帮助对方取得好成绩而踢假球、因对裁判员的判罚不满而殴打裁判员等行为属于体育犯罪行为；对于裁判员来说，因为收入贿赂而通过错判、漏判、误判等方法主观操纵比赛结果的行为属于体育犯罪行为；对于体育活动的组织者和管理者来说，为了个人利益挪用和贪污公款的行为属于典型的体育犯罪行为。以上提到的这些行为不仅违反了体育竞赛的规则，违背了体育道德，还损害了国家体育事业的健康形象，因而具有严重的社会危害性。

在自发性群众体育活动中，基本上不存在体育犯罪行为，这与自发

性群众体育活动的特点息息相关。人民群众大多是为了发展个人爱好、参与社交活动、丰富业余生活而参加体育活动，其专业性远远不如参与竞技体育的专业运动员，参与者之间也没有金钱、荣誉上的利益冲突。所以，一般来说，参加自发性群众体育活动的人根本不会为了在活动中获得更好的成绩而实施犯罪。

如上文所述，群众体育活动的竞技性虽然较低，但也不是完全没有。虽然群众体育的主要目的是强身健体，并且与个人兴趣爱好的发展有关，但群众体育活动本身就具有社会性和一定的竞技性，加上部分参与者的体育道德素质问题，也可能会导致群众体育活动中出现一些犯罪行为。

案例二

由于篮球运动是一种对抗性很强的体育运动，因此，和别人一起打篮球难免会出现一些磕碰、受伤的情况。但有这样几个未成年男性，他们在参与篮球运动时与对方发生了小碰撞，然后发生了口角，甚至出手殴打对方，致使对方身体受到损伤，后投案自首，最终赔偿了对方12万元人民币。

2008年5月份的某一天，三名未成年男性王某、李某、张某组团在学校的篮球场上打篮球，另一男性金某在运动过程中不小心撞到王某，随即双方展开争吵，并很快升级为争斗。后来金某见势不妙想要逃跑，王某、李某、张某又追上去殴打金某。其中，王某、张某用捡来的钢管打伤了金某的头部，李某用水果刀刺伤了金某的胸部、腰部等部位。后经法医检查并出具伤情鉴定：受害者金某，面部、胸部和腹部的损伤均鉴定为轻伤，头部损伤则属于轻微伤。最终，王某、李某、张某与金某达成民事调解协议，三人赔偿金某医药费、护工费、精神损失费等共计12万元。

法院对此案审理认定，被告人王某、李某、张某殴打金某致其受伤、故意伤害他人身体的行为属实，这种行为已经构成了故意伤害罪。但由于三名被告人在发生犯罪行为时仍属未成年人，再加上李某主动投案，且与受害人金某达成了民事调解协议，更是支付了 12 万赔偿金，受害人金某与其家属也表示谅解。三人在法院审理过程中，保持了良好的认错态度，符合法定从轻、减轻和酌定从轻处罚的情节，适用缓刑措施，且不会危害社会。最终，王某被判有期徒刑一年零八个月，缓刑两年；李某、张某被判有期徒刑一年零六个月，缓刑两年。

　　在上述案例中，几个未成年人利用学校的体育场地聚集在一起开展体育篮球运动，是自发性群众体育活动中最为常见的一种组织形式，也是群众体育活动中最为广泛的一种活动形式。参与者希望通过体育锻炼发展兴趣爱好、锻炼个人体质、提高运动水平，这本来是一件好事，是值得鼓励的事，但却在不经意间引发了一场悲剧，造成了不良影响，这实在令人感到痛惜。叹息之余，也引发了人们对篮球体育运动的思考。

　　篮球运动本身具有良好的群众基础，开展篮球比赛也不需要复杂的场地设备，一般小区附近都建有简易的篮球场，因而吸引了大量群众前去开展篮球运动。但篮球作为竞技体育比赛的重要项目之一，其可能造成的风险却没有引起人们足够的重视。篮球运动的强对抗性、快节奏感、多身体接触特点需要参加篮球运动的人时刻保持注意力的高度集中，并充分地投入这一运动。只有这样，才有可能在比赛中取胜，才能感受到篮球运动带给人的激情与快乐。但参加任何运动都是有风险的，更何况是篮球运动这种人体对抗性很强的运动。事实证明，在篮球运动中，参与者之间过多的身体接触和频繁的碰撞会不可避免地给他们造成不同程度的伤害。近几年，自发性群众体育运动的大规模开展，导致出现了很多意外事故，严重的甚至引发了诉讼，其中，尤以篮球运动造成的人身伤害事故最多。

　　这主要是因为，虽然很多人喜欢篮球运动，热爱打篮球，但他们并不清楚，有些篮球动作使用不当，很可能给身边的人造成伤害，一些动作如果做不到位，可能会导致自己受伤。例如，运动员持球突破上篮时顺势挥肘，运动员在抢篮板球时主动卡位，运动员在防守时出现的拉扯和推人等，这些动作都是技术性动作，即使专业篮球运动员做出这些动作，也可能会因动作不到位引发双方球员的肢体冲突，伤害到己方或对方球员的身体，那些非专业的篮球运动爱好者自然也不例外。但在专业的篮球比赛中，活动组织者会为球员配备专业的裁判和急救医生，赛后也有专门的保险机制，能够保障伤者后续的治疗与赔偿。相比较之下，自发性群众体育活动中的篮球比赛是缺少这种保险机制的，因此，参与自发性群众体育活动的人必须清楚活动的内在风险，在保护自己的同时也不要伤害到其他人。

第三节 自发性群众体育活动侵权行为的处理

一、明确归责原则与构成要件

（一）自发性群众体育活动中侵权行为的归责原则

"归责"指的是行为人在因自身行为损害到他人这一事实发生后依法应该承担的相关责任。归责原则是制定体育侵权行为制度的核心和基础，更是明确侵权行为的标准和依据，它决定了侵权行为的主要构成、免责条件以及赔偿原则和方法等。我国民法典规定的归责原则是以过错责任为主，以无过错与公平责任的"三分法"为辅。

自发性群众体育活动中很容易出现不同类型的侵权行为，这些行为案例情况复杂，各有特点，现行法规尚未完全覆盖其中，因而很多案例没有可以参照的体育法规。在这种情况下，处理体育侵权行为需要以体现侵权立法政策和方针的抽象归责原则为依据。由于单一的归责原则并不适用于自发性群众体育活动中复杂多变的侵权行为，群众体育活动侵权行为的判定和处理必须根据案件的具体情况选择最适宜的归责原则，这使得自发性群众体育活动中处理侵权行为的归责原则呈现出多样化的特点。多样化的归责原则构成了内容丰富的归责原则体系，内容丰富。适用于多种侵权行为处理的归责原则体系是现代侵权法规发展的趋势，也是解决自发性群众体育活动侵权行为的必然制度设计。多样化的归责原则主要包括过错归责原则、无过错归责原则、公平责任归责原则、"受益人补偿制度"即"甘冒风险理论"等。

1. 过错归责原则的适用

参与者在参加自发性群众体育活动中发生体育侵权行为时，活动组织部门对其的处理要遵循过错归责原则。所谓过错，指的是行为人发生侵权行为时的主观心理状态，主要表现为行为人在群体活动中发生的不当或违法行为。过错责任是将过错归责的构成要件和最终要件，无过错即无责任。若行为人在参与体育活动过程中没有违反任何的职业道德、竞赛规则，那此行为人就不存在任何过错，自然也不需要承担任何侵权责任。

一般过错责任原则也适用于在自发性群众体育活动过程中，参与者所发生的体育侵权行为。在自发性群众体育活动中，参与人由于各种原因（技术动作、个人情绪、比赛心态等）导致他人受伤或造成财产损失的事件时有发生。例如，在篮球比赛中，王某负责防守李某的进攻，王某在防守过程中有轻微推搡动作，险些造成李某摔倒，但没有影响接下来的比赛。李某对王某十分不满，在接下来的比赛中对王某使用垫脚动作，故意使王某崴脚受伤，不能参加后续的比赛，从而损害了王某的合法权益。由此可判定李某违反了篮球比赛的竞赛规则和篮球运动员的职业道德，可认定李某在篮球比赛过程中存在明显过错，必须承担民事责任。而且，如果李某的行为造成的后果严重，还要承担相应的刑事责任。

2. 无过错归责原则的适用

无过错归责原则是指在某些特定的场合，活动参与者无论是否存在过错，只要行为人与已发生的侵权行为存在因果关系，就需要承担一定的责任。这种原则一般不会应用到竞技体育活动当中，最主要的原因是运动员会因该原则产生束缚感，时刻担心自己是否要承担责任，那么就会无法专注运动本身。这不仅不符合体育运动的竞技要求，还会使比赛的观赏性大大降低。从客观上来说，在竞技体育运动中，运动员的竞技价值属于其背后的团队，队员参加竞技比赛遭受的竞赛风险都由团队负责，换言之，由雇主负责承担侵权责任。所谓雇主，一般都是运动队或俱乐部等团体。

对于在自发性群众体育活动中产生的侵权行为，活动组织部门要对具体问题进行针对性分析。在自发性群众体育活动中，由于参与人员众多，技术动作复杂，因而在很多情况下很难判断对错，侵权责任无法转移。例如，群众自发举行篮球运动，无法确定的因素包括参与者的身体因素，如年龄、身体素质等，还包括活动参与者的运动技术水平和体育道德素质等因素。而且，很多自发性群众体育活动还是在没有专业裁判的情况下进行的，这时在运动过程中出现的过错就难以界定了。因此，参加自发组织的群众体育活动或比赛的风险会高于参加其他群众体育活动或比赛，因为一旦在活动过程中出现伤害事故，相应的责任就无法转移了。因此，在处理一些自发性群众体育活动中产生的伤害事故时，其处理依据往往就是无过错归责原则，因为参与这类体育活动和竞赛的参与者，主要目的就是单纯的休闲、健身，并不会和其他参与者产生利益冲突。然而，这种无过错归责原则的使用并不是万无一失的。

首先，在自发性群众体育活动中产生的伤害事故，对于其加害人是否违反了体育规则这一问题的认定比较困难。在自发性群众体育活动或竞赛中，参与者个人的体育职业道德和体育运动素养参差不齐，难以统一。有时由于某个参与者使用的技术动作不够熟练或规范，就会导致误伤，虽然也造成了伤害，但加害人的行为是否有过错无法确定。其次，也无法判定在自发性群众体育活动产生的伤害事故中，事故加害人是否违反了体育职业道德，这主要是因为在自发性群众体育活动中，对于违反体育职业道德的行为取证困难。再次，对于加害人是否已经尽到应尽的注意义务这一事项的判断也存在一定的困难。在自发性群众体育活动中，在事故加害人已经注意的情况下，由于运动本身所具有的对抗性或者其他原因仍然导致受害人产生伤害事故的，此时加害人就适用于无过错归责原则。基于以上分析可得知，自发性群众体育活动的参与者，在完成体育活动的过程中应该自觉履行注意义务。体育活动中的对抗是否激烈，在很多情况下都是相对的，在专业运动员参加的比赛中，激烈的身体对抗并不存在违反体育运动规范的问题。

综上所述，笔者认为，在自发性群众体育竞赛或活动中，由参与者之间的身体接触、对抗而导致的人身伤害行为，可以判定为侵权责任人存在过失；由受害者本身缺陷引发或由自身行为导致的伤害行为，不能判定侵权人存在过失。侵权人在发生过失行为后，相应的民事责任是必须承担的，但从法律角度看，此伤害行为就属于无过错责任，应该纳入无过错归责体系。

3.公平责任归责原则的适用

当参与体育活动的双方当事人对造成的伤害均无过错的时候，由法院根据公平责任归责原则，结合当事人的经济水平和偿还能力，对受害者给予一定的赔偿。在自发性群众体育活动中，当出现体育活动参与者的合法权益受到侵害，而各方当事人均没有过错的情况时，如果只采用无过错归责原则处理办法，那么受害者一方就必须独自承担所有损失，这显然不够公平。设立公平责任归责原则，其主要目的就在于维护无辜受害人的合法权益。该原则的设立和使用弥补了过错责任归责原则和无过错责任归责原则的不足之处，从而使体育伤害事故的处理结果有利于受害者一方。在自发性群众体育活动和竞赛中，有时无法确定有过错的当事人。

例如，在自发性群众体育篮球活动中，多名参与者围在一起争抢篮球的控制权，在对抗和拼抢中不知道谁的挥肘动作误伤了其中一名参与者的鼻梁，若将过错归于当事人一方或所有参与抢球的人员显然不太合理。又如，在群众体育足球比赛中，参与者的身体素质和运动水平相似，此时一方守门员在对方队员射门的过程中未能用手接到球，导致足球命中个人身体，经检查存在脾脏破裂情况，此时如果判定射门者有错或守门员有错都有失公平。以上案例都可能发生在真实的群众体育活动中，面对类似的情况，采用公平责任归责原则远比采用过错归责原则以及无过错归责原则更合适，这意味着当事人可以合理承担责任。

4."受益人补偿制度"的适用

"受益人补偿制度"也属于体育侵权归责原则。"受益人补偿制度"涉及两个行为主体，即事故受害人和事故受益人。在事故发生后，如果受害人没有获得赔偿，但存在受益人，受益人需要向受害人提供补偿或分担其受到的损害，这种制度是公平原则在我国《民法典》中的具体体现。在部分自发性群众体育活动中，参与者通常也是作为组织的一分子，代表组织参加活动或进行比赛。如果参与者不幸遭遇伤害事故且无法得到赔偿，那么参与者就可以要求活动或比赛的受益人对自己进行补偿。

5."甘冒风险理论"的适用

要理解什么是甘冒风险理论，首先要了解什么是甘冒风险行为。甘冒风险行为是指受害人在明知做某件事可能会遇到某种危险的情况下，仍然坚持去做这件事的行为。甘冒风险理论作为侵权行为的违法阻却事由，在我国法律中并没有规定，其在体育伤害责任中的适用也未明确规定。自发性群众体育活动具有特殊性和活动项目的多样性，活动组织部门在依据甘冒风险理论去处理自发性群众体育活动产生的伤害事故时，需要更加谨慎。

人们参加自发性群众体育活动的目的首先是强身健体、娱乐生活，其次才是提高运动技能、发展个人爱好。因此，可以将自发性群众体育活动分为两种类型，一种类型是娱乐性、休闲性较强的体育活动；另一种是竞技性、对抗性较强的体育活动。如果前一类活动出现事故，不能使用"甘冒风险理论","甘冒风险理论"在后一类活动可适当使用。此外，适用"甘冒风险理论"，还需具备下列条件：

第一，受害人主动参与群众体育活动，并充分了解自己所参与体育项目的特征、风险，加害人有着和受害人类似的对体育运动项目的了解程度。

第二，在群众体育活动中出现的伤害事故，如果是由加害人违反体育竞赛规则造成的，则不适用于甘冒风险理论，只有当加害人没有违反竞赛规则时，才能适用甘冒风险理论。

第三，在以营利为目的开展的自发性群众体育活动中发生的伤害事故不适合使用甘冒风险理论进行处理。

第四，自发性群众体育活动中发生的受害人损失严重、造成不良社会影响的伤害事故，不适合采用甘冒风险理论进行处理。

第五，在自发性群众体育活动举办地属于非正规的体育场所，且因场所原因造成事故时，如果场地的管理方已经进行过提醒，且有证据证明这种提醒存在，事故的伤害性并不严重时可应用甘冒风险理论，否则就不适合采用甘冒风险理论。

（二）自发性群众体育活动中侵权行为的相关构成要件

1.侵权行为的相关构成要件概述

侵权行为指行为人的某些行为侵犯到了他人的合法权益，对此，实施侵权行为的行为人必须承担民事责任。我国通常将侵权行为的构成要件分为四个部分，这四个部分缺一不可，即违法的行为、事实上发生的损害、违法行为与损害之间的因果关系，以及主观过错。侵权行为的构成要件和归责原则之间存在紧密联系，侵权行为的相关构成要件内容是由归责原则决定的，归责原则是构成要件确定的必要前提和基础，归责原则不同，则构成要件也就不同；而规则原则又需要通过构成要件来体现。

2. 体育侵权行为构成要件的特性

在自发性群众体育活动中，体育侵权行为和一般类型的侵权行为构成要件的认定是不同的，且有很大差异。与其他社会活动相比较，自发性群众体育活动在活动的规则、专业性，活动的风险，活动参与人义务标准等方面呈现出明显的特征。因此，体育侵权行为构成要件的认定一定要符合法律认定的侵权要件。体育侵权行为具有自身特殊的、符合自身项目和活动特点的构成要件，具体特性如下：

（1）加害人必须是与群众体育活动相关的人，即群众体育活动的组织者或参与者。

（2）加害人参加群众体育活动的目的应以休闲娱乐、锻炼身体为主，这一点与竞技体育活动的目的有明显的区别。

（3）加害行为的发生必须是在群众体育活动开展的过程中。发生在群众体育活动开展前、过程中、开展后的侵权行为都可以按照一般侵权行为进行认定。

（4）加害行为违法性的认定标准，要参考体育活动项目的相关规则和体育活动项目的职业道德标准。

（5）对于加害行为人主观过错的认定要考虑群众体育活动的特殊性。

在自发性群众体育活动中，加害行为的违法性主要表现在违反相关的法律法规、活动规则和职业道德方面。例如，在群众自发组织的篮球比赛中，参与比赛的既有身体素质较强的成年人，也有身体还在成长发育过程中的中学生。在比赛对抗的过程中，成年人动作犯规，给中学生造成了身体伤害，形成伤害事故。显然，成年参与者必须更严格地要求自己，时刻注意自己的行为是否会伤害到学生，如果成年人未能较好地控制自己的行为，使中学生身体受到伤害，那么基本可以认定成年参与者没有履行时刻注意的义务，违反了体育职业道德，应该承担民事责任，并对受害者给予赔偿。

二、根据具体侵权行为开展救助

在自发性群众体育活动中，还可能发生损害人身健康和财产安全的情况，如果情节轻微，受害人一般不会追究责任；但有时也会发生一些对受害人影响较大的侵权行为，此时，受害人可以通过提起民事诉讼的方式寻求解决办法。在民事诉讼的过程中，法院一般会参照法律条文的规定对加害人的行为进行评定，作出判决。笔者对此有补充，在处理和归责自发性群众体育活动中发生的侵权行为时，虽然要以我国《民法典》中规定的归责原则为依据，但也要适当考虑体育活动的类型，适当区分。因为群众体育活动的类型不同，侵权行为双方以及承担赔偿责任的主体也有很大区别。因此，相关执法部门应深入基层群众，了解自发性群众体育活动的主要特征和开展规律，只有这样，才能使受害人得到更有效、更及时的救护和帮助。场地、器材等因素也会导致自发性群众体育活动的参与者受到伤害，这种伤害事故的处理与法律中相关损害事故的处理相似。并且，活动参与者在经营性场地进行活动时，其如果是因为场地负责人管理不善或其他原因导致健康受损或遭受财产损失的，也是受到法律保护的。

（一）自发性群众体育活动产生的侵权行为的救助

1. 自身过错

自身过错指由参与者自身的、具有过错行为特征的原因造成了伤害事故，如运动员在比赛时因生理缺陷或疾病出现的伤害事故。换言之，如果参与者身体健康，该事故就不会发生。

在自发性群众体育活动中，如果因参与者自身过错造成伤害事故，所有责任由参与者自己承担。然而，对于伤害事故是否由参与者自身原因造成，这一事件的判定还存在争议，其原因在于，很多伤害事故的发生并不是孤立事件，尤其是在群众体育竞赛活动中，伤害事故产生的因素多，机制复杂。例如，在进行身体接触和对抗之后发生了伤害事故，那么从表面上看，人们会认为造成参与者受伤的原因就是他人的触碰。如果这种伤害是不太严重的、参与者可以接受的，那么就不会产生纠纷；如果伤害比较严重，甚至影响到了受害者的生命安全，那么就一定会发生纠纷，当事人及其背后的家属会把事故责任归到他人身上。在 2016 年的厦门（海沧）国际半程马拉松赛中，两名参赛者意外猝死，其中一名参赛者为替跑。这两名参赛者猝死的主要原因在于他们不是专业运动员，因而对运动过程中身体产生的不良反应、个人身体的极限以及正确的跑步方式不够了解。虽然他们在赛前都签署了"后果自负"的声明，但事件发生后，死者家属仍将赛事运营方和转让号码布者告上了法庭。这些纠纷的产生，主要是因为体育伤害事故的处理缺少相关规定。

笔者认为，自发性群众体育活动也是社会活动的一部分，因此，自发性群众体育活动中的侵权行为适用现行社会行为活动处理的法律法规。在事故责任认定方面，我国相关法律主要依据三种原则进行处理，即严格责任原则、过错责任原则和公平原则。对于由参与者自身原因导致的伤害事故，可以考虑使用过错责任原则和公平原则进行认定，一般不考虑使用严格责任原则。如果参与者没有与其他运动员接触，完全是因为自身存在一些不适合运动的疾病或生理缺陷才导致伤害事故发生，那么该后果应该由参与者本人承担；如果参与者清楚自己具有生理缺陷或疾病，参与体育活动或比赛很可能会发生伤害事故，却故意隐瞒相关情况，仍然参加比赛活动的，所造成的不良后果与责任由参与者自己负责。若伤害事故的发生是由对方队员做出的侵权行为造成的，那该队员需要承担事故地方全部责任，并向受害者赔偿；如果伤害事故的发生与双方都有关系，那侵权者的赔偿责任可以减轻；如果伤害事故的发生与双方均没有关系，此时的责任可以结合实际情况依据公平原则分别承担。

2. 他人过错

自发性群众体育活动具有极高的特殊性，英国、美国等国家依据

"默示同意"原则或"参赛即同意承担风险"原则来判定伤害事故中当事人无须承担任何责任，也无需向受害人赔偿。需要注意的是，无论是在英国还是在美国，抑或是其他国家，这种不追究责任的做法都不是绝对的，而是有条件的，在体育比赛中严重伤害参赛者的侵权行为还是会受到法律的惩罚与制裁。也就是说，行为人的行为免责要经过社会群体的认可和理解，因故意或重大过失所形成的伤害，伤害行为的实施者需要承担相应责任，还需要做出适当的赔偿。国际体育赛事中出现的伤害事故，一般的处理方式是不追究当事人的行为责任，这主要是为了维持国际的友好关系。

对于在自发性群众体育比赛活动中发生的伤害事故是否免责这一问题，我国现行法律还没有明确规定，于是，许多人乃至法官都会将此类伤害事故当作竞技体育比赛中出现的伤害事故处理，即用"甘冒风险理论"处理自发性群众体育比赛活动中的伤害事故。这种做法其实并不科学，因为这种做法没有考虑到自发性群众体育比赛活动的特殊性。在自发性群众体育比赛活动中，参赛者既有还在上学的未成年人，也有已经退休的中老年人。未成年人的心智发展尚未成熟，对运动中各种风险的理解和把握也不足，因此，按"甘冒风险理论"去处理这类人群的伤害事故，有失妥当。无论是未成年人，还是中老年人，他们的专业运动技能和运动能力都是有限的，由于他们没有经过专业的训练，其在运动过程中的自我保护能力是欠缺的，不能将他们与专业运动员等同。在自发性群众体育活动中产生的、危害不大的伤害，适应"甘冒风险理论"；但严重的伤害事故，不能简单处理，否则会让人怀疑活动组织者能否维护受害人的合法权益。我国《民法典》规定："民法调整平等主体的自然人、法人和非法人组织之间的人身关系和财产关系。"因此，在自发性群众体育比赛活动中，参与人之间的地位是平等的，没有差别的，因而自发性群众体育比赛活动中伤害事故的处理，可以参照《民法典》的规定。

（二）代表体育组织参与群众体育活动时产生的侵权行为的救助

当参与者代表某个组织参与群众体育比赛活动并造成伤害事故时，根据现行的法律法规，无论造成事故的人是不是其他参与者，责任一般都由参赛双方自行承担。如果代表单位参赛的人员并不是本单位职工时，责任由代表单位承担，对参与者本人的伤害应按"因公负伤"处理。笔者认为，在有组织的群众性体育比赛活动中，由于参赛者动作不规范或不遵守体育道德而造成的其他参赛者受伤的伤害事故，要维护受害者的个人权益，并要求加害者承担相应的赔偿责任，绝对不能包庇这种不道德的行为。与此同时，所有参赛者应该了解参赛的风险，了解自己的身体状况，必要时根据参赛要求参加赛前体检，明确自己是否真的适合参加相关比赛活动。在参赛过程中，参赛者也要随时关注自己的身体状况，如有严重不适，应立即停止比赛，珍惜自己的身体，这也能避免给他人带来不必要的麻烦。

根据以上分析可知，一般类型的群众体育活动与正规的竞技体育活动对待侵权行为的处理方法还是有很大差别的。在一般类型的群众体育活动当中，不论造成事故的是参与者本身还是其他参与者，法律都会保护受害者，这就是群众体育活动的特殊之处。一般类型的群众体育活动与正规的竞技体育活动差别较大，这两者的差别主要体现在以下几个方面：

第一，在一般类型的群众体育活动中，特别是在群众自发组织、开展的体育比赛活动中，参赛者遭遇的伤害事故通常没有完善的处理方式，参赛者如果遭遇体育伤害，可能会无法得到有效的救助，承担损害后果的只能是参赛者自己，因此，活动组织者对这一群体需要加强关注和保护。

第二，通常大部分类型的群众体育比赛活动不以争取名次、提高技能为最终目的，此类比赛活动开展的主要目的在于帮助人们放松身心、锻炼身体、娱乐生活，因而严重伤害事故的发生与其开展的目的背道而驰。

第三，对于一些故意伤害他人、严重违反体育运动规则和体育职业道德的行为，如果不能使其得到有效的制裁和惩罚，那么群众体育比赛中的报复行为就会逐渐升级，群众体育比赛活动就无法顺利开展，群众体育事业的发展也会受到很大的影响。

因此，如果在群众体育活动开展过程中出现了严重的伤害事故，无论是故意还是过失，此时不适用"甘冒风险理论"，可将"甘冒风险理论"与过错责任原则有机结合起来，再根据相应的法律法规进行处理，侵权者必须承担民事责任、赔偿责任，更严重的还要承担刑事责任，从而确保群众体育活动有序召开。

（三）因场地器材侵权的救济

1. 公共场地

公共体育场地是由政府投资管理，全天候或在一定时间内向广大人民群众开放，不收取费用或只收取一定管理费的，用于体育活动的场所和相关器械设施等。

根据公共体育场地所具有的性质，对于在公共场地致人伤害行为的处理，可以参照公共构筑物致人伤害行为的处理办法。公共体育场地的管理和公共体育设施的维护是政府管理机构的工作。如果由于场地设施存在安全隐患而导致体育活动参与者遭遇伤害事故，应归责于政府管理部门，管理者要承担相应的赔偿责任。如果场地设施没有问题，那么就不是管理者的责任，此时伤害事故的归责认定就会比较复杂，需要考虑该公共体育场的管理者有无法定义务。如果有法定义务或者其与使用者之间形成了一定的服务关系，即使管理者没有过错，也要承担一部分事故责任。如果管理者没有法定义务且没有与使用者形成服务关系，那管理者就无须承担赔偿责任。例如，管理者是为了支持公益事业而开放体育活动场所，那么在伤害事故发生后的归责环节就不应当追究其损害赔偿责任。如果该场所没有法定开放义务，且本身是营利性或非营利性的经营场所，参与人是以消费者的身份在该场所参加体育活动，那么管理者在体育活动开展期间也要履行相应的义务，避免伤害事故的发生。

2. 经营性场地设施

经营性场地设施指的是场地设施是以营利为目的建造的。换言之，经营性场地的所有场地设施都是收费的，如场地、设施、器材、保护用具等。公众在经营性场地设施开展体育活动遭遇伤害事故，事故处理方法应该以《中华人民共和国消费者权益保护法》为依据，经营者必须承担一定的赔偿责任。如果经营人是通过合同的方式向他人租用特殊场地设施，一旦发生事故，处理方法与普通经营性场地设施十分相似，即有合同遵照合同执行，没合同负责人承担。

在现实生活中，许多经营性体育场所都可能发生伤害事故，具体责任由谁承担，需结合实际分析。

案例一

2016年2月的某一天，辛女士与朋友的孩子到北京当地的一个滚轴滑冰场溜冰，可能是因为技术不熟练，辛女士不慎摔倒，并且出现昏迷情况。滑冰场相关工作人员在发现该情况后，并没有实施及时的救援，更没有直接或协助辛女士的朋友呼叫救护车。辛女士的朋友将其送到医院，医生对辛女士的病情做了诊断，为"外伤性蛛网膜下腔出血，头皮血肿"，其前后医疗费用共计约七千元。对于此次事故，辛女士认为是经营者的过错，因为其并没有提供防护用具，也没有设立安全警示标志，所以经营者要对此次事故负责，赔偿她的医药费、误工费等损失。但滑冰场的经营者认为，此次事故发生时，滑冰场内悬挂有"冰场租借安全护具"的告示牌，且滑冰佩戴护具是安全常识，冰场没有义务为消费者免费提供安全护具，辛女士自己不准备，也不愿意花钱租借，出了事故应自己承担所有责任。

后经法院审理认为，滚轴滑冰是一项危险性较大的体育运动，滑冰场作为该运动场所的经营者，应该强制要求滑冰者佩戴护具，这样才能有效保证消费者的安全，因此滑冰场具有一定的过错。此外，与辛女士一同滑冰的是一位未成年人，在辛女士受伤摔倒时，溜冰场工作人员没有及时发现并实施救治，需要承担赔偿责任。但是，辛女士作为一个成年人，知晓溜冰有一定的危险，却不主动佩戴防护设备，发生事故后伤害到自己，应承担事故的主要责任。最终，法院判决溜冰场经营者向辛女士赔偿医药费 2700 余元。

由上述案例可知，如果参与者在参加体育活动的过程中明明清楚自己的身体状况，还去从事一些不适合自己的体育运动，这就属于参与者自身没有尽到注意义务，由此产生的事故责任均应由自己承担。

案例二

北京的任女士报名参加了一个瑜伽训练课程，但在第一次参加课程时就因没有控制好自己的动作而摔倒，后教练联系医院，将任女士送往医院检查治疗。经医院诊断，任女士为颌骨多发性骨折，最终治疗费用为人民币两万元。在此次事故中，任女士认为，自己受伤是由于瑜伽教练员训练不当，且经营者没有尽到保护义务，要求经营者全额赔偿其损失。公司经营者对此表示反对，因为瑜伽课场地四周都贴有训练注意标志，且所有地板均为木质地板，尽到了保护义务。在训练过程中，教练员多次强调做动作要量力而为；任女士摔倒后，教练员也及时联系医院救治，在此过程中，教练员并无不当行为，因此不应承担事故责任。北京市海淀区人民法院和北京市第一中级人民法院两级法院审理该案时，均认定经营者尽到了经营者的责任，为防止意外伤害事故发生，运动场地使用木质地板，为每位学员配备专用训练垫，还有专业的教练指导和明显的警示标志，所以，经营者已经履行了对学员的安全保障义务。教练在课程中明确告知了学员做瑜伽动作的要点，事故发生后也及时联系医院展开救治，并无过错。任女士作为一名成年人，应该了解自己的身体素质，能够控制自己的行为动作，因此此次受伤，其本人应承担所有责任。

3. 非体育比赛场地

在堤坝、湖泊、河流、废弃厂房等非体育比赛场地发生伤害事故时，多伴随参与者自身过错、监护人过错，或者多种过错重合。

案例三

在上海市闵行区塘湾村有一条河叫翁家河，盛绿公司在河边挖一沟渠汇入。某日，8岁的小明与同学来此地游泳，不幸溺水身亡。小明的父母王先生夫妇在伤心之余，将塘湾村委会和盛绿公司告上法庭，要求二者承担小明意外溺亡的责任。王先生夫妇认为，小明溺水死亡处是两被告新挖的沟渠，沟渠东出口有一个蓄水塘，由于沟渠和蓄水塘没有安装安全护栏，也没有设立警示标志，下水游泳人员很容易发生安全事故。所以，小明的溺亡与被告人有直接关系，小明父母要求被告人赔偿丧葬费、误工费、精神抚慰金等费用共计17万元。

塘湾村委会和盛绿公司对此表示反对，他们指出，小明溺水的河道属于自然河道，已经存在很长时间，河道旁也有警示标志。事发当天，小明与同学在没有监护人的情况下下水游泳，小明溺水时同学也没有求助，导致小明错过最佳抢救时间而溺亡。所以，被告没有过错，不应承担责任，但从人道主义出发，愿意补偿王先生夫妇两万元。经调查，翁家河岸边确实立有河道名称和"河道内请勿戏水"等字样的指示牌。

法院认为，小明虽然是未成年人，但清楚下水游泳的危险性，而且小明在下水前将衣服脱下来放在岸边，这一举动说明小明是主动下水，且下水地点亦在其堆放衣物附近，因此小明溺水死亡的伤亡事故属于小明自甘冒险，塘湾村委会和盛绿公司对此并无责任。况且河岸边亦立有

"请勿戏水"字样的指示牌，故王先生夫妇提出的塘湾村委会未尽管理职责，要求其承担赔偿责任的请求，没有法律依据。盛绿公司私挖沟渠的行为虽然增加了危险，但没有证据能证明小明是从此沟渠下水，因此，小明的死亡不是由盛绿公司没有尽到注意义务造成的，盛绿公司不用承担赔偿责任。塘湾村委会和盛绿公司自愿补偿王先生夫妇两万元，法院表示支持。

第七章 自发性群众体育组织的发展趋势

第一节 国外群众体育的组织和管理模式

一般情况下，政府部门或社会组织负责管理群众体育工作，但由于世界上各个国家的政治经济体制不同，创建的体育管理体制也会受到一定影响。从总体来讲，当前世界上的群众体育管理模式主要分为三种类型：政府管理型、社会管理型以及政府、社会联合管理型。当然，无论属于哪种管理模式，群众体育活动组织的数量都是庞大的。在那些市场化程度高、社会发展成熟的国家，社会组织是管理群众体育工作的主要力量。但需要注意的是，即使是社会管理型的群众体育活动组织，也不是意味着完全交由社会组织管理，政府也有一定的监督和管理职责，只不过二者之间的权重比例不同。国外发达国家的群众体育管理模式多是由政府制定体育方面的法规政策并开展宣传工作，同时由财政部拨款，款项用于修建群众体育基础设施和场地。负责管理群众体育工作的组织多为专业化的社会团体，尤其是群众体育俱乐部更是具有直接管理的权限，俱乐部会召集很多志愿者帮助其开展管理工作。

一、不同国家体制影响下群众体育的组织和管理

在国外，不同国家体制影响下群众体育的组织和管理模式不同。

（一）联邦制国家

在联邦制国家，政府部门会设置一个统领性的管理机构，专门管理群众体育方面的工作，其工作内容主要是宣传、联络和协调。更加具体的群众体育组织管理工作大多会分配给地方管理部门。地方管理部门包括当地负责管理体育工作的政府以及比政府更低一级的负责群众体育管理工作的政府部门。一般情况下，地方政府管理群众体育工作的权限比联邦政府或中央对群众体育的管理权限更高。

加拿大负责管理本国群众体育工作的机构是健身处，它从属于健康部，在各个省都设立了专门的体育管理机构。单从体育事务上看，联邦政府和各个省政府之间没有吏属关系，它们是相互独立的。

澳大利亚负责管理本国群众体育工作的机构是澳大利亚环境、体育与国土资源部，州一级的群众体育工作由州政府全权负责。一般情况下，州政府会招聘一些专业的志愿者为群众体育活动服务。

美国并没有设立专门的政府机构来管理群众体育工作，只是成立了一个"体育与健康总统委员会"专门负责解答与群众体育发展有关的询问，州一级设立了专门的管理机构——"休闲体育管理机构"。总体上看，美国政府对民间体育组织十分重视，尤其是体育俱乐部，它们是负责组织和管理群众体育工作的主要机构。

德国负责管理本国群众体育工作的机构是德国体育联合会，州一级的体育工作则由州文化部负责，但文化部主要负责管理体育组织内部的各种事务。此外，全国地区联合会、德国城市联合会以及德国省市与社区联合会都能从事管理工作，推动体育事业繁荣发展。

（二）单一制国家

在单一制国家中，一般都会设立专门的政府机构负责管理体育相关工作，如出台体育法令、制定体育政策等，体育社团协会也会负责管理大量的体育事务，具有一定的行政管理职能，充当政府机构的辅助。这些社团协会具有民间性和独立性，但会接受政府机构的资金支持和工作指导。例如，瑞典作为典型的单一制国家，属于小政府、大社会，负责组织和管理群众体育工作的是内政部的非政府组织，这些组织的管理主要是宏观管理，即依靠监督、经费等方式进行宏观调控；地方一级的群众体育工作主要由当地政府负责，社区俱乐部等群众体育组织辅助，地方政府支持社区俱乐部开展各类体育活动，还负责修建各种场地设施。俱乐部是由民众自发组成、自愿参与、自主管理的群众体育组织。

二、国外群众体育组织和管理的经验借鉴

（一）下放管理权力

由上述内容可知，无论国家是联邦制还是单一制，采用的管理群众体育工作的模式区别不大，最显著的特性是中央政府只负责统筹工作，如制定政策、出台法令、推广宣传等，基层管理机构以及民间体育组织负责具体的执行工作以及其他事务性工作。这代表着中央政府将管理权力完全下放，这一点与群众体育本身的特殊性有很大关系。群众组建体育组织的主要目的是丰富自己的业余生活，强身健体，多与人进行交流和互动。这种由不同年纪、不同行业、不同爱好的人组成的体育组织不仅了解组织成员的真实锻炼需求，还能把握当前群众健身组织的实际情况，采取多元化的方式满足人们的需求。面对这种情况，我国的群众体育管理工作必须进行改革，既要从宏观的角度统筹规划，明确体育政策的发展方向，还要主动将权力下放给基层管理组织，由其负责管理群众体育工作。

（二）提供经费支持

在国外，体育经费的来源很多，如国家财政补贴、基金会资助、个人或公司赞助、社会捐赠、场地出租收入、门票收入、体育彩票收益、个人或团体的会费等。其中，政府除了资金支持，还会通过出台相应的

政策，主动赞助体育比赛、推动体育俱乐部发展，或将体育材料的收入根据一定的比例分拨给不同的体育组织，加快其发展，推动体育事业的进步。

我国财政部门划拨的用于发展体育事业的资金大多用在了竞技体育的发展，健身活动的举办，事业单位体育活动的开展和欠发达地区体育场地、设施的建设方面，对于扶持基层自发性群众体育组织发展的资金投入较少，相关的计划和政策也都不完善。

通过国内外两种管理模式的对比可以看出，我国的实际国情以及社会经济发展水平是影响我国群众体育组织发展的关键因素。从某种意义上讲，只有经济水平提高了，群众有了余钱，才会想要组织并开展群众体育活动，才能聘请专业的人员指导自己，才能租用更大的场地和更专业的设备，实现强身健体的目标，推动组织飞速发展。

（三）建立中间型组织

当前我国对注册体育类社会团体设定了很高的门槛，为了改善这一局面，可以创建一个介于政府管理部门和自发性群众体育组织之间的中间型组织，这样既能将政府繁重的管理工作分流，也能通过监督和管理自发性群众体育组织推动其发展，更能让上下级之间的关系变得更协调。这种中间型组织的形态是民间组织联合体，也被称为"资源协调平台"或"网络化建设"。由此可见，创建该中间型组织的好处很多，但如何筛选、评估其资质和能力也是一项十分烦琐的工作。

创建这种介于政府管理机构和自发性群众体育组织之间的中间型组织，不但表现了政府管理机构的宏观调控功能，也表现了社会组织的自治形态。首先，中间型组织能让政府的管理职能产生变化，将原本属于民间组织的管理权力下放。政府从宏观上管理中间型组织，中间型组织作为政府代表管理基层的自发性群众体育组织，这种方式实现了从上到下的管理。其次，在无数的自发性群众体育组织当中，有些组织创建时间长、发展状况优良、具有一定的社会公信力，属于完全成熟的组织，这些组织可以升级为其他组织的组织者，这样也实现了中间型组织自下而上的产生方式。为什么会在群众体育领域当中出现这种中间型组织呢？这是由我国的基本国情决定的。1949 年，中华人民共和国成立，搭建的体育组织体系就是从上到下的。政府负责群众体育活动的大部分工作，体育社团组织也纳入政府机构旗下，这与社团组织的本质是相反的。

从组织性质上看，中间型组织必然具有一定的社会管理职能，这其实是分担了政府机构管理体育公共服务的职责。所以，中间型组织无论是运行方式，还是规制手段，都要具备强制性和权威性，且对组织自身有较高的要求。此时的中间型组织已经不再以体育运动锻炼组织的形式出现，主要负责管理基层自发性群众体育组织。从运作方式上看，政府部门需要制定一个系统的、完善的评价自发性群众体育组织的体系，该评价体系主要负责评估基层体育组织的规模是大还是小、规制是否完整、开展活动存在的内在规律、成员是否足够忠诚、组织者能力的高低等，从中选择综合水平高的组织，并让其到体育管理部门以及民政管理部门登记备案。具体可以先让基层体育组织申报，然后中间型组织再对其进行考核，最终做出决定。

无论是对政府机构来讲，还是对自发性群众体育组织来讲，中间型组织的创建都发挥了重要作用，它将两者紧紧地联系在一起。过去，基层组织无法向政府反映问题，甚至都不知道该将问题反映给哪个部门，现在都能通过中间型组织实现。人民群众的实际健身需求，如对场地设备的要求、对体育组织的要求以及对体育活动或赛事的要求等都能反映给中间型组织，中间型组织还会对这些内容进行调查和分析，将其中的关键内容反映给政府相关机构，政府可以结合这些内容重新制定方针政策。这里需要注意正确把握政府部门监管与中间型组织自律管理之间的关系，明晰两者权限的边界。

第二节 自发性群众体育组织与公共体育服务职能

自发性群众体育组织是群众为了某个共同目标组建的组织，它可以将群众和政府紧密连接在一起。这一组织也是群众享受公共体育服务的基础，其通过优化组织框架，能实现自我管理、自我发展以及自我约束。当自发性群众体育组织的方方面面都获得进一步完善时，会进一步健全我国的全面健身体系，其作用和优势才能真正发挥出来，为全民健身事业服务。政府购买公共服务是根据公共财政、新公共服务以及新公共管理等理论和实践的共同作用发展起来的一种合理利用市场手段有效提供公共产品的模式，这种模式近年来逐渐成为公共产品市场化重要的方式之一。近几年，政府逐渐将社会公共体育服务领域的相关职能分离出来，由自发性群众体育组织继承。这类组织不仅完全承担了社会公共体育服务，还弥补了政府在该领域的缺陷，为人民群众，特别是社会弱势群体提供了各式各样的服务，将海量的民间资源进行了充分的整合，大大提升了公共体育服务的供给效率，满足了人民群众多元化的体育需求。所以，从某种意义上讲，政府和自发性群众体育组织其实是合作关系。

当今社会，公共体育服务讲求均等化，政府通过基层群众体育组织为整个社会提供公共体育服务。显然，自发性群众体育组织已经成为政府和人民群众之间的重要连接渠道。

一、自发性群众体育组织的社会职能

要想使群众体育实现社会化管理，并将群众体育作为一项社会公共事务被社会团体用行政手段或市场手段管理，最关键的一点是需要在经济、法律、文化等方面存在完善的制度和政策。总的来讲，创建一个与我国国情相吻合的群众体育发展方式，必然要经过不断的探索。在整个过程中，不但要保证群众体育具备社会公益事业的特性，还要通过对社会资源的充分利用，推动非营利性社会组织的发展；不但要对群众体育社团的审批和监督严格要求，还要制定相关政策、配备相关硬件保障其发展；不但要将权力下放到基层，保证群众体育组织能自治，还要从宏观层面做好引导和宣传工作。由于我国当前正在积极推行体育管理体制改革，再加上社会公民化的发展程度并不高，所以，自发性群众体育组织还不属于真正意义上的群众体育社团组织，甚至可以说，它还处在起步阶段，且前路荆棘密布。

20 世纪 80 年代，我国就开始实施群众体育管理体制改革。与此同时，公民社会诞生，社会发展的相关要求决定了体制改革的具体内容。改革的具体措施有改变政府管理群众体育的模式，转变政府职能，下放管理权力，增强社会组织的作用，强化群众体育社会化管理等。如今，很多群众体育组织虽然仍然位于政府管理部门旗下，但人民群众根据自身对某项体育运动的爱好组建了很多自发性的公益体育健身组织，其具有超强的吸引力和灵活性，逐渐发展为群众体育领域的主力军。

国家管理机构和社会组织如何划分体育管理的权责，需要结合我国国情考虑。我国属于发展中国家，且正处于转型期，这意味着社会组织并不具备极强的自治能力。所以，社会组织需要遵从国家机构的统筹规划和宏观调控，改变资源流向和权力重心，实现国家权力从微观管理、直接管理到宏观管理、间接管理的转变。国家体育管理机构对于社会中诞生的各种形式的自发性群众体育组织必须保持足够的尊重，要保障其自主运行，指导并扶持其发展。具体的扶持有经济资助、政策颁布，尤其是规范使用体育彩票公益金，这些举措对自发性群众体育组织的建设和发展都有很大帮助。

当前，我国自发性群众体育组织的发展方向主要有三个：第一，继续保持现有组织模式，开展各类体育活动，满足成员的多元化需求；第二，向政府寻求帮助，在获得其认可后，成为政府部门旗下的组织机构；

第三，结合以上两个方向重新探索一条全新的发展道路，这一方向不仅具有原组织的灵活性，还能接受政府管理机构的指导，实现新的发展。笔者在对多个自发性群众体育组织进行走访和调查后发现，我国的自发性群众体育组织基本处在初级发展阶段，所有参加体育活动的人都是为了借助体育锻炼强身健体，很少有人思考应如何不断扩大组织规模，实现社会公共事务的管理目标。

二、群众体育领域政府职能的让渡

如今，中国现代公民社会主要通过直接让渡、基于部分空间以及合作发展三种方式建成，具体选择哪种方式应结合社会组织的类型再做决定。例如，对于不涉及国家公共安全和社会基本保障的领域，政府可以选择将公共管理的部分职能直接让渡给社会组织，这样既能实现社会组织功能的最大化，也便于推进政府职能社会化改革。政府在职能让渡过程中，必须慎重选择实施领域，因为政府职能的让渡对社会组织的管理模式和运行能力有很高的要求，且与当地的实际情况有很大关系，选择最恰当的领域实施职能让渡是最佳选择。政府也可以选择逐步让渡职能，即政府先让渡出一定的发展空间，让所有公民社会组织竞争，经过优胜劣汰选出适合社会发展的组织，制定针对性的扶持政策推动其发展，以便其将来承担更大的社会职责。

根据现有资料，非正式的群众体育组织具有极强的自主性和灵活性，这一点是正式群众体育组织不具备的，但几乎没有任何社会资源想要投入这类组织。而且这类组织虽然能满足群众的日常健身需求，但监督和管理方式差强人意，所以既要保护非正式群体的优势，也要保证其与政府以及正式组织之间的交流和沟通。政府主要从宏观层面管理自发性群众体育组织，如制订发展计划、出台相关法律、创建体育周和体育节、发行体育彩票并将其公益金用于建设大众健身设备、提出并落实运动锻炼口号等，激发人民群众参加体育活动的兴趣，保障其基本权益。

我国仍然处于公民社会的初级阶段，各个方面都亟待提高，如公民社会的发展趋势、相关法律和制度的保障、公民独立组织社会活动的能力、公民意识的培养等。我国的许多公民并不具备高超的自治能力，政府需要将权力下放给群众体育组织，但具体放权程度和支持程度都需商榷。

综上所述，要做到群众体育领域公共管理职能的下放，充分利用自发性群众体育组织灵活自主、富有活力的特点，其中很重要的一点就是要形成良好的组织发展环境。政府要提供更有力的政策支持，在管理模式上实现经费来源的多元化，落实公共财政投入，推动政府在社会体育管理模式上的转型。只有这样，才能从根本上改变现在自发性群众体育组织所处的尴尬境地，使其同政府之间的依附关系转为互助合作关系。

第三节　管理部门和自发性群众体育组织的责任分担

一、政府角色转变，建立全民健身公共服务体系

（一）政府职能让渡

新时期，政府应深化体育管理体制改革，确保规划提出的目标、任务、政策、举措落到实处；进一步厘清各主体在体育事业发展中的职责，包括体育行政机关、项目管理中心和项目协会等；加快政府职能转变，强化统筹管理和行业监管，重点做好运动项目的发展规划和宏观指导；加快全国性单项体育协会实体化改革进程，强化党的领导，加强协会党建工作，推动会员组织建设和规范化管理，促进行业自律；积极发挥市场机制作用，鼓励社会力量参与，形成政府与社会有机结合的体育发展新模式。

同时，政府还要构建高水平的全民健身公共服务体系。落实《全民

健身计划（2021—2025 年）》，完善以各级体育总会为枢纽，以各级各类单项、行业和人群体育协会为支撑，以基层体育组织为主体的全民健身组织网络。全面建设基层体育组织，鼓励体育总会从城市延伸到乡镇、街道，也使各种体育社会组织逐渐向行政村、社区扩展。政府要加大购买体育社会组织服务的力度，引导体育社会组织提供全面建设公共服务。政府也要为羽毛球、乒乓球、足球、篮球、跑步、骑行等组织活跃、队伍稳定、专业素养较高的自发性全民健身社会组织给予多方位的支持，如培训、分配教练、提供场地、等级评定等，并将运动项目推广普及作为单项体育协会的主要评价指标。

　　想要达成上述所有目标，首先要做的就是深化群众体育组织管理体制改革，政府要主动将群众体育管理工作下放给基层的社会组织，由它们全权负责。但是，社会组织想要获得政府部门的认可，成为一个更加正式的组织机构，并不是一件容易的事情，不仅需要提交大量的资料，还要通过登记、注册、审批等多个程序。这些较为烦琐的程序步骤影响了大量社会体育组织发展的规模，也打击了这些群众体育组织成员建设组织、推动组织发展的积极性。如今，我国大部分自发性群众体育组织无论是在管理上，还是在运行模式上，根本无法实现真正的自治，政府相关部门的帮助和引导是必不可少的，政府需要和这些组织建立良性的合作关系。当前，很多自发性群众体育组织根本不符合我国社会团体的申请和注册要求，只能选择预防制等级注册制度，但他们为人民群众提供了公共体育服务，最大限度地满足了人们的体育锻炼需求。

　　政府职能的转移不是一蹴而就的，而是一个循序渐进的过程。由于公共体育管理领域的工作极其复杂，且内容量巨大，而政府的时间和精力是有限的，因此，必须构建一个有效型政府，下放政府的权力。但全能型政府在我国已经存在多年，需要经过一系列过程、花费一定时间才可以转变为有限型政府。政府要通过制定合理的措施，一步步将原属于社会的权力交还给社会，在社会中营造一种民主的、平等的社会气氛，发挥公民社会组织自治的力量。体育发展领域当中的自发性群众体育组织参与公共体育服务也是一个循序渐进的过程，其合法主体自然也需要花费更多的时间去适应这个过程。

（二）自发性群众体育组织地位合法化

政府的体育管理部门和民政管理部门需要通过交流、沟通与合作，寻找一条能够实现自发性群众体育组织地位合法化的道路，在尽量保留组织多样性和灵活性的基础上，促使能承担一定体育公共服务工作的、发展成熟的自发性群众体育组织合法化。

当前，我国的自发性群众体育组织属于体育社团组织的边缘地带，基本没有明确的法律地位；体育管理部门对自发性群众体育组织的监督和管理力度较弱，甚至可以说是放养。但那些发展成熟的自发性群众体育组织已经可以视作正式的社会组织团体，它们可以为政府分担工作，负责一定的群众体育工作，发挥公共体育服务职能，这些工作还能促进组织发展、能力提升。在江苏省、广州市等地，政府推出了一种特殊的实现自发性群众体育组织合法化的模式，凡是属于本地的民间体育组织，都可以到当地民政部门"备案"。显然，自发性群众体育组织地位合法化是未来发展的大趋势。

（三）明确政府和自发性群众体育组织的职能

政府为人民群众提供公共体育服务，主要表现为建设与维护全民健身设施，如建造健身广场、健身活动中心，安装健身器材和相关设施，打造户外活动场所等，旨在为人民群众进行体育锻炼提供硬件上的支持。

为构建更高水平的全民健身公共服务体系，推动形成供给丰富、布局合理、功能完善的健身设施网络，政府为全民健身设施补短板工程投入21亿元。这21亿元主要用于建设全民健身项目，数量超过180个，有健身步道、全民健身中心、体育公园以及户外公共服务设施等。可以说，这是政府部门为人民群众提供体育公共服务的又一重要举措。但是，与政府在其他公共服务领域投入的发展资金和实时关注相比，对于体育公共服务领域的投入还相差很远，政府还需要潜心研究如何加强体育公共服务领域的服务。

自发性群众体育组织是政府在构建完善的体育公共服务体系过程中不可缺少的组成部分。自发性群众体育组织承担了组织人民群众开展体育健身活动的职责，但目前这些数量庞大的自发性群众体育组织发展得还不完善，还存在一些问题。其中主要的发展问题就是组织化程度不高，组织结构较松散，组织的可持续发展能力较弱，很多组织的存在如同昙花一现，转瞬即逝。因此，自发性群众体育组织的发展不仅需要外界的帮助，也需要政府部门的引导。而且，政府在行使公共体育服务职能时，要清楚自身和自发性群众体育组织之间存在的紧密联系，更要清楚自发性群众体育组织对我国体育事业发展的重要作用，细化其工作内容和社会职能，从而更好地为人民群众的健身事业服务。

从今往后，政府会逐步将公共体育服务的部分职能下放给自发性群众体育组织，政府主要负责规范和指导群众体育工作，制定激励政策，确定组织职能。具体来讲，就是政府通过分类管理将政府职能按照一定的步骤和计划让渡给自发性群众体育组织，激发其工作积极性，培养并提升其自我监督、自我管理以及自我运行的能力；政府还会通过发布有利政策、提供财政支持等方式推动群众体育工作改革创新，体育公共服务工作更是改革的重点。在这个过程中，政府还要明白过犹不及的道理，要注意保持群众组织原有的生态格局，防止因为过多的行政干预压缩其自治的空间、影响其发展的活力。

在实际操作方面，我国政府可以参考发达国家的做法，即通过公开招标、量化评估的方式从海量自发性群众体育组织中筛选出发展成熟的组织，让其发挥社会职能。政府可以结合群众体育工作对其提出相应的工作要求，同时为其提供财政支持，时刻监督其工作进展，确保其按照契约内容开展群众体育工作，为社会提供公共体育服务。

二、自发性群众体育组织的自我完善

（一）把握大众需求，立足人民群众的健身娱乐需要

随着我国人民群众生活水平的提高和体育健身事业的迅速发展，人民群众的体育健身需求也愈加复杂，并且人民群众对体育健身组织的运营提出了更高层次的要求。因此，体育健身组织必须充分利用自身优势，掌握群众体育组织的实际健身需求，并将其与组织的发展联系在一起，明确人们为什么会参加群众体育组织，根据人们的动机组织活动，满足人们的健身需求，只有这样，组织才能发展得越来越好。如今，人民群众参加自发性群众体育组织的主要目的就是在工作外放松自我，同时通过体育锻炼强身健体，从中获得快乐和享受。所以，自发性群众体育组织营造和谐、愉悦的氛围更容易获得组织成员的追捧。

（二）充分利用互联网信息技术为自发性群众体育组织服务

随着互联网信息技术的普及和发展，越来越多的人开始上网了解各类体育活动开展的信息。自发性群众体育组织利用互联网集结人群参加体育活动，打破了以往只能面对面集结的模式。只要人们拥有共同的兴趣爱好，无论属于社会的哪个行业领域，无论年龄大小，都能通过这种方式聚集在一起。从某种程度上讲，这种行为不仅丰富了个体参与社会活动的方式，扩大了个体与社会之间交流的广度，还能让个体拥有更多的机会参与社会交往。

如今，不只是青少年群体在使用互联网信息技术，部分中老年人也在使用该技术创建群众体育组织、与其他成员交流、了解体育运动的最新动态等。而且，自发性群众体育组织利用互联网开展的组织活动并不仅仅是体育锻炼，也可以说普通的社交活动，如旅游、聚餐、公益劳动等。总而言之，自发性群众体育组织充分利用互联网信息技术是未来发展的大趋势。

（三）完善针对组织者的培训工作，树立组织者的公信力

组织者主要负责自发性群众体育组织的活动组织和管理工作，是自发性群众体育组织的核心。组织者的能力在很大程度上决定了组织发展水平的高低和组织能否长久发展下去，因此，组织者要不断提高个人的素质，为组织者的学习进步提供条件，树立组织者在组织中的公信力。其中，安排组织者参加运动技能培训班、领导管理培训班进行学习或组织他们外出参观学习是提高组织者技能水平的有效途径。例如，开展社会体育指导员培训班就是对组织者进行培训的一种重要形式和有效途径。

很多由社区内部居民自发组建的群众体育组织的组织者是负责社区管理工作的重要力量，其中，有些组织者还是政府部门的官员，他们的管理能力和专业能力使人信服。笔者认为，从组织内部出发也能培养出具有社会公信力的组织者，并且这类组织者更了解组织成员的特点和组织发展的方向目标，因而能够更好地促进组织的长远发展。因此，必须建立和完善针对群众体育活动组织者的培训和监督机制，审核组织者的领导能力和专业水平，开展对组织者遇到紧急情况的应急处理培训工作。另外，要注意避免一些网络自发性群众体育组织的组织者中饱私囊，或为个人经济利益而组织活动的行为，这在一些户外运动旅游组织中表现得最为明显。

（四）组织制度人性化，经费来源多样化

当今的很多自发性群众体育组织虽然创建成功，也有了相对完善的组织形式，但规章制度却停留在口头约束上，没有形成条文，新成员根本无法弄清楚组织的运行规则，只能通过暗自观察或询问老成员知晓组织的运行规则。制定了明确规章制度的自发性群众体育组织是少数，且以文字的形式保留在网络论坛上或打印出来的数量更少。实现自发性群众体育组织可持续发展的重要条件就是建立一种灵活多样的、能够满足组织成员多样化运动需求的组织制度，并发挥制度的积极作用，使其更

加人性化，满足人民群众的体育运动需求。

　　自发性群众体育组织在组织开展活动时总是需要一定的经费支持的，其中最常见也是最普遍的情况是组织成员自掏腰包购买活动设备、服装、器材等，此外还有一些企业或个人的赞助，还有一些组织会利用参加表演或比赛的时机获得一些收入。由于我国的人口基数较大，群众体育健身需求旺盛，因此，各地区都涌现出数量众多、规模不一的自发性群众体育组织，其中大部分组织都存在生存能力较差、组织者专业素质不高的问题，且发达地区和落后地区的组织发展水平差异较大，但这些组织都缺乏多元化的资金筹集渠道。为了克服这一不足，政府有必要在自发性群众体育组织中培养专业化的人才队伍，建立科学化的管理模式，逐步提高组织成员获取社会资源的能力。

参考文献

[1] 姜振. 自发性群众体育组织在现代社会中的构建与发展 [M]. 成都：电子科技大学出版社, 2018.

[2] 孟凡强. 自发性群众体育组织形成与发展机制的理论探索与实证考察 [M]. 哈尔滨：哈尔滨工程大学出版社, 2009.

[3] 修琪. 公民社会视野下自发性群众体育组织研究 [M]. 济南：山东大学出版社, 2015.

[4] 徐永峰. 健康中国视阈下我国群众体育组织研究 [M]. 北京：中国商务出版社, 2020.

[5] 苏欣. 群众体育的组织与管理 [M]. 沈阳：东北大学出版社, 2009.

[6] 田宝山. 体育社会组织建设与群众体育实践探索 [M]. 北京：原子能出版社, 2018.

[7] 杨洪辉. 体育社会学视野下群众体育的组织与管理 [M]. 西安：西安地图出版社, 2009.

[8] 张虎祥. 体育文化与全民健身 [M]. 北京：九州出版社, 2017.

[9] 王家宏. 我国公共体育服务体系研究 [M]. 苏州：苏州大学出版社, 2016.

[10] 杨洪辉. 体育社会学视野下群众体育的组织与管理 [M]. 西安：西安地图出版社, 2009.

[11] 张丽, 徐永峰, 于超. "健康广西"背景下自发性群众体育组织培育研究 [J]. 大连大学学报, 2020, 41(6): 59–63.

[12] 唐新发. 对我国自发性群众体育组织的再认识 [J]. 当代体育科技, 2019, 9(11): 189–190.

[13] 郝雨薇. 关于自发性群众体育组织生成与发展的社会学思考 [J]. 福建体育科技, 2019, 38(1): 4–6.

[14] 张媛. 社会心理学视角下自发性群众体育组织研究 [J]. 农村经济与科技，2018, 29(22): 250–251.

[15] 穆丹，黄义. 老龄化背景下淮北市村落"自群体组织"的调查研究 [J]. 淮北师范大学学报（自然科学版），2018, 39(2): 63–67, 72.

[16] 于洋. 自发性群众体育组织发展现状研究 [J]. 田径，2018(4): 60–62.

[17] 付江平. 自发性群众体育组织领导者的特征研究 [J]. 科技资讯，2017, 15(33): 250–251.

[18] 徐传明，贺晓燕. 成都市自发性群众体育组织发展环境分析 [J]. 体育世界（学术版），2017(9): 58–60.

[19] 蔡志霞. 自发性群众体育组织发展的思考 [J]. 内江科技，2017, 38(7): 95–96.

[20] 马龙润，戴俭慧. 社会转型期我国自发性群众体育组织的发展困境和培育路径 [J]. 当代体育科技，2017, 7(11): 177–179.

[21] 申丽琼，董云江. 基于公民社会视野下的自发性群众体育组织研究 [J]. 当代体育科技，2016, 6(20): 118–119.

[22] 金余图. 老龄化背景下自发性群众体育组织的培育机制研究 [J]. 浙江体育科学，2016, 38(3): 17–19.

[23] 王峰. 新常态下自发性群众体育组织的发展研究 [J]. 边疆经济与文化，2015(11): 74–75.

[24] 高欣. 广州市公园自发性群众体育组织基本构成与特征研究 [J]. 当代体育科技，2015, 5(12): 184–185.

[25] 刘云峰，乔玉成. 自发性群众体育组织发展机制研究：以山西省临汾市为例 [J]. 体育研究与教育，2015, 30(3): 23–26.

[26] 王康康. 河南省自发性群众体育组织的现状研究 [J]. 体育科学研究，2015, 19(3): 31–34.

[27] 林骅，刘慧. 我国自发性群众体育组织的角色定位 [J]. 铜仁学院学报，2015, 17(2): 155–158.

[28] 晁铭鑫. 自发性群众体育组织的形成与发展探究 [J]. 当代体育科技，2014,

4(26): 112–113.

[29] 聂锴 . 西安市自发性群众体育组织发展研究 [J]. 科技信息 , 2014(3): 38.

[30] 修琪 . 山东省自发性群众体育组织现状及发展研究 [J]. 当代体育科技 , 2014, 4(3): 189–190.

[31] 陈晶 , 周琼 . 城市自发性群众体育活动的组织发展研究 [J]. 中小企业管理与科技（下旬刊）, 2013(12): 108–109.

[32] 赵立勇 . 小城镇自发性群体组织与地方社会稳定的关系 [J]. 湖州师范学院学报 , 2013, 35(6): 132–135.

[33] 鲁俊华 . 锦州市自发性群众体育组织发展对策研究 [J]. 林区教学 , 2013(11): 96–97.

[34] 施大伟 , 张雪莲 , 王威 . 我国市级自发性群众体育组织发展研究 : 以石家庄市为例 [J]. 湖北体育科技 , 2013, 32(3): 192–194.

[35] 李政洪 , 吴永海 . 湘西吉首市自发性群众体育组织发展研究 [J]. 内江科技 , 2013, 34(1): 21, 10.

[36] 孙江 , 刘瑞平 . 影响辽宁省城区自发性群众体育组织发展的因素 [J]. 沈阳大学学报（社会科学版）, 2012, 14(6): 5–7.

[37] 施大伟 , 张雪莲 , 王威 , 等 . 石家庄市自发性群众体育组织发展现状及影响因素研究 [J]. 湖北体育科技 , 2012, 31(5): 509–511.

[38] 刘瑞平 , 孙江 . 我国自发性群众体育组织研究概论 [J]. 沈阳大学学报（社会科学版）, 2012, 14(4): 134–136.

[39] 蔡志霞 . 自发性群众体育组织的社会意义及发展趋势研究 [J]. 科技视界 , 2012(10): 84–85.

[40] 李宏印 . 自发性群众体育组织兴起的社会背景 [J]. 搏击（武术科学）, 2011, 8(7): 106–108.

[41] 张雷 . 宝鸡市自发性群众体育组织发展研究 [J]. 价值工程 , 2011, 30(9): 227.

[42] 刘建中 . 协同学与社区自发性群众体育组织形成与发展机制 [J]. 体育学刊 , 2009, 16(8): 40–43.

[43] 韩军. 我国自发性群众体育组织发展对策研究 [J]. 吉林体育学院学报，2009, 25(4): 139–141.

[44] 孟凡强. 自发性群众体育组织成因的社会心理学诠释 [J]. 乌鲁木齐成人教育学院学报，2008, 16(4): 104–108.

[45] 冯炎红，张昕. 城市自发性群众体育组织形成与发展特点 [J]. 辽宁体育科技，2007(3): 21–22.

[46] 孟凡强. 自发性群众体育组织成因的理论探讨：兼论后继实证研究面临的主要课题 [J]. 体育学刊，2006(2): 58–61.

[47] 孟凡强. 对自发性群众体育组织概念的认识 [J]. 体育成人教育学刊，2006(1): 29–31.

[48] 孟凡强，钟晨. 自发性群众体育组织研究现状与述评 [J]. 陕西理工学院学报（社会科学版），2005(4): 94–98.

[49] 李茂，冯青山. 我国群众体育健身服务模式和运行机制研究 [J]. 山西大同大学学报（自然科学版），2016, 32(5): 64–67, 89.

[50] 李峰. 高校体育场馆面向群众健身社会化运营互惠关系探讨 [J]. 赤峰学院学报（自然科学版），2012, 28(9): 170–172.